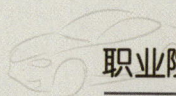

职业院校汽车类专业理实一体化（富媒体交互式）教材

汽车底盘构造与一般操作

QICHE DIPAN GOUZAO YU YIBAN CAOZUO

AR/VR版

主　编：周定武　陈　琨　尹万建

副主编：张　凡　李　泉　张书环　包　瑛

　　　　柳　文　何光鹏　凌　业

中南大学出版社
www.csupress.com.cn
·长沙·

图书在版编目（CIP）数据

汽车底盘构造与一般操作／周定武，陈琨，尹万建主编.
—长沙：中南大学出版社，2021.7
职业院校汽车类专业理实一体化（富媒体交互式）教材

ISBN 978-7-5487-4316-3

Ⅰ.①汽… Ⅱ.①周… ②陈… ③尹… Ⅲ.①汽车—底盘—结构—高等职业教育—教材②汽车—底盘—装配—高等职业教育—教材 Ⅳ.①U472.41

中国版本图书馆 CIP 数据核字（2021）第 016329 号

汽车底盘构造与一般操作
QICHE DIPAN GOUZAO YU YIBAN CAOZUO
主编 周定武 陈 琨 尹万建

□责任编辑	胡小锋		
□责任印制	唐 曦		
□出版发行	中南大学出版社		
	社址：长沙市麓山南路		邮编：410083
	发行科电话：0731-88876770		传真：0731-88710482
□印　装	湖南鑫成印刷有限公司		

□开　本	787 mm×1092 mm 1/16	□印张 15	□字数 365 千字
□版　次	2021 年 7 月第 1 版	□2021 年 7 月第 1 次印刷
□书　号	ISBN 978-7-5487-4316-3
□定　价	45.00 元

前言

PREFACE

　　为响应新形态教材的建设，支持移动学习和线上线下混合式教学，使课程与教材资源有机融合，特开发了基于 VR 的系列教材，本教材为《汽车发动机构造与一般操作》的配套教材。

　　本教材的编写以学生的认知规律和就业需求为依据，以"实用、够用、管用、好用"为原则，以夯实基础和提高兴趣为出发点选取内容和编排章节。为方便学习复杂的底盘结构和机械运动原理，做到图文并茂、浅显易懂，此教材配备了大量生动的图片，通过扫描二维码可以链接到教材资源里的三维图像、动画和视频。本教材每一个章节前有学习目标，内容后有企业实际生产任务的一般操作，并配有视频或 VR 场景，章节后有单元练习。

　　本教材共分十个项目，项目一汽车底盘概述和项目二离合器由湖南汽车工程职业学院周定武编写；项目三手动变速器和分动器及项目四万向传动装置由湖南汽车工程职业学院陈琨和包瑛编写；项目五驱动桥和项目六车架与车轮由湖南汽车工程职业学院尹万建编写；项目七悬架和项目八转向系统由湖南汽车工程职业学院李泉和张书环编写；项目九行车制动系统和项目十驻车制动系统由湖南汽车工程职业学院张凡编写。此外，湖南通软创智信息科技有限公司柳文、湖南省蓝马车业集团有限公司何光鹏和株洲兰天凯天销售服务有限公司凌业参与了一般操作的编写。

本教材主要适用于高职高专汽车检测与维修、汽车运用与维修、汽车制造与装配、汽车技术服务与营销等专业的教学，也可作为相关专业的教材或者参考书，还可供从事汽车维修的技术人员参考使用。

由于编者水平有限，书中难免存在缺点和错误，诚望读者及有关专家给予指正，以便再版时修正。

编　者

2021 年 1 月

移动终端 VR 汽车教育实训平台注册使用指南

1. 用手机或平板浏览器(或者 QQ)扫描二维码，下载客户端并安装。下载时请选择"其他方式下载→普通下载"。(请用安卓系统，暂未开放苹果系统)

2. 安装后打开并注册。

3.选择学校(班级任意)。

4.输入手机号码后,点击获取验证码,并选择"已阅读并同意"。

5.注册完成后,输入注册手机号码登录,默认密码:123456。

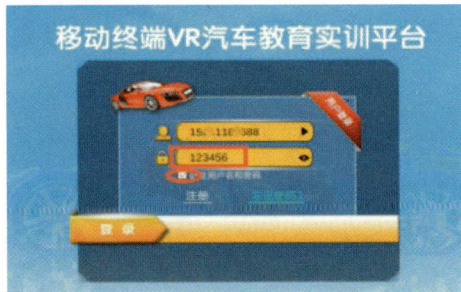

提示:在第5步获取验证码时提示"此手机号码已注册",如果忘记密码请返回登录界面点击下方"忘记密码?"进行短信密码找回!

备注:本平台目前仅适用安卓5.0及以上版本、中高端处理器(处理器过低或者内存过小,可能会出现系统卡顿或者闪退现象)!

目录
CONTENTS

1　汽车底盘概述

学习目标

- 熟悉汽车底盘的功用与组成。
- 了解传动系统的发展历史。
- 熟悉传动系统的布置形式及应用。
- 熟悉传动系统的基本结构和工作原理。
- 了解行驶、转向、制动系统的基本结构和工作原理。

1.1　汽车底盘概述

　　汽车底盘是汽车构成的基础，担负着支撑、承载汽车各部件的任务。底盘还接受发动机的动力，使汽车产生运动，并能按照驾驶员操纵而正常行驶。底盘由传动系统、行驶系统、转向系统和制动系统四个部分组成(图1-1)，四部分的协作确保了汽车的正常行驶。

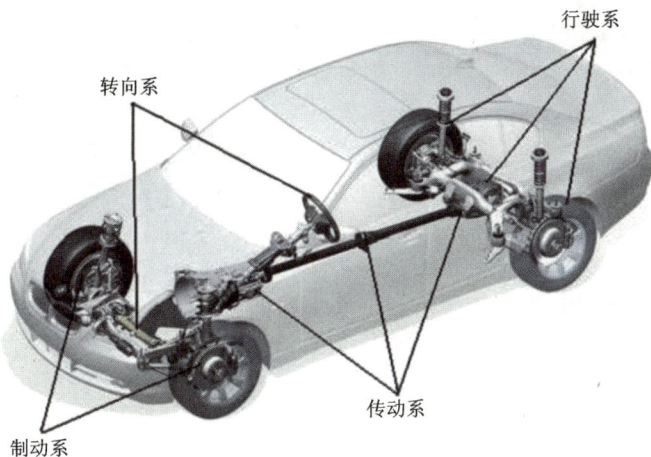

图1-1　汽车底盘的组成

1.2　传动系统概述

汽车发动机与驱动轮之间的动力传递装置称为汽车的传动系。它应保证汽车具有在各种行驶条件下所必需的牵引力、车速，以及保证牵引力与车速之间协调变化等功能，使汽车具有良好的动力性和燃油经济性；还应保证汽车能倒车，以及左、右驱动轮能适应差速要求，并使动力传递能根据需要而平稳地结合或彻底、迅速地分离。

1.2.1　汽车传动系统的历史

1889 年：戴姆勒［图 1-2(a)］在他的汽车上采用装有滑动小齿轮的四速齿轮传动装置。法国人标致［图 1-2(b)］研制成功齿轮变速器和差速装置。

1891 年：法国人潘赫德［图 1-3(a)］和莱瓦索尔［图 1-3(b)］采用发动机前置、后轮驱动的结构形式，并设计了专用底盘。这一结构奠定了汽车传动的基本形式，在相当长的时间内被全世界广泛仿效。

1895 年：法国人莱瓦索尔研制出用手操纵的齿轮变速传动装置。

1898 年：法国人雷诺［图 1-3(c)］将万向节首先用于汽车传动，并发明伞齿轮式主减速器传动装置，取代了链条传动。

1905 年：法国研制出封闭式驱动桥。

1928 年：装有同步器的变速器用于凯迪拉克汽车。

1930 年：戴姆勒公司将液力耦合器用于汽车，改变了传统的机械传动方式。

1934 年：雪铁龙前轮驱动汽车问世。半自动变速器问世。

(a)戈特利布·戴姆勒(1834—1900)　　(b)阿尔芒·标致(1849—1915)

图 1-2　戴姆勒和标致人像图

1935 年：手动按钮式齿轮变速器问世。

1939 年：奥兹莫比尔汽车采用了液压-机械联合传动系统。

1941 年：四速半自动变速器及液压联轴器由克莱斯勒公司研制成功。

1946 年：后置发动机客车问世。

1958 年：无级变速器问世。

1959 年：英国推出"迷你"牌小型汽车，该车采用前轮驱动和横置式发动机。

1964 年：自动变速箱上的挡位按"倒车—空挡—驱动—高速—低速"的顺序实现了标准化。

1981 年：前轮驱动型汽车开始在美国流行。

(a) 勒内·潘赫德(1841—1908)　　(b) 埃米勒·莱瓦索尔(1843—1897)　　(c) 路易斯·雷诺(1877—1944)

图 1-3　潘赫德、莱瓦索尔和雷诺人像图

1.2.2　汽车传动系统的分类

传动系统根据发动机布置形式不同可分为前置、中置和后置三种；根据其驱动方式的不同可分为二轮驱动、四轮驱动和全轮驱动三种。因此，汽车的驱动形式大概可以分为 5 种，即 FF(前置前驱)、FR(前置后驱)、MR(中置后驱)、RR(后置后驱)和 4WD(四轮驱动)。

1. FF(前置前驱)

前置前驱(FF)是指发动机前置、前轮驱动，如图 1-4 所示。这种驱动方式是 20 世纪 70 年代才慢慢被推广的，现在大多数中小型轿车采取这种布置形式。发动机输出的动力经过变速驱动桥和半轴直接传到车轮。

FF 的优点：

(1)由于没有了传动轴和后差速器，因此可以获得更大的车内空间。

(2)由于没有传动轴，传动部件较少，汽车重量轻，制造成本低，传动效率高。

(3)前轮承受重量较重，驱动力较大，不容易打滑，面向初级驾驶员。

FF 的缺点：

(1)前轮既负责转向，又负责驱动，且负荷又较大，因此前轮的磨损会较为严重，不适合驱动力大的运动行驶模式。

(2)由于其发动机变速器等主要部件都集中在车辆前部，后桥上负荷较小。

(3)在转向时容易出现转向不足，而且操控性较差。

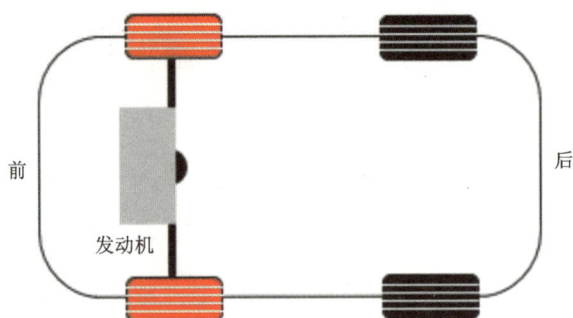

图1-4   前置前驱传动系统

（4）不适合高功率大扭矩的汽车。

2. FR（前置后驱）

前置后驱（FR）是指发动机前置、后轮驱动，如图1-5所示。这是一种传统的布置形式，目前大多数货车、部分客车和高档轿车采用这种形式。发动机的动力经过变速器、传动轴、主减速器、差速器、半轴等传到车轮。

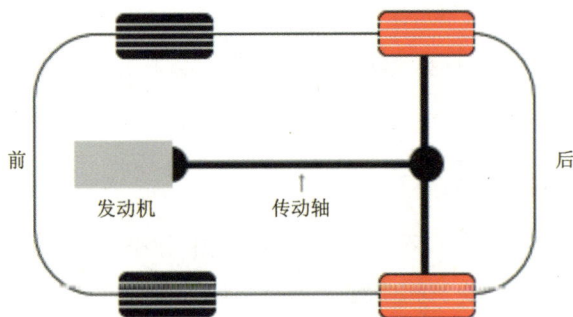

图1-5   前置后驱传动系统

FR的优点：

（1）前轮用于转向，后轮用于驱动，分工明确效率高，能够适应高驱动力。

（2）整车的前后配重比可以接近或达到50：50的完美比例。

（3）起步或加速时重心向后移，后轮可获得更大的牵引力，因此起步加速表现好，容易使车辆漂移。

（4）部件分散布置，维修更为方便。

FR的缺点：

（1）传动轴占用了一部分车身空间，因此车内空间较小。

（2）传动部件较多，制造成本较高，且动力损耗较大。

（3）由于后桥上负荷较小，因此牵引力较小，在转向时容易产生过度转向。

3. MR(中置后驱)

中置后驱(MR)是指发动机放置在前、后轴之间,同时采用后轮驱动,如图 1-6 所示。这种布置类似于前置后驱,目前大多在跑车上采用。发动机输出的动力经过变速器、传动轴、主减速器、差速器、半轴,传到车轮。

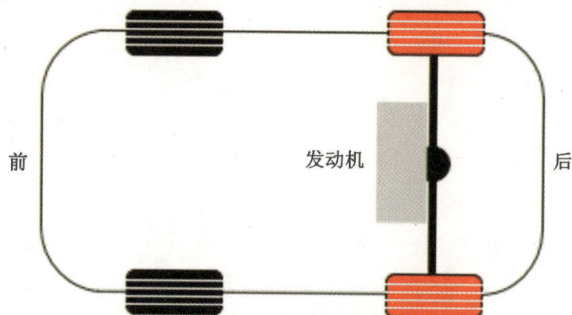

图 1-6　中置后驱传动系统

MR 的优点:

(1)前轮用于转向,后轮用于驱动,分工明确效率高,能够适应高驱动力。

(2)重量在车辆的中心附近,轴荷分配均匀,转向时不容易出现转向不足或过度,运动性能高。

(3)前面没有发动机,重量轻,调头性好,且设计时前部可以降低一些。

(4)比 FR 后轮更容易产生驱动力。

MR 的缺点:

(1)发动机占去了座舱的空间,降低了空间利用率和实用性。

(2)发动机在座位后,噪声较大。

(3)维修保养比较困难。

(4)有较强的过度转向的倾向,面向中、高级驾驶员。

4. RR(后置后驱)

后置后驱(RR)是指发动机后置、后轮驱动,如图 1-7 所示。目前这种布置形式大多在大型客车上采用。与前置前驱的传动方式类似,发动机输出的动力经过变速驱动桥、半轴,直接传到车轮。

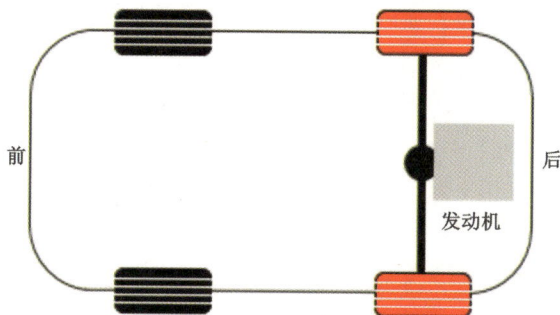

图 1-7　后置后驱传动系统

RR 的优点：

（1）前轮用于转向，后轮用于驱动，分工明确效率高，能够适应高驱动力。

（2）与 MR 相同，前面没有发动机，调头性好，且设计时前部也可以降低一些。

（3）发动机后置，使前轴不易过载，能更充分地利用车厢空间。

（4）发动机的高温和噪声对驾驶员的影响较轻。

（5）后轮驱动力大，上陡坡的能力强。

RR 的缺点：

（1）发动机散热条件较差。

（2）后桥上负荷较大，有很强的过度转向的倾向，操控性变差，面向中、高级驾驶员。

（3）远距离操纵也使操纵机构变得复杂，发动机舱空间狭小，给维修带来了不便。

5. 4WD（四轮驱动）

4WD 英文为 4 Wheel Drive，是指四个车轮都是驱动轮，如图 1-8 所示。无论哪种发动机布置形式，都可以使用这种驱动形式，这也是一般越野车或四驱 SUV 最常见的驱动模式。此种传动系统在变速箱后装有分动器，由驾驶员或控制模块根据越野路面（Off-Road）或铺装路面（On-Road）的情况接通或断开分动器，来切换两轮驱动或四轮驱动模式。

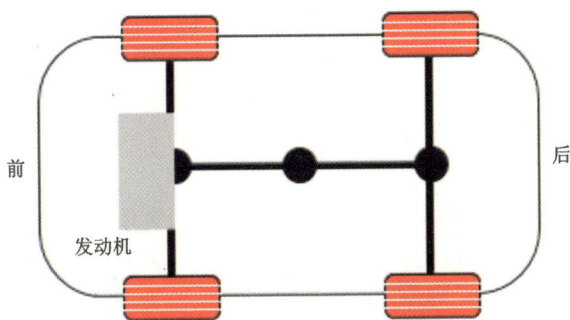

图 1-8   四轮驱动传动系统

1）分时四驱

分时四驱是指可以由驾驶者根据路面情况，通过接通或断开分动器来变化两轮驱动或是四轮驱动模式，从而实现两驱和四驱自由转换的驱动系统。分时四驱平常只利用前轮或是后轮的两轮驱动来行驶，在积雪或石砾路面上能切换成四轮驱动来行驶。分时四驱也叫选择四轮驱动。这也是越野车或是四驱 SUV 最常见的驱动模式。

2）适时四驱

适时四驱只有在适当的时候才会转换为四轮驱动，而在其他情况下仍然是两轮驱动的驱动系统，如图 1-9 所示。系统会根据车辆的行驶路况自动切换为两驱或四驱模式，不需要人为操作。

适时四驱的结构相比全时四驱要简单得多，具有成本低、整车重量轻的优点，因而经济性好，更适合于前横置发动机前驱的车型。前驱平台相对于后驱平台有利于拓展车内空间、传动效率更高、传动系统的噪声更小。

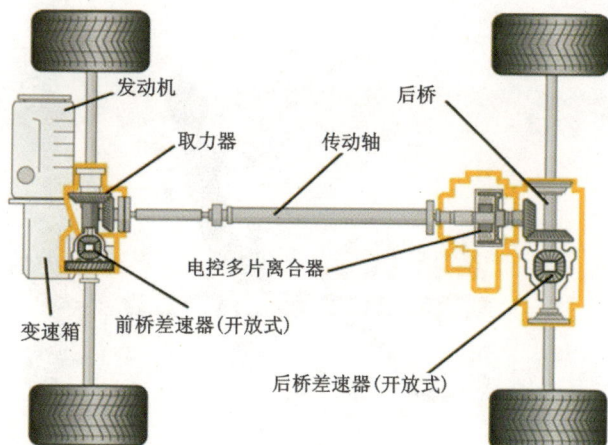

图1-9　适时四驱传动系统

绝大多数适时四驱在前后轴传递动力时，会受制于结构本身的缺陷，无法将超过50%以上的动力传递给后轴。另外，适时四驱系统的前后轴基本上都采用开放式差速器，因此无法应对强度大的越野路段。

3）全时四驱

全时四驱就是任何时间，车辆都是四个轮子独立推动的驱动系统。这种系统大多被应用在SUV或高性能跑车上。这种系统不需要驾驶人选择操作，英文简写为AWD（All Wheel Drive）。全时四驱通过一个柔性连接的中央差速器，再通过前轴和后轴的独立差速器，把驱动力分配到四个轮胎。与纯机械式的差速锁不同的是，全时四驱的差速器可以是黏结耦合式的，也可以是多离合式的，但相同的是都可以允许前后轮、左右轮之间有一个转速差。车辆是否是全时四驱完全取决于分动器的构造。全时四驱的代表——奥迪quattro标志如图1-10所示。

4WD的优点：

（1）在泥泞、砂石、雪地等容易打滑的路面上行驶时，能保持稳定性。

（2）搭载大功率发动机的车辆通过4个车轮有效地把动力传递到路面，行驶循迹性好，高速行驶稳定性好。

（3）高速起步时车轮不易打滑。

4WD的缺点：

（1）与FF和FR相比，车身较重。

（2）因重量较重，使得车辆油耗较大，经济性能差。

（3）制造和维修成本高，车辆价格较高。

1.2.3　汽车传动系统的基本构造

根据传动系统的配置的不同，传动系统的组成部件不尽相同，但其基本构造是相似的。

传动系统要有负责动力接续的装置、改变扭矩和转速的装置、克服车轮之间转速不同的装置、连接各个机构的装置，如果是四驱车辆，还需要有将动力同时传递至四个车轮的装置，如图1-11所示。所以，一个传动系统应由以下部件组成：

图1-10　全时四驱的代表——奥迪 quattro 标志

（1）离合器或变矩器：负责动力接续。

（2）手动变速箱或自动变速器、主减速器：改变扭矩和转速。

（3）差速器：克服车轮之间转速不同。

（4）传动轴和半轴：连接各个机构。

（5）分动器和耦合器（只应用于四驱系统）：将动力传递给四个车轮。

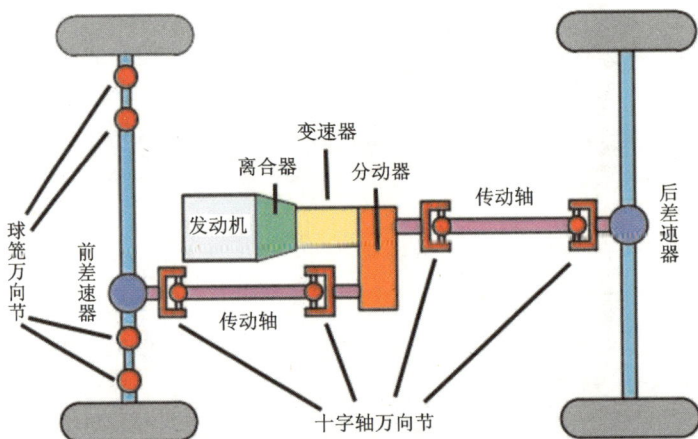

图1-11　汽车传动系统的组成

1.2.4　传动系统的工作原理

以前置后驱汽车为例，来说明传动系统的工作原理。发动机输出的动力经过离合器后传给变速器，经变速器变速后通过传动轴会传到后桥上的主减速器和差速器，减速并改变转动方向后再通过半轴向两个后轮输出，所以后轮又称为驱动轮。驱动轮得到动力便给地面一个向后的作用力，并因此而使地面对驱动轮产生一个向前的反作用力，这个反作用力就是汽车的驱动力。而在这一系统中汽车的前轮与传动系没有动力上的直接联系，因此称为从动轮。

1.3　行驶系统概述

　　行驶系统的主要作用是将传动系传来的转矩转变为汽车行驶的驱动力；将汽车构成一个整体，并承受汽车的总质量；减小震动、缓和冲击，保证汽车平顺行驶；与转向配合，以正确控制汽车的行驶方向。汽车行驶系统按结构形式不同，可分为轮式、履带式、车轮-履带式三种。现在的汽车采用轮式行驶系统，因为汽车经常在比较坚实的道路上行驶，其行驶系统中直接与路面接触的部分是车轮。汽车行驶系统的结构如图1-12所示。

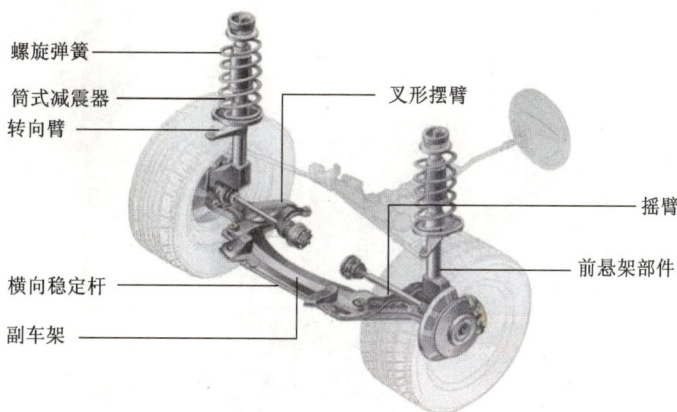

螺旋弹簧
筒式减震器
转向臂
叉形摆臂
摇臂
前悬架部件
横向稳定杆
副车架

图1-12　汽车行驶系统的结构

　　行驶系统一般由车架、车桥、悬架和车轮四部分组成。其中车架是整个汽车装配的基体，有边梁式、中梁式、综合式、无梁式等形式。车桥通过悬架与车架相连接，有转向桥、驱动桥、转向驱动桥、支持桥等。悬架连接车架和车轮，缓和冲击，衰减震动，保证汽车具有良好的操作稳定性，由弹性元件、减震器、导向机构（含横向稳定杆）等组成，有独立悬架与非独立悬架之分。车轮分别安装在车桥上，车轮由轮辋和轮胎组成，现代轮胎多采用无内胎的子午线轮胎。

1.4　转向系统概述

　　汽车转向系统是用来改变或保持汽车行驶方向的机构，通过转向系统驾驶员可以按照意愿控制汽车的行驶方向。汽车转向系统对汽车的行驶安全至关重要。

1.4.1　转向系统的基本结构

　　汽车转向系统分为两大类：机械转向系统和动力转向系统。完全靠驾驶员手力操纵的转向系统称为机械转向系统。借助动力来操纵的转向系统称为动力转向系统。动力转向系统又可分为液压助力转向系统和电动助力转向系统。转向系由转向操纵机构、转向器和转向传动机构三大部分组成。轿车多采用齿轮齿条式转向器，货车多采用循环球式转向器。

1.4.2　转向系统的工作原理

汽车转向行驶时，为了避免车轮相对地面滑动而产生附加阻力，减轻轮胎磨损，要求转向系统能保证所有车轮均做纯滚动，即所有车轮轴线的延长线都要相交于一点。

转向操纵机构将转向盘的力矩传递给转向器，转向器将转向盘的旋转运动转换成车轮转动所需的线性运动，并提供齿轮减速功能，从而使车轮转向更加方便。转向传动机构将转向器输出的力和运动传给车轮（转向节），并使左右车轮按一定关系进行偏转。汽车转向系统的结构如图 1-13 所示。

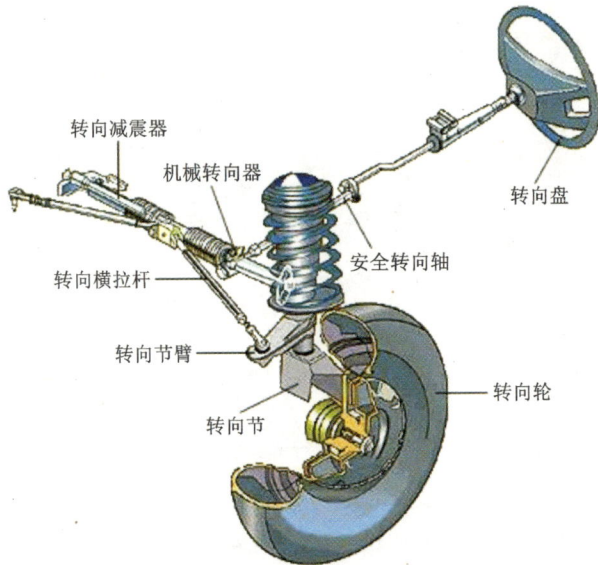

图 1-13　汽车转向系统的结构

1.5　制动系统概述

汽车制动系统的作用是使行驶中的汽车按照驾驶员的要求进行强制减速甚至停车，使下坡行驶的汽车速度保持稳定，并使已停驶的汽车在各种道路条件下（包括在坡道上）稳定驻车。制动系统可分为机械式、液压式、气压式、电磁式等，轿车多采用液压制动系统。

1.5.1　制动系统的基本结构

制动系统一般由制动操纵机构和制动器两个主要部分组成。制动操纵机构产生制动动作、控制制动效果并将制动能量传输到制动器的各个部件，以及制动轮缸和制动管路。制动器是产生阻碍车辆的运动或运动趋势的力（制动力）的部件。汽车上常用的摩擦制动器，是利用固定元件（制动蹄/制动片）与旋转元件（制动鼓/制动盘）工作表面的摩擦而产生制动力矩，它有鼓式制动器和盘式制动器两种结构形式，如图 1-14 所示。

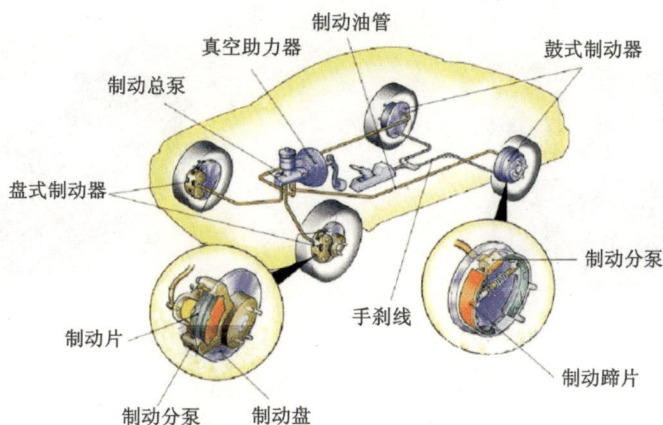

图 1-14　汽车制动系统的结构

1.5.2　制动系统的工作原理

制动系统的一般工作原理是利用与车身(或车架)相连的非旋转元件和与车轮(或传动轴)相连的旋转元件之间的相互摩擦来阻止车轮的转动或转动的趋势。制动系不工作时制动蹄和制动鼓间有间隙,车轮和制动鼓可自由旋转。当汽车减速制动时,驾驶员踏下制动踏板,通过推杆和主缸,使主缸油液在一定压力下流入轮缸,并通过两轮缸活塞推使制动蹄绕支承销转动,制动蹄上端向两边分开而以其摩擦片压紧在制动鼓的内圆面上,不转的制动蹄对旋转制动鼓产生摩擦力矩,从而产生制动力。当放开制动踏板解除制动时,制动蹄被拉回原位,制动力消失。

1.6　汽车底盘概述的一般操作

1. 汽车底盘传动系统的认知

汽车的传动系统是位于动力总成和驱动轮之间的动力传递装置。其基本功能是将动力总成发出的动力传给驱动轮。传动系统一般包括离合器、变速器、主减速器和差速器、半轴和万向传动装置等。

1) 离合器

离合器是汽车传动系统中直接与发动机相连接的总成,其作用主要有切断和实现对传动系的动力传递,并保证汽车换挡的平顺性,如图 1-15 所示。

2) 变速器

变速器是汽车传动系统的重要组成部分,其作用是改变传动比,扩大驱动轮的转矩和转速的变化范围;在发动机转向不变的情况下,实现汽车倒退行驶,如图 1-16 所示。

图1-15　离合器

图1-16　变速器

3）主减速器

主减速器是汽车传动系统中减小转速、增大扭矩的主要部件，如图1-17所示。

4）差速器

差速器安装在主减速器壳体内，当汽车转弯行驶或在不平路面上行驶时，差速器使左右车轮以不同转速滚动，从而保证各驱动轮在各种运动条件下的动力传递，保证车辆的正常行驶，如图1-18所示。

图1-17　主减速器

图1-18　差速器

5）半轴和万向节

半轴是变速器或主减速器与驱动轮之间传递扭矩的轴，其内外端各有一个万向节，分别通过万向节上的花键与减速器齿轮及轮毂轴承内圈连接，从而实现变角度动力的传递，如图1-19所示。

2. 汽车底盘悬架的认知

悬架系统是车轮与车身之间的所有传力连接装置的总称。其主要作用是把路面作用于车轮上的力和力矩传递到车身上，弹性地连接车轮与车身。麦弗逊式独立悬架由螺旋弹簧、减震器以及A字下摆臂和横向稳定杆等组成，如图1-20所示。

汽车底盘悬架系统

图 1-19 半轴和万向节

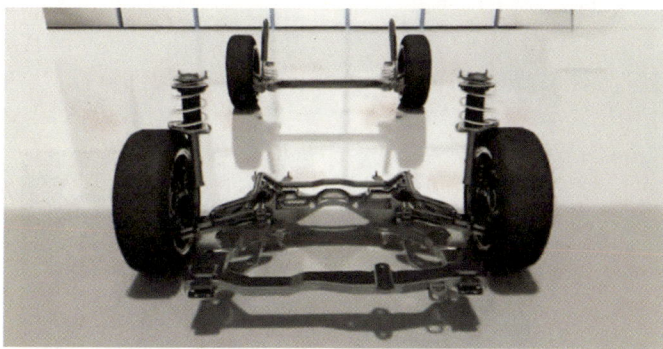

图 1-20 汽车底盘悬架

1）螺旋弹簧

螺旋弹簧是由弹簧钢制成的弹性元件，在悬架系统中起缓冲和导向作用，如图 1-21 所示。

图 1-21 螺旋弹簧

2）减震器

减震器与套在它外面的螺旋弹簧合为一体，构成悬架的弹性支柱，支柱上端与车身连接，支柱下端与转向节连接，如图 1-22 所示。

图 1-22　减震器

3）下摆臂

下摆臂的外端通过螺栓与转向节的下部连接，内端与车架部分铰接，如图 1-23 所示。

图 1-23　下摆臂

4）横向稳定杆

横向稳定杆主要用于增强悬架系统的刚性，防止车身在转弯时发生过大的横向侧倾，如图 1-24 所示。

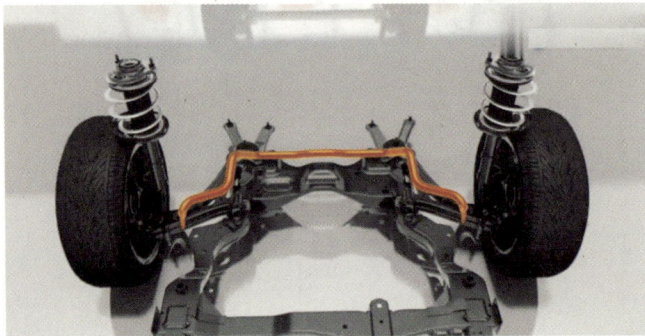

图 1-24　横向稳定杆

3.汽车底盘行驶系统的认知

行驶系统是支撑车身，产生牵引力、制动力和减缓车身震动的一系列装置的总称。汽车行驶系统一般由车轮、车架、悬架以及减震器组成。

汽车底盘行驶系统

1）车轮

汽车通过车轮与地面接触产生牵引力、制动力，从而使汽车可以在道路上行驶。同时，与悬架一起起减震的作用。车轮如图1-25所示。

2）车架

图1-25　车轮

车架功能集成在承载式车身上，支撑、连接汽车的各总成，使各总成保持相对正确的位置，并承受汽车内外的各种载荷。车架如图1-26所示。

图1-26　车架

3）悬架

悬架是汽车的车轮与车身之间的一切传力连接装置的总称。其作用是传递作用在车轮的力和力矩，缓冲由不平路面传给车身的冲击力，并减少由此引起的震动，以保证汽车能平顺地行驶，如图1-27所示。

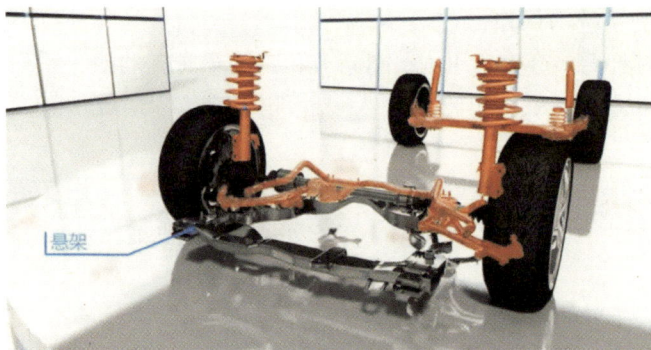

图 1-27　悬架

4）减震器

减震器是用来抑制弹簧吸震后，反弹时的震荡以及来自路面的冲击的装置，如图 1-28 所示。

图 1-28　减震器

4. 汽车底盘液压助力转向系统的认知

用来改变或保持汽车行驶或倒退方向的一系列装置称为汽车转向系统。液压助力转向系统一般包含方向盘、万向节、转向管柱、转向控制阀、齿轮齿条转向器、转向油泵、油壶及转向管路等，如图 1-29 所示。

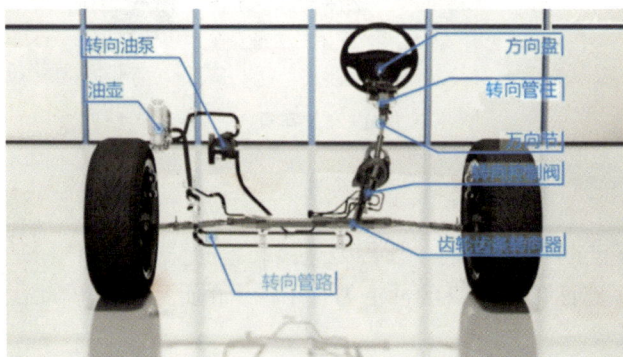

汽车底盘液压助力转向系统

图 1-29　汽车底盘液压助力转向系统

1）方向盘

方向盘又称转向盘，操纵汽车行驶方向的装置，如图1-30所示。

图1-30　方向盘

2）转向管柱

转向管柱是用于传递方向盘传来的扭矩和保护驾驶人员安全的装置，如图1-31所示。

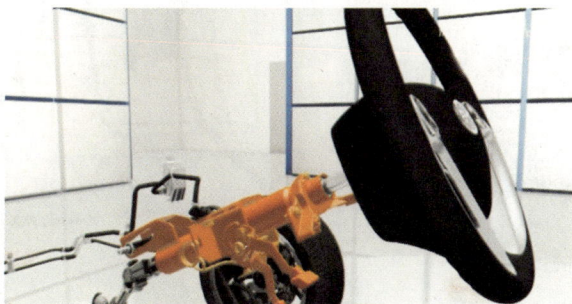

图1-31　转向管柱

3）万向节

万向节即万向接头，是实现变角度动力传递的机件，如图1-32所示。

图1-32　万向节

4）转向控制阀

转向控制阀是用于控制转向液的流动方向的装置，如图1-33所示。

图 1-33　转向控制阀

5）转向器

转向器是用来增大转向盘传到转向传动机构的力和改变力的传递方向的装置，如图 1-34 所示。

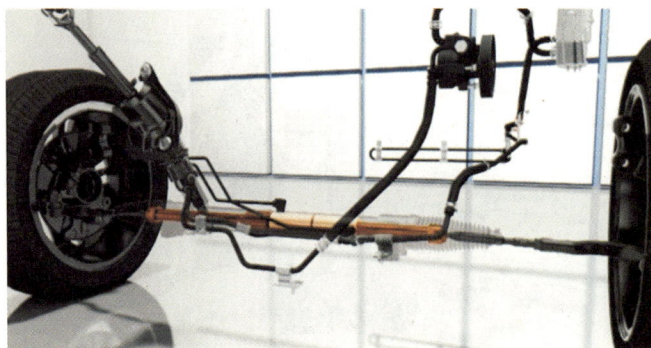

图 1-34　转向器

6）转向油泵

转向油泵是用于助力转向的储能器，经转向控制阀向转向助力缸提供一定压力和流量的工作油液，如图 1-35 所示。

图 1-35　转向油泵

7）油壶

油壶是储存转向油液的装置，如图 1-36 所示。

图 1-36　油壶

5. 汽车底盘电动助力转向系统的认知

电动助力转向系统一般包含方向盘、转向管柱、万向节、扭矩传感器、转向器、电动机、减速机构和电子控制单元 ECU 等，如图 1-37 所示。

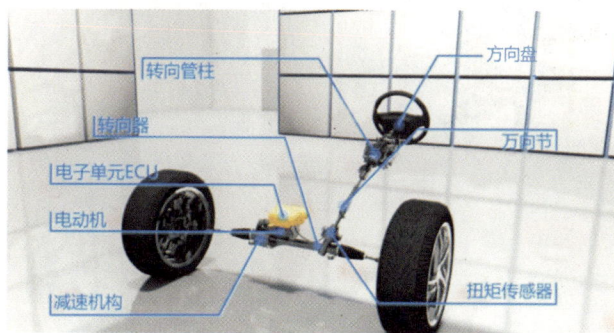

汽车底盘电动助力转向系统

图 1-37　汽车底盘电动助力转向系统

1）方向盘

方向盘是用于操纵汽车行驶方向的装置，通过转向机构控制汽车行驶，如图 1-38 所示。

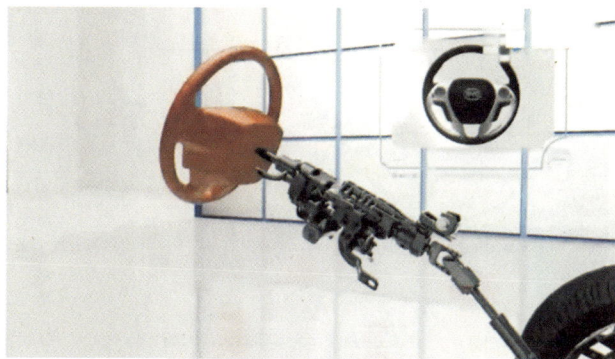

图 1-38　方向盘

2）转向管柱

转向管柱是用于传递方向盘传来的扭矩和保护驾驶人员安全的装置，如图 1-39 所示。

图 1-39　转向管柱

3）万向节

万向节即万向接头，是实现变角度动力传递的机件，如图 1-40 所示。

图 1-40　万向节

4）扭矩传感器

扭矩传感器是用于检测扭转力矩的器件，可将扭转力矩的物理变化转换成精确的电信号，如图 1-41 所示。

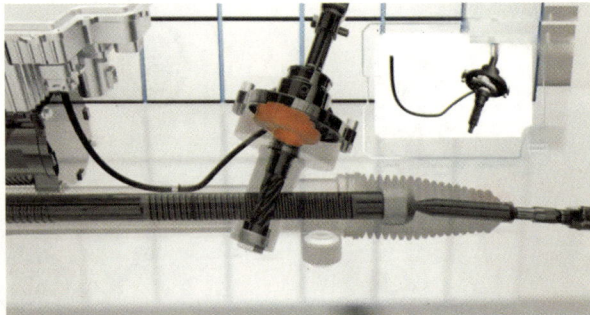

图 1-41　扭矩传感器

5）转向器

转向器是用来增大转向盘传到转向传动机构的力和改变力的传递方向的装置，如图1-42所示。

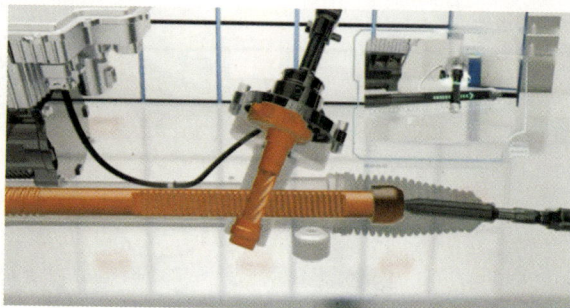

图1-42　转向器

6）电动机

电动机用于产生旋转扭矩，如图1-43所示。

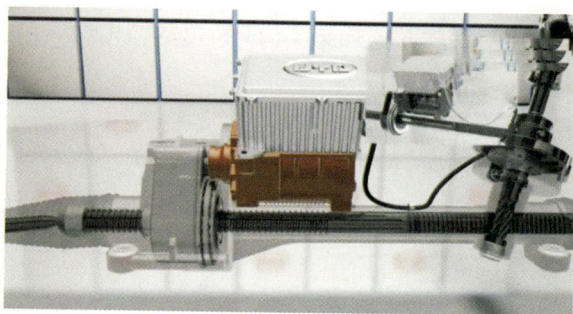

图1-43　电动机

7）同步带轮

电动机产生的扭矩由同步带轮通过皮带传动传递到大同步带轮及丝杆螺母上，然后转化为轴向力驱动齿条轴向运动，如图1-44所示。

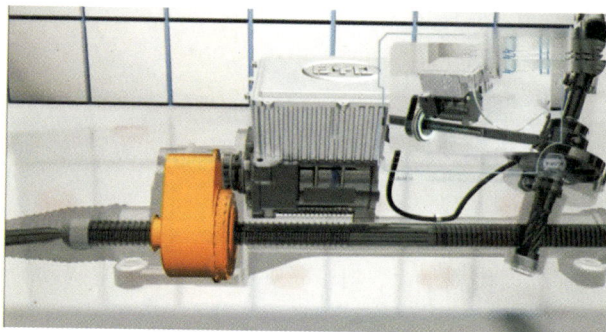

图1-44　同步带轮

8）减速机构

减速机构与电动机相连，起降速增扭作用，常采用同步带传动副、丝杆螺母传动副，及涡轮蜗杆机构等，如图 1-45 所示。

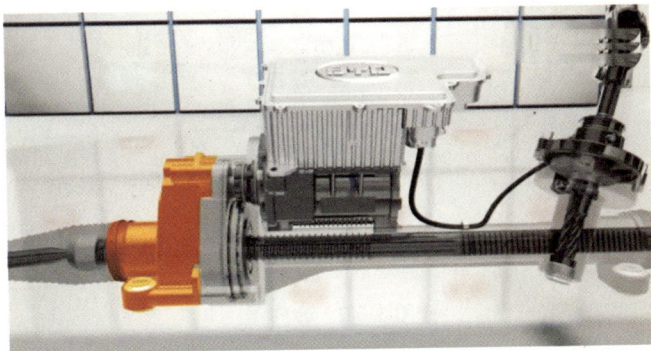

图 1-45　减速机构

9）电子控制单元 ECU

电子控制单元 ECU 是用于接收并处理相关信号，最终输出相应控制信号的电控单元，如图 1-46 所示。

图 1-46　ECU

6. 汽车底盘行车制动系统的认知

行车制动系统是使汽车的行驶速度可以强制降低的一系列装置。一般由制动卡钳和制动盘等组成的制动器、ABS/ESP（防抱死制动系统/电子稳定程序）系统、真空助力器、制动踏板等组成。

1）制动卡钳

制动卡钳带有活塞缸和两块刹车片，刹车时夹紧制动盘产生制动力，如图 1-47 所示。

图 1-47　制动卡钳

2）制动盘

制动盘与车轮同步转动，刹车时与刹车片接触产生制动力，如图 1-48 所示。

图 1-48　制动盘

3）ABS/ESP 系统

ABS/ESP 系统可防止制动抱死及提高整车行驶稳定性，如图 1-49 所示。

图 1-49　ABS/ESP

4）真空助力器

真空助力器与真空源相连，可让驾驶员轻松踩下制动踏板进行刹车，如图1-50所示。

图1-50　真空助力器

5）制动踏板

驾驶员踩下制动踏板，产生制动所需的压力。制动踏板如图1-51所示。

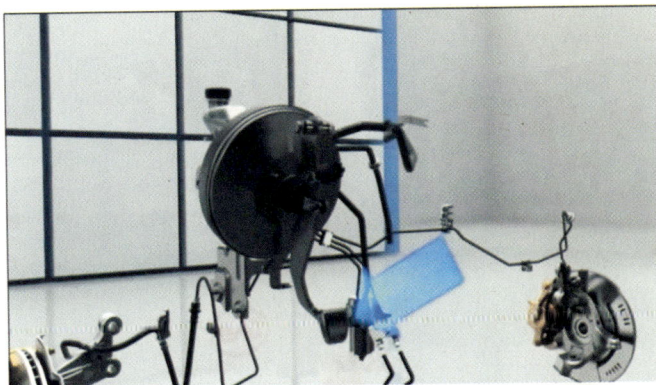

图1-51　制动踏板

单元练习

一、选择题

1.汽车底盘组成包括传动系统、行驶系统、转向系统和（　　　）。

　A.供电系统　　　　　　　　　　　B.点火系统

　C.制动系统　　　　　　　　　　　D.冷却系统

2.（　　　）是指从发动机到驱动车轮之间所有动力传递装置的总称。

　A.传动系统　　　　　　　　　　　B.动力系统

　C.变速系统　　　　　　　　　　　D.转向系统

3.传动系由( )、变速器、万向传动装置和驱动桥组成。

A.离合器   B.制动器

C.操作系统   D.转向器

4.转动方向盘使汽车改变行驶方向的原始机件是( )。

A.转向联动装置   B.转向器

C.转向系   D.转向节

5.制动系统的功用是使汽车减速、保证停放可靠和( )。

A.制动   B.停止

C.减挡   D.加挡

二、判断题

1.传动系是汽车构成的基础。( )

2.现代汽车的悬架结构形式一般由车架、减震器和导向机构三部分组成。( )

3.汽车转向系按结构不同,可分为机械转向系和动力转向系两类。( )

4.制动轮缸的作用是把油液压力转变成轮缸活塞的推力,推动制动蹄压靠在制动鼓上,产生制动。( )

5.非独立悬架因结构简单、工作可靠被广泛应用于货车、客车和所有的轿车中。( )

2　离合器

学习目标

- 熟悉离合器的功用与组成。
- 熟悉摩擦式离合器的基本结构和工作原理。
- 熟悉离合器操纵机构的结构和原理。
- 了解汽车上离合器的种类。

2.1　概述

　　离合器位于发动机和变速器之间，用于接通或者切断发动机和传动系统间的动力传递。当驾驶员踩下离合器踏板后，切断了从发动机传递到变速器/驱动桥的动力。随着驾驶员慢慢抬起离合器踏板，离合器将发动机和变速器及驱动桥逐渐连接起来，车辆开始移动。离合器在前置前驱传动系统的位置如图 2-1 所示。离合器的安装示意图如图 2-2 所示。

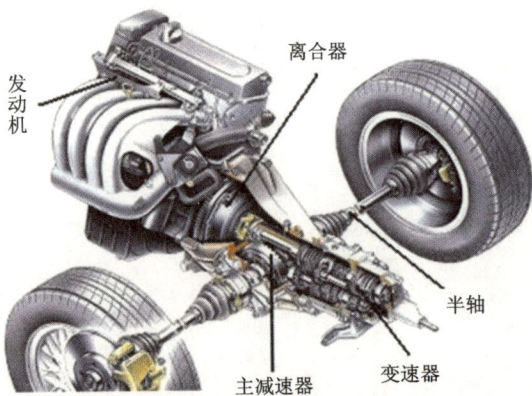

图 2-1　离合器在前置前驱传动系统的位置

1. 离合器的作用

　　离合器可使连接(离合器接合)和断开(离合器分离)的操作平缓进行。不能猛然把离合器从完全分离状态直接生硬地转换为接合状态。要使车辆行驶，发动机必须提高转速并达到足够的动力。但是发动机不能马上把车轮转速提高到与发动机转速相匹配的程度。

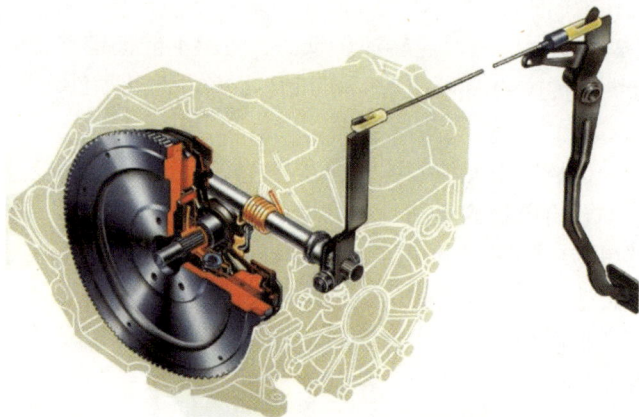

图2-2　离合器的安装示意图

车辆行驶换挡时也会产生类似的情况。此时驱动轮的转速并不等于发动机的转速。要实现不同挡位的平滑换挡，离合器需要先滑转，然后轻柔接合并逐渐加大接合力度，最终紧密接合。因此驱动轮开始时缓慢转动并逐渐加速最终离合器各元件达到相同的转速，离合器稳固接合。在紧急制动时，离合器在过载时自动打滑，可以防止发动机和传动系统的过载。

2. 离合器的分类

常见的汽车离合器有摩擦式离合器、液力耦合器、自动离合器、电磁离合器和双离合器等几种。

1) 摩擦式离合器

摩擦式离合器又分为干式和湿式两种。目前手动变速器上使用的大多数是干式摩擦式离合器，这种离合器采用若干个沿压盘圆周分布的螺旋弹簧或膜片弹簧为压紧弹簧。压紧弹簧将从动盘压紧在飞轮端面上，依靠飞轮与从动盘接触面之间的摩擦作用来传递转矩。压紧弹簧的压紧力越大，则离合器所能传递的转矩就越大。膜片弹簧式离合器的组成如图2-3所示。

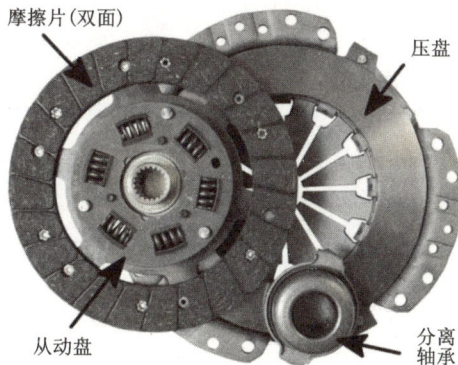

图2-3　膜片弹簧式离合器的组成

2）液力耦合器

液力耦合器靠工作液（油液）传递转矩，外壳与泵轮连为一体，是主动件；涡轮与泵轮相对，是从动件，如图2-4所示。当泵轮转速较低时，涡轮不能被带动，主动件与从动件之间处于分离状态；随着泵轮转速的提高，涡轮被带动，主动件与从动件之间处于接合状态。

3）自动离合器

自动离合器是一种由控制单元控制的离合器，这种离合器使手动变速器换挡的一个重要步骤即离合器的分离与接合能够自动进行，简化了驾驶员的操作。自动离合器分为两种：机械电机式自动离合器（图2-5）和液压式自动离合器。机械电机式自动离合器的控制模块根据油门踏板、发动机转速、车速等信号，经处理模块处理后发送指令驱动伺服马达，通过拉杆等机械形式驱使离合器动作；液压式自动离合器则是由控制模块发送信号驱动电动液压系统，通过液压操纵离合器动作。

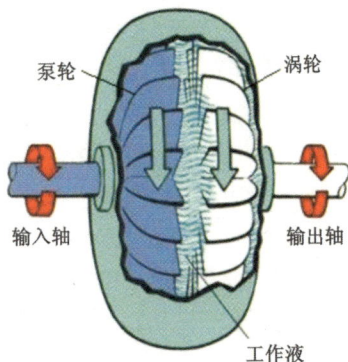

图2-4　液力耦合器的结构

图2-5　机械电机式自动离合器

4）电磁离合器

电磁离合器靠线圈的通断电来控制离合器的接合与分离，线圈通电时产生磁力，在电磁力的作用下，使衔铁的弹簧片产生变形，皮带轮主动盘与"衔铁"吸合在一起，离合器处于接合状态；线圈断电时，磁力消失，衔铁在弹簧片弹力的作用下弹回，离合器处于分离状态。电磁离合器的组成如图2-6所示。

5）双离合器

在一般汽车上，汽车的换挡通过离合器分离与接合实现，在分离与接合之间就有动力传递暂时中断的现象，在争分夺秒的赛车上，如果离合器掌握不好动力跟不上，车速就会变慢，影响成绩。为了解决这一问题，早在20世纪80年代，汽车工程师就研发出了一种双离合器系统，简称DSG（Direct Shift Gearbox：直接换挡变速器），装备在赛车上，能消除换挡离合时的动力传递停滞现象。双离合器的结构如图2-7所示。

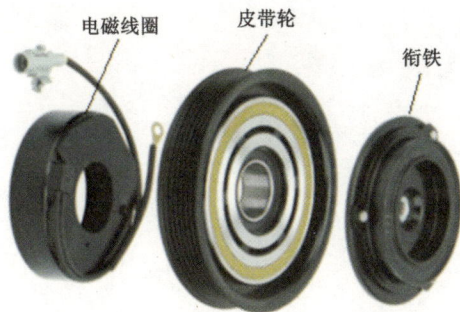

图 2-6　电磁离合器的组成

图 2-7　双离合器的结构

2.2　摩擦式离合器

2.2.1　摩擦式离合器的要求

摩擦式离合器应能满足以下基本要求：
(1)保证能传递发动机发出的最大转矩，并且还有一定的传递转矩余力。
(2)能做到分离时彻底分离，接合时柔和，并具有良好的散热能力。
(3)从动部分的转动惯量尽量小一些。这样，在分离离合器换挡时，与变速器输入轴相连的转速就比较容易变化，从而减轻齿轮间冲击。
(4)具有缓和转动方向冲击，衰减该方向震动的能力，且噪声小。
(5)压盘压力和摩擦片的摩擦系数变化小，工作稳定。
(6)操纵省力，维修保养方便。

2.2.2　摩擦式离合器的工作原理

离合器工作原理

离合器的主动部分和从动部分借接触面间的摩擦作用，或是液体作为传动介质(液力耦合器)，或是磁力传动(电磁离合器)来传递转矩，使两者之间可以暂时分离，又可逐渐接合，在传动过程中又允许两部分相互转动。

在这里只介绍在汽车上广泛采用的干式摩擦式离合器的工作原理，如图2-8所示。

离合器主动盘与发动机曲轴相连，从动盘与变速器输入轴相连。发动机发出的转矩，通过飞轮及压盘与从动盘接触面的摩擦作用，动力被传给从动盘。当驾驶员踩下离合器踏板时，通过机件的传递，使压盘相对发动机后移，此时从动部分与主动部分分离，动力传递被切断。

(1)接合状态：弹簧将压盘、飞轮及从动盘互相压紧，发动机的转矩经飞轮及压盘通过摩擦面的摩擦力矩传至从动盘，如图2-9(a)所示。

(2)分离过程：踩下踏板，带动拨叉及分离轴承，推动压盘克服压紧弹簧的压力，使从动盘与飞轮分离，摩擦力消失，从而中断了动力传动，如图2-9(b)所示。

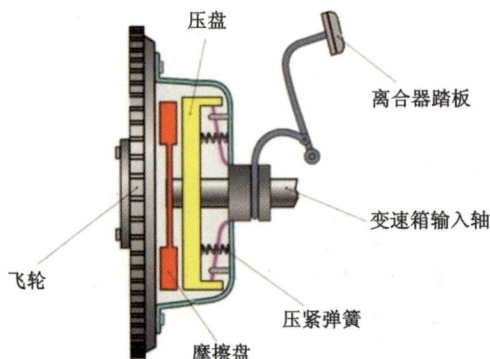

图 2-8   干式摩擦式离合器

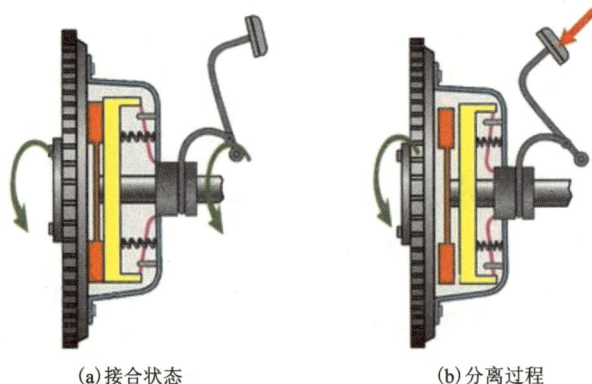

(a)接合状态   (b)分离过程

图 2-9   干式摩擦式离合器的状态

（3）接合过程：缓慢地抬起离合器踏板，使从动盘在压紧弹簧压力作用下与飞轮恢复接触，二者接触面间的压力逐渐增加，相应的摩擦力矩逐渐增加，离合器从完全打滑、部分打滑，直至完全接合。

2.2.3   摩擦式离合器的组成

离合器结构随车辆形式而有所不同，但离合器的主要结构是相同的，其主要部件包括离合器总成和离合器操纵机构，其中离合器总成由主动部分、从动部分、压紧装置和分离机构四部分组成。摩擦式离合器的组成如图 2-10 所示。

1. 离合器主动部分

离合器主动部分包括飞轮、离合器盖和压盘等机件，它与发动机曲轴一起旋转。离合器盖用螺钉固定在飞轮上，压盘一般通过凸台或传动片与离合器盖连接，由飞轮带动旋转。分离或接合离合器时，压盘做少量的轴向移动。

压盘用螺栓固定在飞轮上。离合器接合时，压盘将离合器片紧压到飞轮表面。压盘与离合器片的接触表面加工得很平滑。压盘的另一面是离合器盖。离合器盖通过螺栓安装在飞轮上为离合器弹簧压紧离合器片和飞轮提供受力基础。

图 2-10 摩擦式离合器的组成

2. 离合器从动部分

离合器从动部分主要元件就是从动盘，又称为离合器片或离合器摩擦片，如图 2-11 所示。从动盘安装在飞轮与压盘之间，从动盘通过盘毂孔内花键与变速器输入轴连接，可做少量轴向移动。从动盘两面与飞轮和压盘接合处都有开槽的摩擦材料。这些凹槽对于离合器彻底分离和冷却起着重要作用。离合器片有带扭转减震器和不带扭转减震器两种类型。扭转减震弹簧可以吸收发动机和变速器接合时的震动。

离合器接合时，发动机发出的转矩经飞轮和压盘传给从动盘两侧的摩擦片，带动从动盘本体和铆接在一起的减震器盘转动。从动盘本体和减震器盘又通过六个减震器弹簧把转矩传给了从动盘毂。因为有弹性元件的作用，所以传动系受的转动冲击可以在此得到缓和。传动系中的扭转震动会使从动盘毂相对于从动盘本体和减震器盘来回转动，夹在它们之间的阻尼片靠摩擦消耗扭转震动的能量，将扭转震动衰减下来。

3. 离合器压紧装置

离合器压紧装置的主要元件是压紧弹簧。根据所采用的压紧弹簧形式可分为膜片弹簧式和螺旋弹簧式。压紧弹簧与主动部分一起旋转，它以离合器盖为依托，将压盘压向飞轮，从而将处于飞轮和压盘间的从动盘压紧。相对于螺旋弹簧式压盘，膜片弹簧式压盘具有结构简单、尺寸小、操纵轻便、自动调节预紧力、分离压力小于接合压力、磨损后压紧力不变、高速压紧力稳定等优点，因此在轿车上得到了广泛的应用。离合器膜片弹簧的结构如图 2-12 所示。

螺旋弹簧分为沿周向布置和在中央布置两种。将一个圆柱形或圆锥形弹簧布置在中央的离合器称为中央弹簧离合器。采用若干个螺旋弹簧作为压紧弹簧，并将这些弹簧沿压盘圆周分布的离合器称为周布弹簧离合器。

4. 离合器分离机构

离合器分离机构的主要元件是分离杠杆。膜片弹簧式离合器的分离杠杆与压紧弹簧做成一体，即压紧弹簧和分离指。膜片弹簧形成弹性杠杆，同时起压紧弹簧和分离杠杆的作用。在离合器分离时，分离杠杆围绕支点摆动，压盘压缩分离弹簧，压盘作用在离合器片上的压力释放，离合器分离。

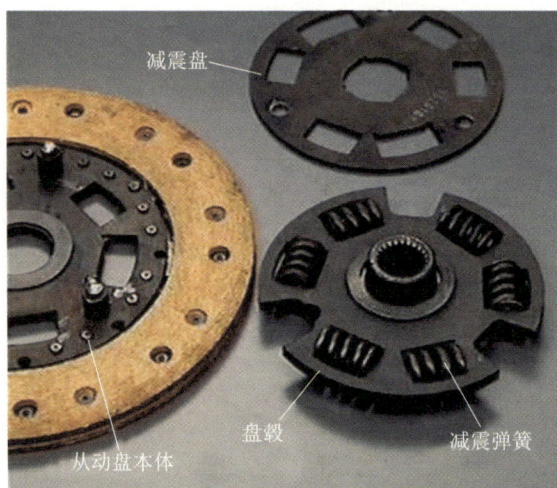

图 2-11　离合器摩擦片的组成

图 2-12　离合器膜片弹簧的结构

2.3　离合器操纵机构

离合器依靠离合器操纵机构连接离合器踏板和分离杠杆。一般有两种形式的离合器操纵机构：拉索操纵式和液压操纵式。

2.3.1　拉索式操纵机构

拉索式操纵机构由离合器踏板、调整螺丝和离合器拉索组成，如图 2-13 所示。现代汽车的离合器拉索是一种免维护、免保养、免调整的拉索，具有自动补偿离合器分离自由行程的功能。当离合器摩擦片磨损后,通过拉索的自动调整机构的调节作用,可使拉索向下伸出一定量,以补偿自由行程,避免因磨损而带来的人工调整工作,并保证良好的传递。

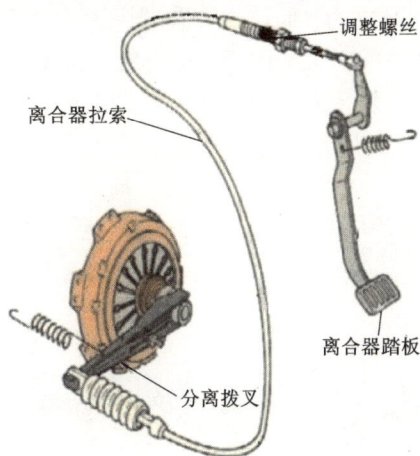

图 2-13　拉索式离合器操纵机构

2.3.2　液压式操纵机构

液压离合器操纵机构由于具有结构简单,摩擦阻力小,重量轻,操纵轻便,接合柔和,布置方便,不受车架变形影响等优点,应用较为广泛。液压操作机构一般由主缸、轮缸(工作缸)和管路系统组成,如图2-14所示;主缸将机械能转化为液压能,轮缸将液压能转化为机械能。

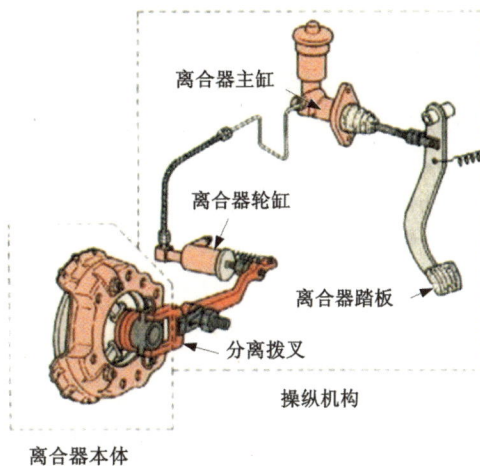

图 2-14　液压式离合器操纵机构

2.3.3　膜片弹簧的操纵方式

膜片弹簧的操纵方式分为推式和拉式，如图2-15所示。推式离合器分离时膜片弹簧弹性杠杆内端的分离指处承受的是推力，而拉式离合器中膜片弹簧的安装方向与传统的推式结构相反，将支撑点移到了膜片弹簧的大端附近，接合时，膜片弹簧的大端支撑在离合器盖上，以其中部压紧在压盘上，将分离轴承向外拉以实现离合器的分离。

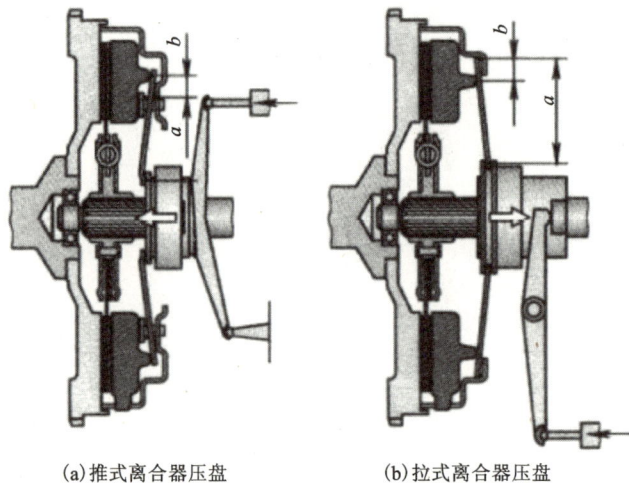

(a)推式离合器压盘　　　　　　　(b)拉式离合器压盘

图2-15　膜片离合器的操纵方式

2.3.4　操纵机构其他部件

1. 分离拨叉

有的离合器系统采用分离拨叉带动分离轴承推动分离指或者分离杠杆工作。分离拨叉安装在变速器体的球状支点上，利用杠杆原理使压盘分离或者接合。

分离拨叉一般采用机械机构操纵，也有的车辆使用液压机构操纵。

2. 分离轴承

分离轴承是一个两端密封的滚珠轴承，作用于离合器压盘上的膜片弹簧或者分离杠杆使离合器分离。

分离轴承安装在分离杠杆或者是分离液压缸上。当驾驶员踩下离合器踏板时，分离轴承推动压盘分离指或分离杠杆向前移动，从而释放压盘的作用力，使离合器分离。分离轴承通常安装在分离套筒上。

3. 导向轴承

导向轴承在很多车上都有应用。它安装在飞轮盘或者是曲轴后端的中心，用来支撑旋转的变速器输入轴，以减少摩擦，如图2-16所示。有些车型使用铜套作为导向轴承。有些前轮驱动车型不使用导向轴承。

2.3.5　离合器踏板的自由行程

　　离合器踏板的自由行程是分离轴承与分离杠杆之间的间隙在踏板上的反映，如图2-17所示。此间隙随着从动盘摩擦片的磨损而逐渐变小，若间隙太小甚至没有间隙，分离轴承因与分离杠杆长时间接触而会迅速磨损导致损坏，离合器在结合期会出现"打滑"故障；如间隙太大，离合器将出现分离不开的故障，因此，应定期检查调整离合器踏板的自由行程。

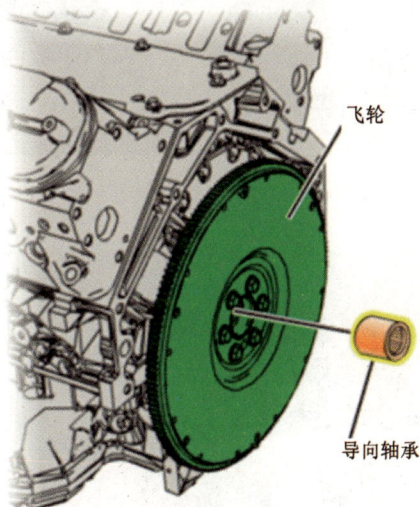

图2-16　离合器的导向轴承

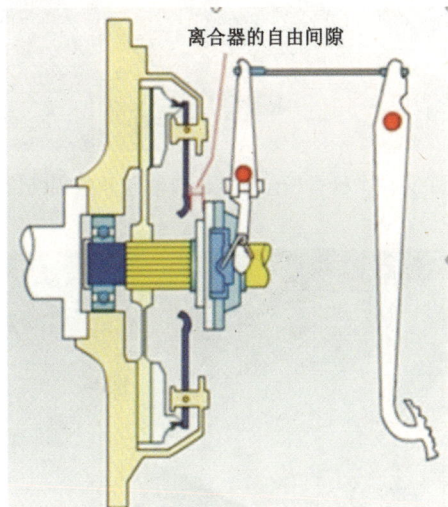

图2-17　离合器的自由间隙

2.4　离合器的一般操作

2.4.1　离合器的检查

　　（1）检查压盘和从动盘油污和磨损情况（图2-18）。

　　先目视检查压盘是否有磨损的条纹，如果有更换压盘；再检查从动盘摩擦片是否有裂纹、铆钉外露、减震器弹簧断裂等情况，如果有则更换从动盘。压盘和从动盘上有油污要清洁干净。

　　（2）检查从动盘的厚度（2-19）。

　　检查从动盘的厚度，如厚度值低于维修手册上的标准值，应予以更换，如图2-19所示。

　　（3）检查从动盘铆钉的深度（图2-20）。

　　注意：检查的是铆钉头的深度，即浅处的深度。如果检查结果超过要求，则应更换从动盘。

　　（4）检查从动盘的偏摆量（2-21）。

　　从动盘的偏摆量将影响离合器的接合与分离，因此当偏摆量大于维修手册上的标准值时，应更换从动盘。

图 2-18　检查压盘和从动盘油污和磨损情况

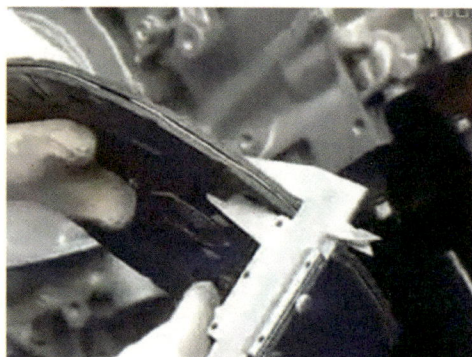

图 2-19　检查从动盘的厚度

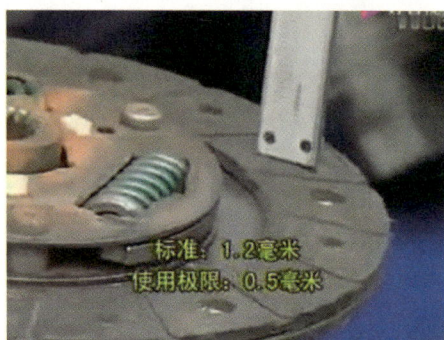

标准：1.2毫米
使用极限：0.5毫米

图 2-20　检查从动盘铆钉的深度

图 2-21　检查从动盘的偏摆量

（5）检查从动盘的花键孔（图 2-22）。

检查从动盘的花键孔与变速器的输入轴配合松紧度。配合过松，工作时会产生冲击；配合过紧，工作时会造成离合器分离不彻底。安装时需要在花键孔内汪入少量的润滑脂。

（6）检查压盘的偏摆量（图 2-23）。

压盘的偏摆量也会影响离合器的接合与分离，当偏摆量大于维修手册上的标准值时，应更换压盘。

图 2-22　检查从动盘的花键孔

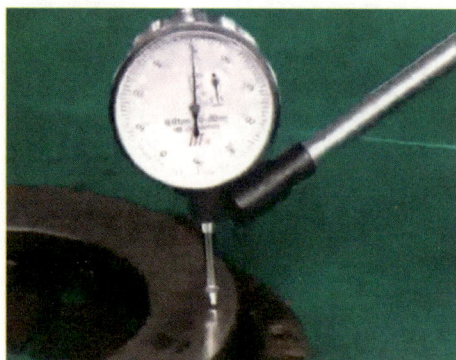

图 2-23　检查压盘的偏摆量

（7）检查压盘膜片弹簧的断裂和磨损（图2-24）。

检查压盘膜片弹簧的分离指是否有断裂和磨损过大的情况，如果有，则应更换压盘。

（8）检查减震弹簧的断裂、松动和变形（图2-25）。

检查减震弹簧是否有断裂、松动和变形的情况，如果有，则应更换从动盘。

图2-24 检查压盘膜片弹簧的断裂和磨损

图2-25 检查减震弹簧的断裂、松动和变形

（9）检查飞轮工作面的磨损（图2-26）。

检查飞轮工作面的磨损情况，如果磨损程度超过维修手册上的标准值，则应更换飞轮。

图2-26 检查飞轮工作面的磨损

2.4.2 离合器的安装

离合器安装时应该对准离合器盖及压盘上的装配标记，以防止破坏离合器本身的动平衡，如图2-27所示。

离合器的安装

（1）清洁飞轮表面(图2-28)。

图2-27　离合器的安装

图2-28　飞轮的清洁

（2）清洁压盘和从动盘表面(图2-29)。

（3）安装压盘和从动盘(图2-30)。

由于压盘中心和从动盘中心要对齐，可使用离合器安装专用工具将从动盘安装到压盘上，然后再一起安装到飞轮上。

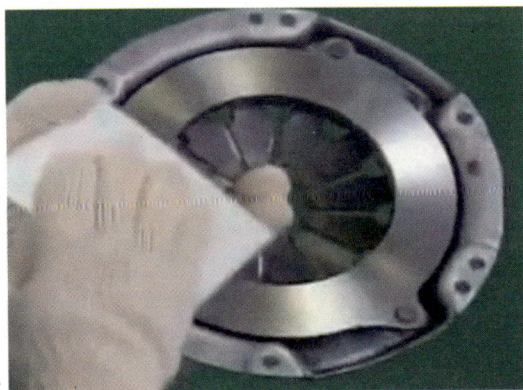

图2-29　压盘的检查与清洁

图2-30　安装压盘和从动盘

（4）固定压盘和从动盘(图2-31)。

拧紧压盘与飞轮固定螺栓时，要求按对角线交叉拧紧，并使用扭力扳手拧到维修手册上注明的规定扭矩。

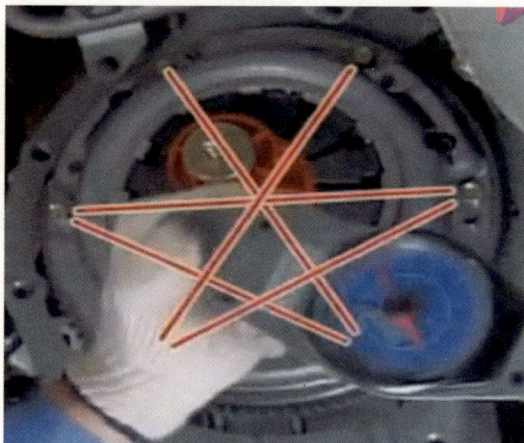

图 2-31　固定压盘和从动盘

单元练习

一、选择题

1. 离合器由主动部分、(　　)、压紧装置、分离机构和操纵机构等部分组成。

A. 被动部分　　　　　　　　　　B. 分开装置

C. 从动部分　　　　　　　　　　D. 分离拨叉

2. 膜片弹簧：既起到压紧弹簧的作用又起到(　　)的作用。

A. 结合杠杆　　　　　　　　　　B. 分离杠杆

C. 摩擦　　　　　　　　　　　　D. 减震

3. 离合器从动盘安装在(　　)上。

A. 发动机曲轴　　　　　　　　　B. 变速器输入轴

C. 变速器输出轴　　　　　　　　D. 变速器中间轴

4. 离合器压盘靠飞轮带动旋转，同时它还可以相对飞轮(　　)。

A. 径向移动　　　　　　　　　　B. 平面摆动

C. 轴向移动　　　　　　　　　　D. 轴向摆动

5. 下列零件属于离合器从动部分的是(　　)。

A. 离合器盖　　　　　　　　　　B. 压盘

C. 从动盘　　　　　　　　　　　D. 压紧弹簧

二、判断题

1. 离合器的作用是保证换挡平顺，必要时中断动力传动。(　　)

2. 离合器主从动盘之间摩擦面积越大所传递的转矩越大。(　　)

3. 离合器扭转减震器中的减震弹簧在汽车正常行驶时不受力。(　　)

4. 在离合器的全部工作过程中，都不允许从动盘有打滑现象。(　　)

5. 离合器踏板自由行程主要是由于分离杠杆与分离轴承之间的自由间隙而形成的。

(　　)

3   手动变速器与分动器

学习目标

- 熟悉手动变速器的功用与组成。
- 熟悉手动变速器的基本结构和工作原理。
- 熟悉手动变速器操纵机构的结构和原理。
- 熟悉分动器的功用与结构。
- 了解分动器的原理。

3.1   概述

手动变速器是现代车辆传动系中至关重要的传动元件。手动变速器使用大小不同的齿轮为发动机驱动车轮提供传动比。没有传动比的变化，发动机在低速时只能产生有限的扭矩，而没有足够的扭矩，车辆就不可能起步。手动变速器的位置如图3-1所示。

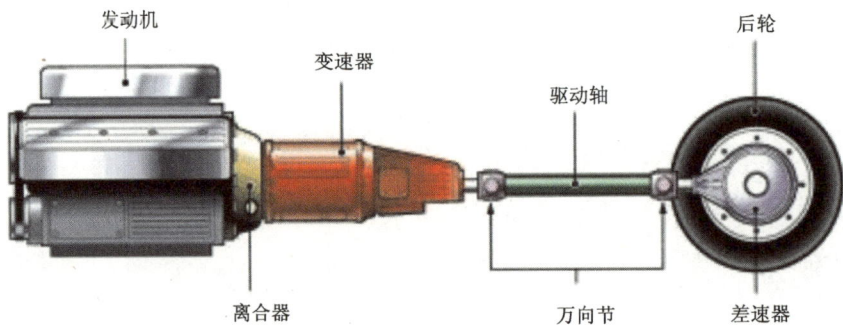

发动机　　　变速器　　　后轮　　　驱动轴

离合器　　　万向节　　　差速器

图3-1   手动变速器的位置

3.1.1   变速器的作用

在正常工作状态下的手动变速器应能起到以下作用：

(1)能增加驱动轮上的扭矩以便迅速提速。

（2）能为不同的发动机负荷条件提供不同的传动比。

（3）能提供倒车用的倒挡。

（4）有方便的换挡方法。

（5）噪声低，功率损失小。

3.1.2　变速器的分类

手动变速器一般通过挡位的多少或传动轴的数量来进行分类。

根据前进挡位的数量，手动变速器可分为四速、五速、六速和七速等。

传动轴的布置形式通常有两轴式和三轴式两种。目前，前置后驱汽车上采用了三轴式变速器，即变速器中有输入轴、副轴和输出轴。而前置前驱和后置后驱等汽车上则采用了两轴式变速器，即变速器中只有输入轴和输出轴。输入轴前端通过离合器与发动机相连，输出轴后端与主减速器相连。

3.1.3　齿轮的基本知识

1. 齿轮的种类

齿轮有许多种，每种齿轮都有各自的运行特性。手动变速器和变速驱动桥中常用的齿轮包括直齿轮、斜齿轮、伞型齿轮、蜗齿轮、准双曲线齿轮，见表3-1。

表3-1　齿轮的种类

齿轮名称	图片	特点	应用
直齿轮		适合中速及中等负荷，无轴向推力，易制造，易维护，生产成本低，但噪声大	变速器的倒挡齿轮
斜齿轮		能承受较大的负荷，较直齿轮更稳定，适于高速，有轴向推力	变速器的前进挡常啮合齿轮

续表3-1

齿轮名称	图片	特点	应用
伞型齿轮		运转更平稳，负荷更重，速度更高，制造简单	差速器半轴齿轮和行星齿轮
蜗齿轮		工作非常安静，无振动；高减速比，大扭矩，结构紧凑，高侧推力	变速器车速表软轴驱动齿轮
准双曲线齿轮		在重载下能平稳运行，无噪声；需专用油润滑	主减速器主减速齿轮

2. 齿轮啮合的基本原理

齿轮啮合用来传递动力，改变转速及扭矩。因此啮合的好坏，会直接影响到下列因素：传动的噪声、传动的平稳性、啮合齿轮的磨损、传动效率。

输入动力的齿轮为主动齿轮，相应的轴为输入轴；输出动力的齿轮为从动齿轮，相应的轴为输出轴。转动时，通过主动齿轮和从动齿轮的齿数的组合，可以实现增速或减速，扭矩也可以减小或增加。

3. 齿轮传动比

古希腊的科学家阿基米德曾经说过："给我一根足够长的杠杆和一个支点，我可以撬起地球。"这句话讲的就是杠杆具有对力的倍增作用。变速器中的齿轮组从本质上说就是圆形的杠杆组。各个齿轮通过齿齿的大小和齿轮上齿的数量对力进行倍增，如图3-2所示。这就是为什么发动机只产生100 N·m的扭矩却能驱动1000 kg重的车辆的原因。

齿轮传动比也称为转速比，是主动齿轮与从动齿轮转速的比值，也可以用啮合齿轮齿数的比值来表示。传动比用字母 i 表示，其计算公式为：

$$i = n_主/n_从 = Z_从/Z_主$$

式中：$n_主$——主动轮转速；$n_从$——从动轮转速；$Z_主$——主动轮齿数；$Z_从$——从动轮齿数。

图3-2 的左侧尺寸较小的齿轮有 12 个齿，驱动右侧带有 24 个齿的大齿轮，小齿轮要转动 2 圈才能驱动带有 24 个齿的大齿轮转动 1 圈。这就是齿轮转速比为 2∶1 的减速齿轮转速比。假如带有 12 个齿的驱动轮转动的扭矩为 10 N·m，那么大齿轮转动 1 圈所产生的扭矩将是小齿轮的 2 倍，即大齿轮产生的扭矩为 20 N·m。这与一台能产生 100 N·m 扭矩的发动机却可以移动 1000 kg 重的车辆的原理是一样的。如果这台发动机与转速比为 10∶1 的传动系统接合，结果就是在驱动轮上可产生 1000 N·m 的扭矩，足以移动重 1000 kg 的车辆。然而减速齿轮传动系统也有不利之处，即主动齿轮转动的圈数要比从动齿轮多许多倍。所以对于齿轮转速比为 10∶1 的传动系统来说，当发动机转速为 6000 转/分时，传动系的转速只有 600 转/分。

图 3-2 齿轮的传动

4. 惰轮

倒挡采用的是减速传动比，与一般的减速挡不同的是，转动方向发生了改变。这是通过在传动中添加一个齿轮来实现的，这一齿轮被称为惰轮，如图 3-3 所示。这一齿轮不改变传动比，但它改变了转动方向，实现了倒挡。

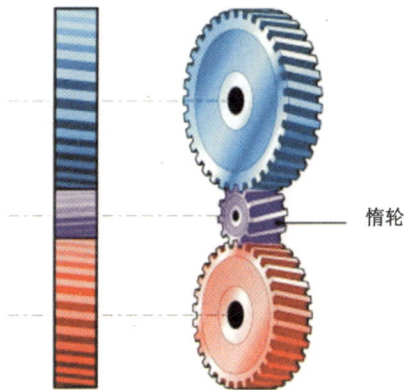

惰轮

图 3-3 惰轮的作用

3.2　变速器变速传动机构

3.2.1　变速器的工作原理

　　三轴两挡手动变速器的工作原理如图 3-4 所示。输入轴(绿色)将发动机与离合器连接起来。同步器可将两个输入齿轮(蓝色)中的一个连接到输入轴上。它通过齿槽直接与输入轴相连，并与输入轴一起转动。但同步器也可以沿着输入轴左右滑动，从而有选择性地接合两个蓝色齿轮中的一个。轴环中的齿称为同步齿，可与蓝色齿轮侧面的齿相接合。黄色轴及蓝色齿轮称为输出轴和输出齿轮，它们连为一个整体，因此输出轴上的所有齿轮和输出轴本身作为整体旋转。

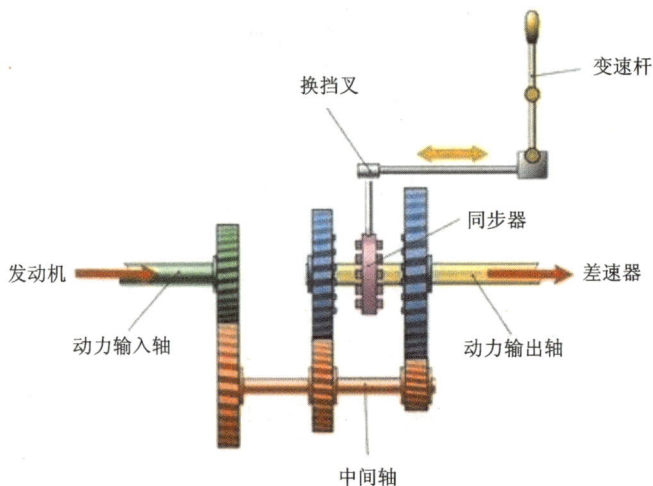

图 3-4　三轴两挡变速器的组成

　　当同步器换到一挡时接合右边的蓝色齿轮，由于同步器(紫色)将输出轴(黄色)和输出齿轮(蓝色)接合在了一起，因此发动机的动力经输入轴、输入齿轮传到了输出齿轮和输出轴(黄色)上，再通过差速器输出。此时虽然左边的齿轮也在转动，但只是在其轴上空转，对输入轴并不产生影响，如图 3-5 所示。

3.2.2　变速器的组成部件

　　以一个三轴手动变速器来说明手动变速器的结构，通常一个手动变速器由齿轮箱和换挡机构组成。齿轮箱由变速器壳、输入轴、中间轴(副轴)、输出轴、同步器等组成，换挡机构由外部换挡机构、内部换挡机构组成。

1. 变速器壳

　　变速器壳通常由压铸铝制成，包含两部分：离合器壳和变速器后部。离合器壳可以根据各种发动机的不同情况分别设计。

换挡

没有同步器的接合，该
齿轮在输出轴上空转

发动机动力

传递至差速器

同步器与动力输出
轴的齿轮啮合

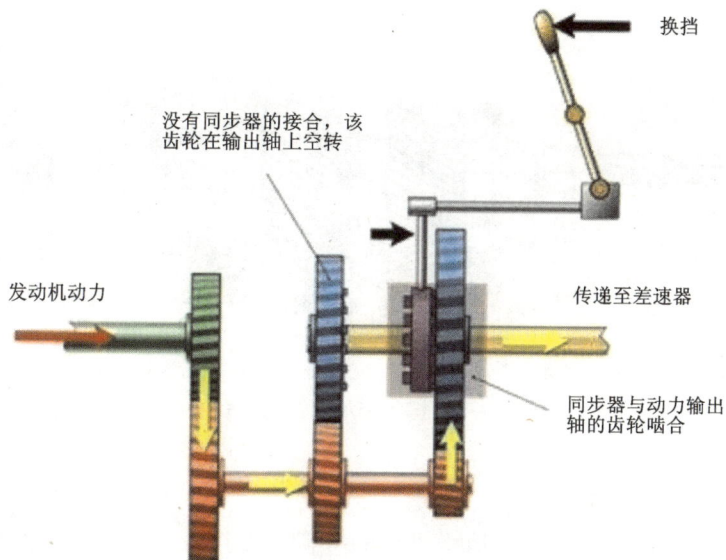

图 3-5　三轴两挡变速器的换挡过程

2. 输入轴

输入轴的作用是将动力输入变速器。输入轴在凹槽滚珠轴承上运转，该轴承是离合器壳中的固定轴承。恒速级的输入轴齿轮是输入轴的一部分。

3. 中间轴

中间轴和输出轴上的齿轮相配合，实现不同的变速比。中间轴也在固定轴承和空套轴承上运转。1 挡和 2 挡的固定齿轮是副轴的一部分。3/4 挡的中间齿轮在滚针轴承上运转。6挡和常啮合的中间齿轮通过花键牢固地连接到副轴。3/4 挡的同步器主体也通过花键锁定到中间轴上。

4. 输出轴

输出轴与中间轴一起作用，实现变速，同时也负责将动力向后续部件（如：传动轴）输出。输出轴的固定轴承位于变速器后部，是一个凹槽滚珠轴承。输入轴和输出轴之间的滚柱轴承起着空套轴承的作用。1/2 挡、5/6 挡和倒挡的同步器主体通过花键牢固地连接到输出轴。

3.2.3　动力传递

发动机扭矩通过输入轴传输到变速器中，持续处于运转状态的一对常啮合齿轮将动力传输到中间轴。根据挂挡情况，利用相应的齿轮对将动力从中间轴传输到输出轴。5 挡是直接挂上的。也就是说，动力不通过中间轴传输，而是直接从输入轴传输到输出轴。齿轮的连接是通过与选挡杆相连的接合套实现的。

动力传递中与轴相连一起旋转的称为轮齿，与轴分开旋转的称为齿轮。

1. 1 挡的动力传递（如图 3-6）

输入轴——输入轴轮齿——中间轴轮齿——中间轴 1 挡轮齿——输出轴 1 挡齿轮——同步器接合套——输出轴

图 3-6　1 挡的动力传递路线

2. 2 挡的动力传递(如图 3-7)

输入轴——输入轴轮齿——中间轴轮齿——中间轴 2 挡轮齿——输出轴 2 挡齿轮——同步器接合套——输出轴

图 3-7　2 挡的动力传递路线

3. 3 挡的动力传递(如图 3-8)

输入轴——输入轴轮齿——中间轴轮齿——同步器接合套——中间轴 3 挡齿轮——输出轴 3 挡轮齿——输出轴

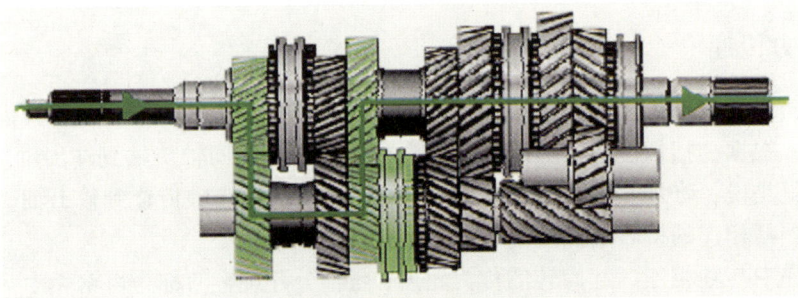

图 3-8　3 挡的动力传递路线

4. 4 挡的动力传递(如图 3-9)

输入轴——输入轴轮齿——中间轴轮齿——同步器接合套——中间轴 4 挡齿轮——输出轴 4 挡轮齿——输出轴

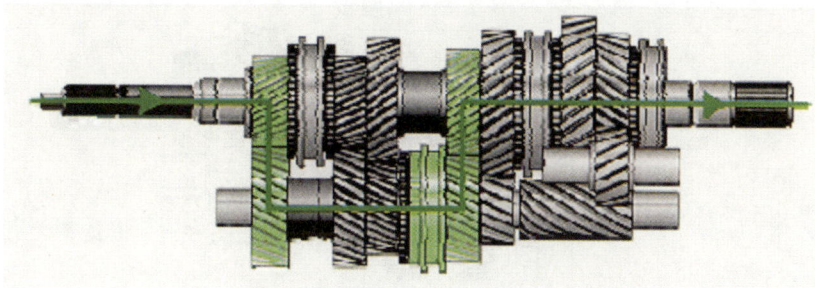

图 3-9　4 挡的动力传递路线

5. 5 挡的动力传递(如图 3-10)

输入轴——输入轴轮齿——同步器接合套——输出轴花键——输出轴

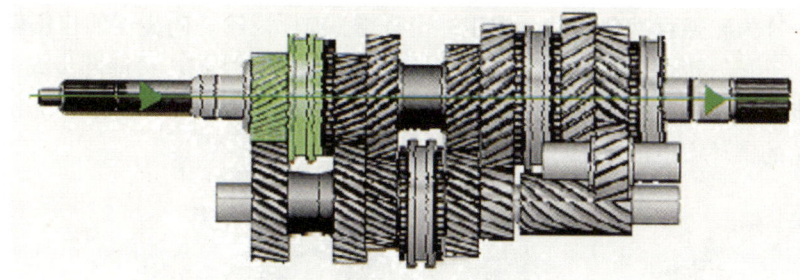

图 3-10　5 挡的动力传递路线

6. 6 挡的动力传递(如图 3-11)

输入轴——输入轴轮齿——中间轴轮齿——中间轴 6 挡轮齿——输出轴 6 挡齿轮——同步器接合套——输出轴

图 3-11　6 挡的动力传递路线

7. 倒挡的动力传递（如图 3-12）

输入轴——输入轴轮齿——中间轴轮齿——中间轴 1 挡轮齿——倒挡齿轮——输出轴倒挡齿轮——同步器接合套——输出轴

图 3-12　倒挡的动力传递路线

3.3　同步器

由于变速器输入轴与输出轴以各自的速度旋转，变换挡位时存在一个"同步"问题。两个旋转速度不一样齿轮强行啮合必然会发生冲击碰撞，损坏齿轮。同步器的作用就是使将要啮合的齿轮达到一致的转速而顺利啮合。同步器有常压式和惯性式。目前同步式变速器上采用的是惯性同步器，它主要由接合套、滑块、同步器锁环等组成（图 3-13），它的特点是依靠锁环和啮合齿轮的锥环产生的摩擦作用实现同步。

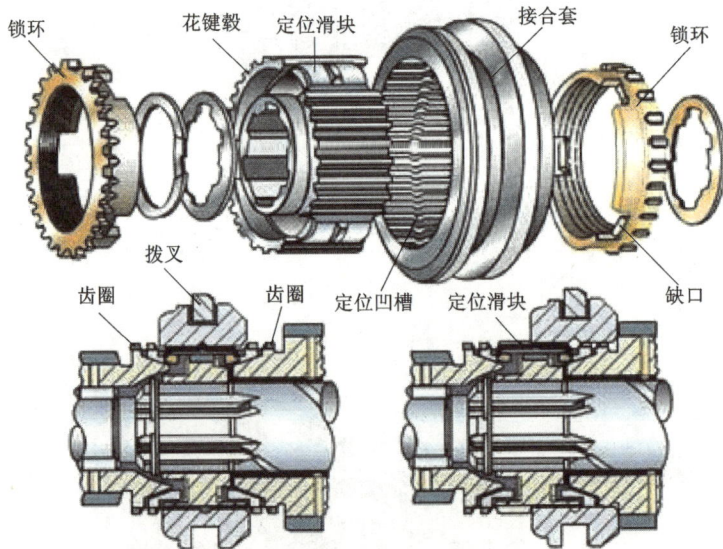

图 3-13　同步器的结构

锁环式惯性同步器
工作过程

3.3.1　同步器的工作过程

惯性同步器的工作过程分为三个阶段：空挡、同步、啮合，如图 3-14 所示。

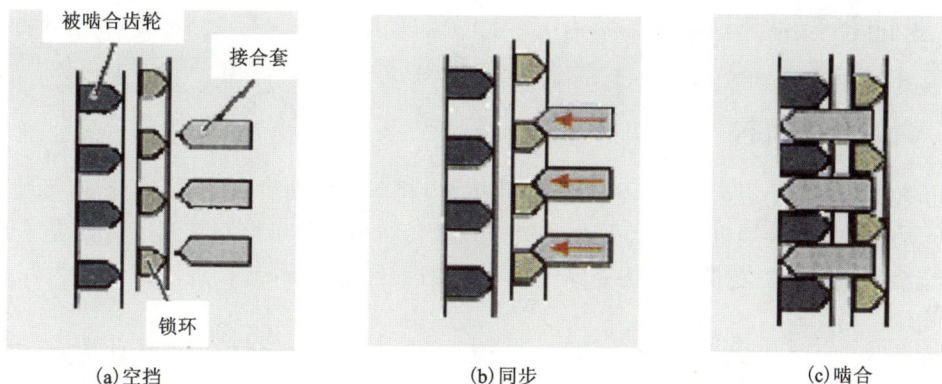

图3-14 同步器的工作过程

(a)空挡 (b)同步 (c)啮合

1. 空挡

在没有作用力时,接合套齿轮、被啮合齿轮和同步器锁环没有接触,同步器处于空挡位置。

2. 同步

换挡摆动同步器销使锁环朝着被啮合齿轮移动。在此过程中,锁环的摩擦面与被啮合齿轮的摩擦锥接触,于是以不同速度运转的输出轴与被啮合齿轮开始同步。接合套齿轮的特殊形状可以防止接合套齿轮碰到锁环齿上。

3. 啮合

当输出轴与被啮合齿轮以相同速度运转时,止推块可将接合套推到被啮合齿轮上。这样,输出轴和被啮合齿轮之间会建立起正啮合连接。

3.3.2 三相同步器

在同步器工作时,同步器锁环和接合套之间的摩擦力决定了同步的速度。摩擦力越大,同步越迅速,挡位的接合越顺畅。摩擦力受压紧力、接触面粗糙度和接触面积的影响,要求过大的压紧力会使换挡过于沉重,接触面粗糙程度也不可能无限增加,接触面积又受到同步器尺寸的限制。因此工程师们开发了三相同步器,其结构如图3-15所示。

三相同步器外锁环上的凸台将同步器主体与外锁环和内锁环相连,它们以输出轴的速度运转。中间锥环连接到中间齿轮,两者以同样的速度转动。这样,在没有增加同步器外径尺寸的前提下,接触面积增加了一倍,摩擦力也随之增加,这样可以使换挡更为省力和顺畅。

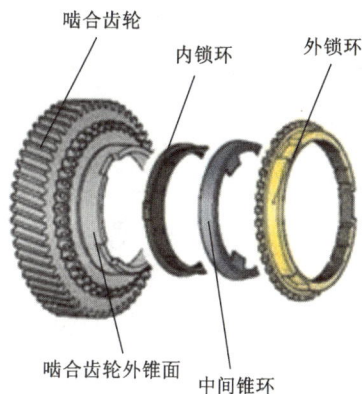

图3-15 三相同步器的结构

3.4　变速器操纵机构

3.4.1　外部换挡机构

两条控制拉索(一条选挡拉索和一条换挡拉索)将车辆手动换挡杆与变速器连接起来,如图 3-16 所示。外部换挡机构包括手动换挡杆和换挡机构壳体、控制拉索、安装法兰以及换挡杆和选挡杆旋转轴。在换挡机构壳体中,手动换挡杆的换挡和选挡运动将转换为控制拉索的轴向运动。

如图 3-17 所示,在外部换挡机构上,控制拉索的轴向运动转化为换挡杆旋转轴和选挡杆旋转轴的旋转运动。

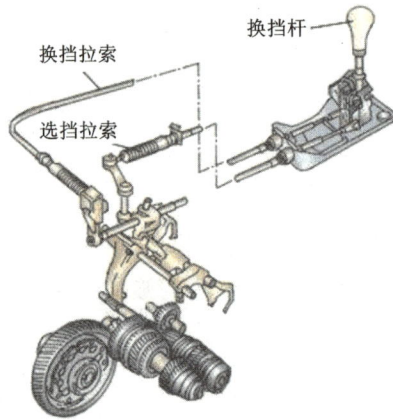

图 3-16　变速器的换挡机构

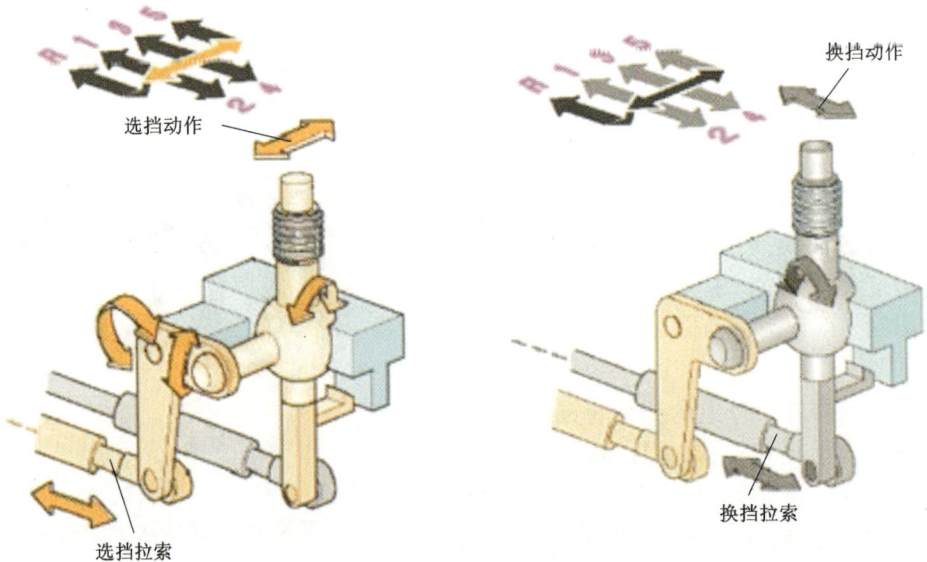

图 3-17　变速器的外部换挡机构的原理

3.4.2 内部换挡机构

内部换挡机构基本上可分为三个子系统：换挡模块、换挡执行器、锁止装置。

1. 换挡模块

换挡模块是一个将控制拉索的运动转化为径向运动（以进行选挡）或轴向运动（以进行换挡），然后将这些运动传递到中间选挡杆轴的装置。

2. 换挡执行器

换挡执行器中的换挡拨叉位于中间选挡杆轴的不同角度处，中间选挡杆轴的径向运动使换挡拨叉在相应换挡摆动触销的换挡止块中接合，具体取决于选定的挡，如图3-18所示。

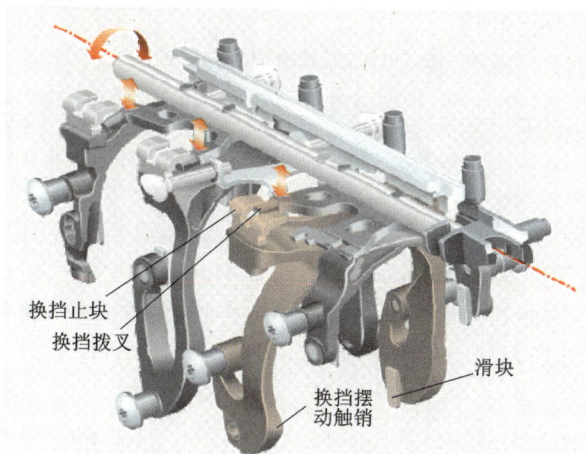

图 3-18 变速器的内部换挡机构的执行器

3. 锁止装置

为了保证变速器能够准确、安全、可靠地工作，变速器操纵机构必须具有自锁、互锁和倒挡锁装置。

1）自锁装置

为防止拨叉轴自动产生轴向移动而造成自动挂挡和自动脱挡，并保证各挡传动齿轮（接合齿圈）以全齿长啮合，需要在变速器操纵机构中设置自锁装置以便能够对各挡拨叉轴进行轴向定位锁止。

2）互锁装置

互锁装置的作用是阻止两个拨叉轴同时移动，即当拨动一根拨叉轴轴向移动时，其他拨叉轴被锁止，可防止同时挂入两个挡。互锁装置的结构形式很多，最常用的有锁球式、锁销式和钳口式。变速器的互锁装置如图3-19所示。

3）倒挡锁装置

倒挡锁装置的作用是提醒驾驶员，防止误挂倒挡，提高安全性。即挂倒挡时，驾驶员必须进行与挂前进挡不同的操纵方式或对变速杆施加较大的力，才能挂入倒挡。

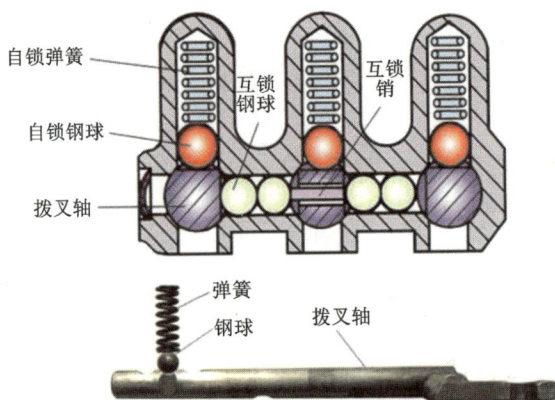

图3-19　变速器的互锁装置

3.5　分动器

分动器直接安装在变速器上。分动器的功能是不断地将发动机扭矩分配到前桥和后桥，并且进一步增大扭矩。它使驾驶员可以在普通公路行驶速比（高挡）和专用越野行驶速比（低挡）之间进行选择。分动器在四驱传动系统中的位置如图3-20所示。

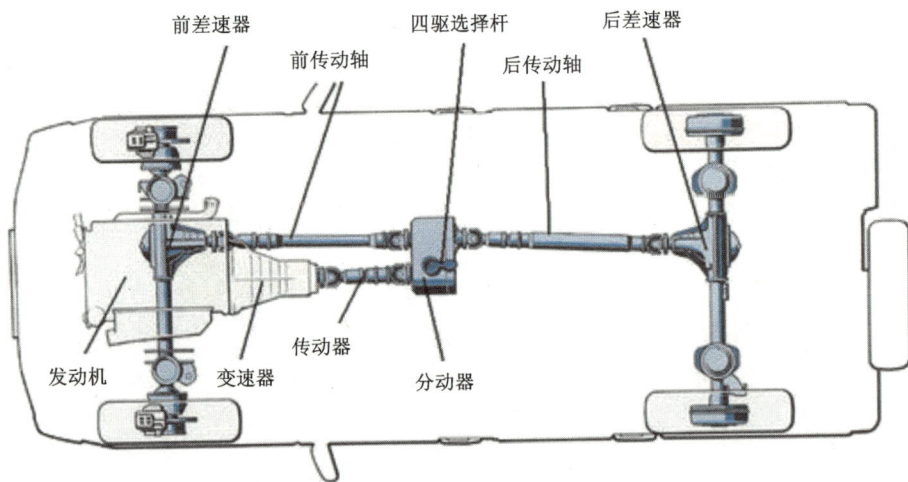

图3-20　分动器在四驱传动系统中的位置

3.5.1　分动器的功用

（1）越野汽车因多轴驱动而装有分动器将动力分配到各驱动桥。

（2）大多数越野汽车装用两挡分动器，兼起副变速器的作用。

（3）两挡分动器的低速挡可起降速增扭作用。

3.5.2 分动器的分类

根据分动器控制方式的不同,分动器主要有两种类型:分时四驱式分动器、全时四驱式分动器。

1.分时四驱式分动器

这是一种驾驶员可以在两驱和四驱之间手动选择的四轮驱动系统,由驾驶员根据路面情况,通过接通或断开分动器来变化两轮驱动或四轮驱动模式,这也是一般越野车或四驱 SUV 最常见的驱动模式。最显著的优点是可根据实际情况来选取驱动模式,比较经济。

链条式分时四驱分动器内部有一系列齿轮和链条,如图 3-21 所示。当四轮驱动接合时,电控机构控制后轴与链条齿轮啮合在一起,通过链条将动力传动到前轴的齿轮。此时,前轴开始以与后轴相同的转速旋转,并将扭矩传递给前主减速器和差速器,再将扭矩传递到前轮。

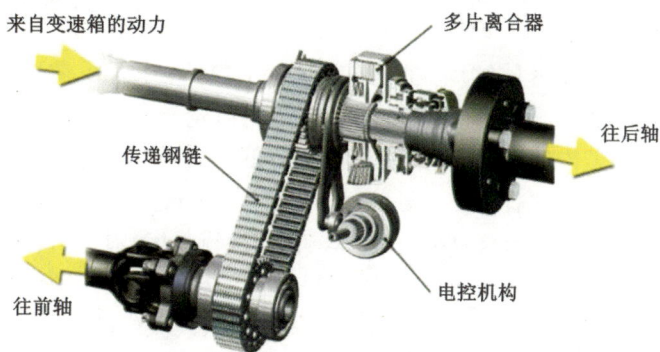

图 3-21 链条式分动器的结构

2.全时四驱式分动器

全时四驱传动系统采用全时四驱式分动器,不需要驾驶员选择操作,前后车轮永远维持四轮驱动模式,行驶时将发动机输出扭矩按 50∶50 设定在前后轮上,使前后排车轮保持等量的扭矩。全时驱动系统具有良好的驾驶操控性和行驶循迹性,有了全时四驱系统,就可以在铺装路面上顺利驾驶。但其缺点也很明显,那就是比较费油,经济性不够好。而且,车辆没有任何装置来控制轮胎转速的差异,一旦一个轮胎离开地面,往往会使车辆停滞在那里,不能前进。

全时四驱系统在分动器中加了一个开放式轴间差速器,其内部的动力流向是一进二出;输出的前后轴允许不同转速,前轴转速可能大于后轴,后轴转速也可能大于前轴。正是如此,使得全时四驱可以灵活地调整前后轴之间的转速差,以达到在四驱状态下也能灵活自如的目的。中央差速器也分为很多种不同类型,比如冠状齿轮差速器、行星齿轮组差速器、托森差速器(图 3-22)等,总之只有带机械中央差速器的车型,才可以称之为全时四驱。

图 3-22　带托森差速器的全时四驱分动器的结构

3.5.3　分动器的发展

第一代分动器基本上为分体结构，直齿轮传动，双换挡轴操作，铸铁壳体。

第二代分动器虽然也是分体结构，但已改为全斜齿轮传动，单换挡轴操作和铝合金壳体，在一定程度上提高了传动效率、简便了换挡、降低了噪声与油耗。

第三代分动器增加了同步器，使多轴驱动车辆具备在行进中换挡的功能。

第四代分动器的重大变化在于采用了联体结构以及行星齿轮加链传动，从而优化了换挡及大大提高了传动效率和性能。低挡位采用行星斜齿轮机构，使其轻便可靠、传动效率高、操纵简单、结构紧凑、噪声更低。前输出轴传动系统采用低噪声的多排链条传动，链传动具有传动平衡、噪声小、中心距误差要求低、轴承负荷较小及防止共振等优点。

第五代分动器壳体采用压铸铝合金材料，齿型链传动输出。具有转矩容量大、重量轻、传动效率高、噪声小、换挡轻便准确等优点，大大改善了多轴驱动车辆的转矩分配，进而提高了整车性能。

3.5.4　分动器的工作原理

（1）在正常行驶状态下，分动器没有任何作用，内部的电控液力多片式离合器处于松开状态，此时变速箱输出轴与后驱传动轴机械相连。变速箱输出轴的全部扭矩输出都到后轮去了，所以也就是不干预状态下的长期后驱。

（2）当有需要的时候，分动器会在分动器控制器的判断下被通电，此时电控液力多片式离合器会被压紧，金属链条在输入轴一侧的齿轮会开始旋转，带动链条运动，金属链条连接到的前驱传动轴也就开始旋转，前轴也就有了驱动扭矩，切换到了全轮驱动模式。分动器的工作路线如图 2-23 所示。

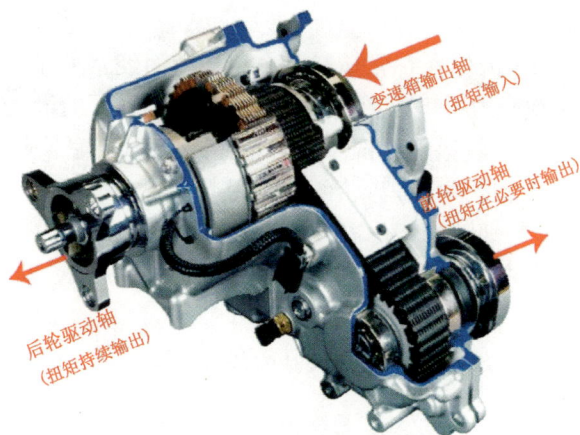

图 3-23　分动器的工作路线

3.6　手动变速器油概述

3.6.1　手动变速器油的作用和特性

手动变速器油属于车用齿轮油，车用齿轮油用于汽车上的正、斜、伞齿轮，变速器和转向器、后桥差速器等齿轮的润滑。齿轮油在运动部件表面形成油膜隔离层，使其相互分离，通过减少摩擦达到运动顺畅，并尽可能减少部件变热和表面磨损，如图 3-24 所示。

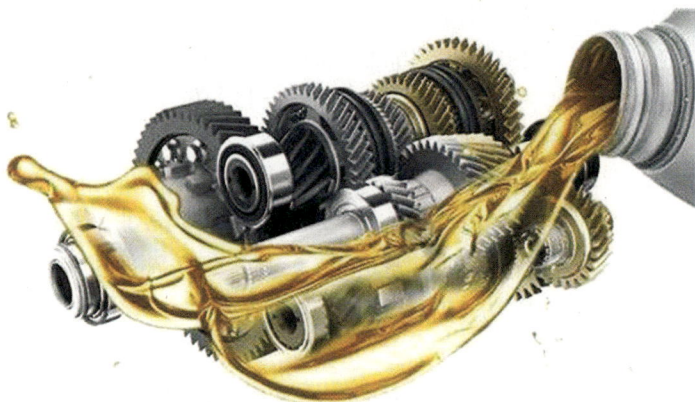

图 3-24　手动变速器油的作用

车辆传动装置中的齿轮在工作过程中受力非常复杂，特别是准双曲线齿轮，两齿轮轴线在空中交错，齿长方向仍是弧形，齿面载荷可达到 1.7 GPa，冲击载荷可高达 2.8 GPa，且齿面要以很高的速度滑移，产生强烈的摩擦，使得齿面局部温度剧升，很容易出现烧结、熔焊等损伤。在如此苛刻的工况下，齿轮油必须满足如下性能要求。

（1）良好的极压性。在摩擦面接触压力非常高、油膜容易破裂的润滑条件下，能够防止烧结、熔焊等摩擦面损伤。

（2）适当的黏度。车辆齿轮在正常运转条件下，齿面经常处于弹性流体动力润滑状态，因此齿轮油的黏度对承载能力有重要影响。在最低工作温度下的最大黏度必须能保证汽车不经预热可以顺利起步；在一般运行工况下，齿轮油内摩擦消耗不应使所传递的功率明显下降；在最高工作温度时的黏度须保证齿轮的可靠润滑。

（3）良好的黏温性能。即随着工作温度的变化，黏度变化要尽可能小，以保证在低温时具有足够的流动性，在齿轮转动时有足够量的油带到齿面及轴承，防止出现损伤。在高温时黏度不致降低太多，要能形成足够厚的润滑油膜。

齿轮油除以上性能要求外，还应具有良好的热氧化安定性、抗泡性，对金属腐蚀性要小，储存安全性要好等。

变速器油分为手动变速器油（MTF）和自动变速器油（ATF）。手动变速器油（MTF）采用车辆齿轮油的性能和黏度分类，而自动变速器油（ATF）有专用的自动变速箱润滑油。

3.6.2　手动变速器油的分类与组成

手动变速器油采用性能分类和黏度分类两种方法。

1. 手动变速器油的性能分类

目前世界各国广泛采用美国石油学会（API）性能分类方法和美国军用齿轮油规格标准。我国也等效采用上述分类方法和规格标准，参照 1982 年美国 API 汽车变速器和驱动桥润滑剂性能分类制定了 GB/T7631.7—1995 标准。在用的级别有 API GL-1、API GL-4、API GL-5 和 API MT-1，已经过时的级别为 API GL-2、API GL-3 和 API GL-6。

1）API GL-1

适用于齿面压力小、滑动速度低的汽车螺旋锥齿轮、蜗轮式驱动桥以及各种手动变速器。这些工况条件比较温和，因此纯矿物油制成的齿轮油可以满足需求。矿物油里还可以加入抗氧化剂和防锈剂、抗泡剂、降凝剂，这些添加剂可以在一定程度上改善齿轮油的性能。主要用于汽车手动变速器、拖拉机和卡车手动变速器。

2）API GL-4

适用于各种齿轮，尤其是准双曲线齿轮，在低负载、速度条件一般的情况，或者高速、低扭矩，或者低速、高扭矩等不苛刻的条件下使用 GL-4 级齿轮油。主要用于使用条件不太苛刻的手动变速器齿轮、螺旋锥齿轮和准双曲线齿轮。

3）API GL-5

此类别齿轮油属于极压型齿轮油，一般都含有极压添加剂，会腐蚀黄色金属（如含铜的金属），因此应注意查询厂家说明。在高速、大冲击、重负荷，或者高速度、低扭矩，或者低速度、高扭矩等运行条件下使用 GL-5 级齿轮油。主要用于操作条件缓和或苛刻的准双曲线齿轮及其他各种齿轮，如大客车齿轮，也可用于手动变速器。

4）API MT-1

有较强的极压性能，适用于重负荷的条件，如卡车、大客车非同步手动变速箱。同步变速箱有含铜部件，应注意查看极压添加剂对这类金属的腐蚀性质。

API 还提出了两种新使用性能分类规格：一种是 PG-1，适用于重载、高温（可达 150℃）

手动传动箱(卡车与公共汽车用)；另一种是 PG-2，适用于有高偏置的重载轴齿轮传动(重型卡车最后一级传动用)。这两种新规格还要求能满足对清净分散性、密封寿命与同步啮合腐蚀极限的更高要求。

我国车辆齿轮油根据组成特性和作用要求分为 CLC 普通车辆齿轮油、CLD 中负荷车辆齿轮油、CLE 重负荷车辆齿轮油三个品种，分别相当于 API 分类的 GL-3、GL-4、GL-5(图3-25)。其中：CLC 用于手动变速器、螺旋伞齿轮的驱动桥。CLD 用于手动变速器、螺旋伞齿轮使用条件不太苛刻的准双曲线齿轮的驱动桥。CLE 用于使用条件苛刻的准双曲线齿轮及其他条件齿轮驱动桥。

图3-25　瓶装手动变速器油的外观

2. 手动变速器油的黏度分类

手动变速器油最具代表性的黏度分类是 SAE(美国汽车工程师协会)J306 规格，我国车辆齿轮油的黏度参照 SAE 黏度分类规格，制定了 GB/T7631.7—1995 分类方法，但未列入 70W 牌号。

SAE 黏度分类将手动变速器油分为 70W、75W、80W、85W、90、140、250 七个黏度级，按使用季节又分为单级油与多级油。其中"W"代表冬用油，SAE70W(适应的最低气温为-45℃)、75W(适应的最低气温为-40℃)、80W(适应的最低气温为-26℃)、85W(适应的最低气温为-12℃)为冬用油。无"W"字则为非冬用油，90、140、250 为夏用油。90 适应的气温不宜超过35℃，夏季气温经常超过35℃的地区，应选择140为宜，250在气温超过40℃的国家地区使用。

多级油是 W 级与非 W 级的组合，表达方式为 SAE XW-Y，常见的组合方式有：75W-90、80W-90、85W-90、80W-140、85W-140，多级油是冬夏通用油。

3. 手动变速器油的组成

手动变速器油由基础油及添加剂组成，常用的基础油有矿物油和合成油。一般 GL-4、GL-5 级的 85W-90、85W-140 及 90 采用普通矿物为基础油，GL-4、GL-5 级的 75W-90、80W-90 则采用合成油为基础油。

手动变速器油时间用的太长或者有杂质进入变速器内，手动变速器油颜色会逐渐变黑。

3.6.3　手动变速器油的检查与更换

手动变速器油由于在变速箱内的特定的使用环境，其油质有一定保质期限，如果长期不更换变速器油，变速器油的油质和性能会下降，产生杂质较多，导致变速器机件加速磨损，发生故障时间提前或故障率上升。手动变速器油颜色随行驶里程的变化如图3-26所示。

1. 手动变速器油液位的检查

(1)举升车辆，安全固定。

(2)停转发动机。

(3)用适当扳手顺时针方向拧松加油口塞，用手拧下加油口塞。

(4)放入 L 形油标尺，检查变速器油是否在末端部位。

(5)不足时添加规定油至 L 形油标尺末端。

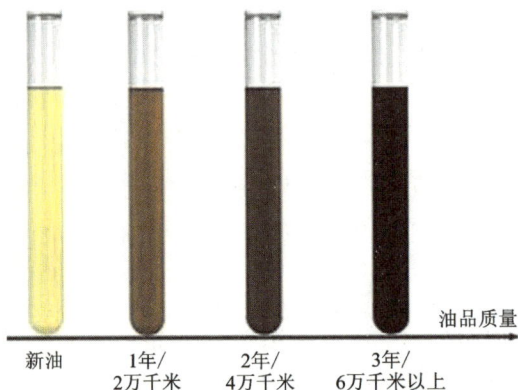

图 3-26　手动变速器油颜色随行驶里程的变化

（6）先用手拧紧加油口塞，然后用扳手按规定扭矩拧紧。

2. 手动变速器油油质的检查

正常手动变速器油呈淡黄色，有股发臭的味道，且黏度较大。手动变速器油时间用的太长或者有杂质进入变速器内，手动变速器油颜色会逐渐变黑。若有水进入变速器内部，手动变速器油会变质，颜色会变成乳白色。

3. 手动变速器油的更换流程

（1）举升车辆，安全固定。

（2）拆卸放油螺栓，排出变速器油。

（3）油液排放完毕后，安装排油口塞并按规定扭矩拧紧。

（4）通过加油口添加新变速器油，直至油位正好低于加油口塞开口为止。

（5）安装加油口塞，并按规定扭矩拧紧。

4. 手动变速器油更换时的个人防护

手动变速器油不属于危险品，无明显化学危害。人若不慎吞入后会造成腹泻，损坏消化器官和损伤肺部。高压射向皮肤可能会造成严重的损伤；过度接触会造成眼部、皮肤或呼吸道刺激。如果皮肤接触到变速器油应用肥皂和水清洗接触的部位。如果眼睛接触到变速器油应立即用大量清水冲洗，再用消炎药水清洗，并马上送去医院。

更换变速器油时请使用腈类合成橡胶手套，避免变速器油接触皮肤和眼睛，避免吸入变速器油。

3.6.4　变速器油的废弃处置

（1）交由政府许可之回收商处理。

（2）依仓储条件贮存待处理的废弃物。

（3）在有排烟柜的设备中进行蒸馏回收。

（4）在一个密闭可控的燃烧炉中，作为燃料进行特定焚化处理。

（5）为保护环境，应在指定的地点处理废弃旧油。

3.7 手动变速器的一般操作

下面实践操作手动变速器油的更换。

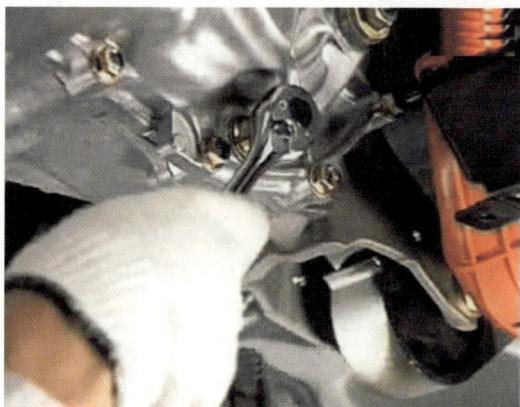

（1）举升车辆，安全固定；拆卸放油螺栓（图3-27），排出变速器油。

（2）油液排放（图3-28）完毕后，安装排油口塞并按规定扭矩拧紧。

手动变速器油
的更换

图3-27　拆卸放油螺栓

图3-28　排放油液

（3）通过加油口添加新变速器油（图3-29），直至油位正好低于加油口塞开口为止。

（4）安装加油口塞（图3-30），并按规定扭矩拧紧。

图3-29　添加新变速器油

图3-30　安装加油口塞

单元练习

一、选择题

1. 一般手动变速器换挡内部是依靠(　　)传递动力的。

A. 链条 　　　　　　　　　　　　B. 传动轴

C. 齿轮 　　　　　　　　　　　　D. 液压油

2. 小齿轮带动大齿轮转动,则输出轴从动齿轮的转速就(　　)。

A. 升高 　　　　　　　　　　　　B. 降低

C. 不变 　　　　　　　　　　　　D. A+B

3. 三轴变速器主要由输入轴、输出轴和(　　)三根轴组成。

A. 半轴 　　　　　　　　　　　　B. 中间轴

C. 传动轴 　　　　　　　　　　　D. 驱动轴

4. 惯性同步器的工作原理是使同步机构的摩擦面产生(　　),使之在短时间内达到同步状态。

A. 摩擦力 　　　　　　　　　　　B. 摩擦力矩

C. 惯性力 　　　　　　　　　　　D. 惯性力矩

5. 变速器的(　　)的作用是固定换挡叉轴,避免叉轴自行移动而脱挡(又称跳挡)。

A. 互锁装置 　　　　　　　　　　B. 传动装置

C. 倒挡锁装置 　　　　　　　　　D. 自锁装置

二、判断题

1. 普通齿轮变速器主要分为三轴变速器和两轴变速器两种。(　　)

2. 手动变速器各挡位的传动比等于该挡位所有从动齿轮齿数的乘积与所有主动齿轮齿数的乘积之比。(　　)

3. 同步器使相啮合的一对齿轮先啮合,而后同步。(　　)

4. 变速操纵机构中设有互锁装置是为了防止变速器自行换挡和自动脱挡的。(　　)

5. 分动器的功用是将变速器输出的动力分配到各驱动桥;大多数分动器都有两个挡位,兼起副变速器的作用,以进一步增大扭矩。(　　)

4　万向传动装置

学习目标

- 熟悉万向节的功用与组成。
- 熟悉万向节的基本结构和工作原理。
- 熟悉传动轴的结构和原理。
- 了解万向传动装置的运用。

4.1　万向传动装置概述

4.1.1　万向传动装置的功用

万向传动装置的功用是能在汽车上任何一对轴间夹角和相对位置经常发生变化的转轴之间传递动力。

4.1.2　万向传动装置的组成

万向传动装置主要由万向节和传动轴(带伸缩节)组成,在变速器与驱动桥距离较远的情况下,应将传动轴分成两段,即主传动轴和中间传动轴,用三个十字轴万向节,且在中间传动轴后段设置中间支承,如图4-1所示。这样,可避免因传动轴过长而引起自振频率降低,在高转速下产生共振;同时提高了传动轴的临界转速和工作可靠性。

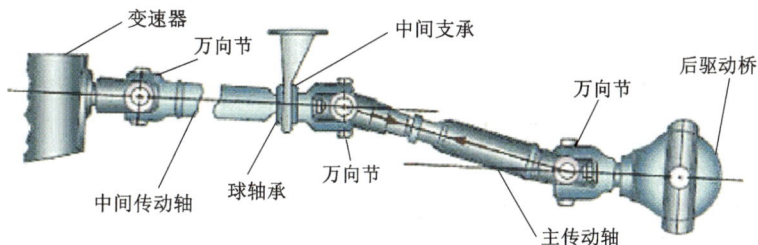

图4-1　万向传动装置的组成

4.1.3 万向传动装置的应用

1. 变速器与驱动桥之间

一般汽车的变速器、离合器与发动机三者合为一体装在车架上，驱动桥通过悬架与车架相连。在负荷变化及汽车在不平路面上行驶时引起的跳动，会使驱动桥输入轴与变速器输出轴之间的夹角和距离发生变化，因此须安装万向传动装置，如图 4-2 所示。

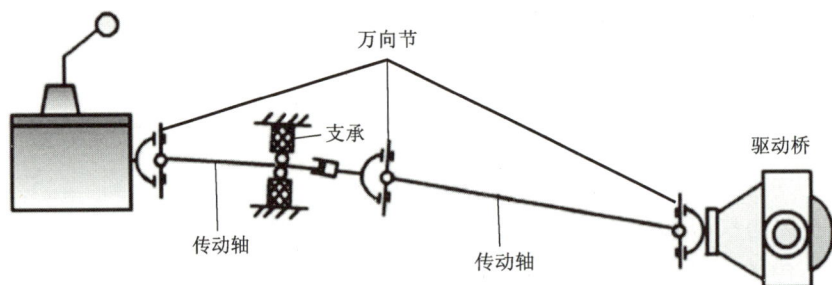

图 4-2　万向传动装置在变速器与驱动桥之间的应用

2. 变速器与分动器之间

为消除车架变形及制造、装配误差等引起的其轴线同轴度误差对动力传动的影响，须装有万向传动装置，如图 4-3 所示。

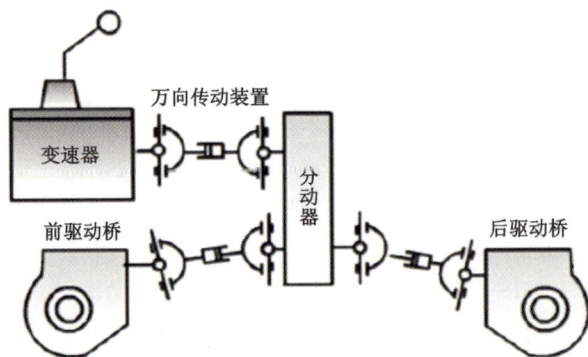

图 4-3　万向传动装置在变速器与分动器之间的应用

3. 发动机与变速器之间

发动机与变速器传动距离较远的汽车，也通过万向传动装置来传递动力。

4. 差速器与驱动轮之间

汽车转向驱动桥的差速器与驱动轮之间通过半轴来连接，整体式驱动桥由于半轴是分段的，转向时两段半轴轴线相交且交角变化，因此需要使用万向传动装置，如图 4-4 所示。断开式驱动桥的半轴，主减速器壳在车架上是固定的，两端随着车轮上下摆动，半轴也是分段的，也需要使用万向传动装置，如图 4-5 所示。

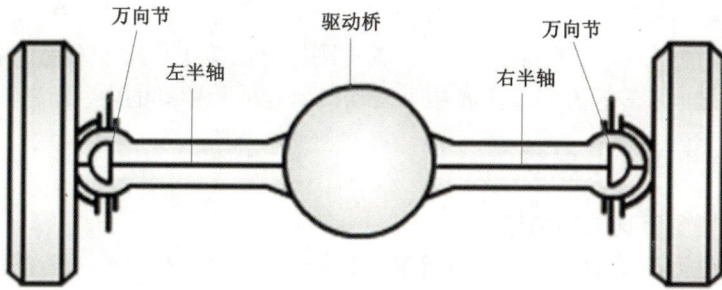

图 4-4 万向传动装置在整体式驱动桥上的应用

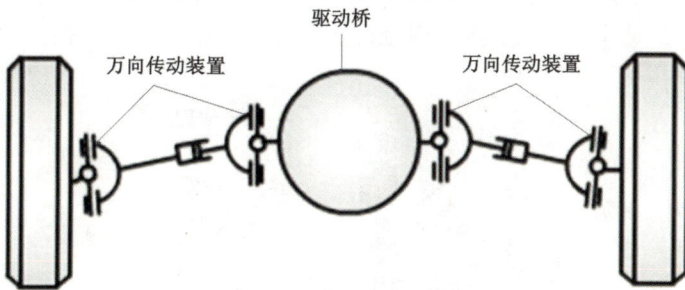

图 4-5 万向传动装置在断开式驱动桥上的应用

5. 转向盘与转向器之间

某些汽车的转向操纵机构受整体布置的限制，转向盘轴线与转向器轴线不重合，因此在转向操纵机构中装有万向传动装置，有利于转向机构的总体布置，如图 4-6 所示。

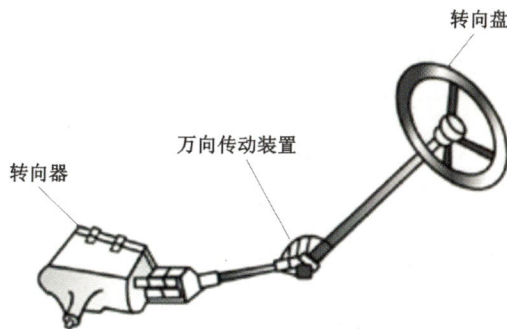

图 4-6 万向传动装置在转向操纵机构上的应用

4.2 万向节

万向节是万向传动装置中实现变角度传动的主要部件，按其速度特性分为不等速万向节

（普通十字轴式万向节）、准等速万向节（双联式、三销轴式等）和等速万向节（球笼式、组合式等）。万向节按其刚度大小，可分为刚性万向节和柔性万向节。目前在汽车上应用较多的是十字轴式刚性万向节和等速万向节。十字轴式刚性万向节主要用于发动机前置后轮驱动的变速器与驱动桥之间；等速万向节主要用于发动机前置前轮驱动的内、外半轴之间。

4.2.1　十字轴式刚性万向节

1.十字轴式刚性万向节的构造

十字轴式刚性万向节的特点是结构简单、传动可靠，效率高；允许相邻两轴的最大交角为20°。固装在两轴上的万向节叉上的孔，分别套在十字轴的四个轴颈上。在十字轴轴颈与万向节叉孔之间装有滚针和套筒，并使用卡环进行轴向定位。为了润滑轴承，十字轴内钻有油道，且与滑脂嘴、安全阀相通。十字轴式刚性万向节的组成如图4-7所示。

万向节轴承的常见定位方式，除了用盖板定位外，还有用内、外弹性卡环进行定位。

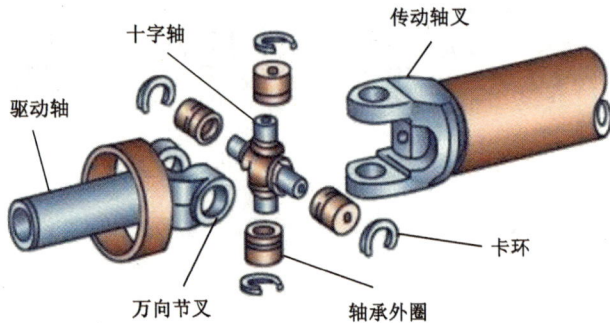

图4-7　十字轴式刚性万向节的组成

2.十字轴式刚性万向节的速度特性

当十字轴式刚性万向节的主动叉是等角速度转动时，从动叉是不等角速度的，叉轴的角速度在最大值和最小值之间来回变化。主、从动轴的平均转速是相等的，即主动轴转一圈从动轴也转一圈。所谓不等速是指在转动一圈内的角速度而言的。

单个普通万向节的不等速性会使从动轴及与其相连的传动部件产生扭转振动，产生附加的交变载荷，影响零部件使用寿命。因此，当两轴间有较大夹角时，单个十字轴式刚性万向节是不宜采用的，因为它会使驱动车轮转速不均匀。

3.改进方式

在汽车上，万向传动装置往往采用双十字轴式刚性万向节来实现等速传动（图4-8），同时还须满足两个条件：

（1）第一个万向节两轴间夹角 α_1 与第二个万向节两轴间夹角 α_2 相等，即 $\alpha_1 = \alpha_2$。

（2）传动轴两端的两个万向节叉（即第一个万向节从动叉与第二个万向节的主动叉）在同一平面内。

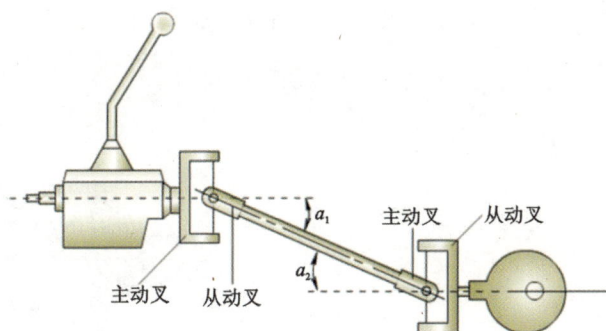

图 4-8　十字轴式刚性万向节的等速传动

4.2.2　等速万向节

等速万向节的基本原理是传力点永远位于两轴交点的平分面上。如图 4-9 所示，一对大小相同锥齿轮的接触点 P 位于两齿轮轴线交角的平分面上，由 P 点到两轴的垂直距离都等于 r。P 点处两齿轮的圆周速度相等，两齿轮的角速度也相等。可见，若万向节的传力点在其交角变化时，始终位于两轴夹角的平分面上，就能保证等速传动。

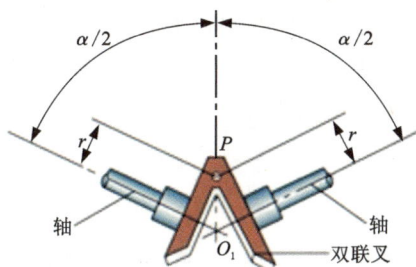

图 4-9　等速万向节的等速原理

1. 球笼式等速万向节

球笼式万向节由六个钢球、星形套、球形壳和保持架等组成，如图 4-10 所示。万向节星形套与主动轴用花键固接在一起，星形套外表面有六条弧形凹槽滚道，球形壳的内表面有相应的六条凹槽，六个钢球分别装在各条凹槽中，由球笼（保持架）使其保持在同一平面内。动力由主动轴输入，经过钢球传力后，由球形壳输出。

球笼式万向节工作时六个钢球都参与传力，故承载能力强、磨损小、寿命长。可在两轴最大交角为 42° 情况下传递扭矩，其结构紧凑，拆装方便，它被广泛应用于各种型号的转向驱动桥和独立悬架的驱动桥。

2. 伸缩型球笼式等速万向节

伸缩型球笼式等速万向节的内、外滚道是圆筒形的，在传递转矩过程中，星形套与筒形壳体可以沿轴向相对移动，故可省去其他万向传动装置中必须有的滑动花键。这不仅使结构简化,而且由于星形套与筒形壳体之间的轴向相对移动是通过钢球沿内、外滚道滚动来实现的,与滑动花键相比,其滑动阻力小,最适用于断开式驱动桥。伸缩型球笼式等速万向节的传动原理如图4-11所示。

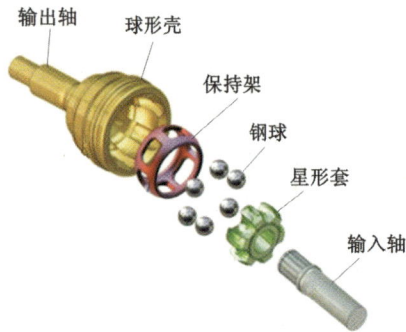

图4-10   球笼式等速万向节的组成

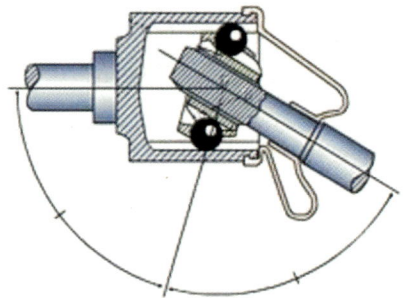

图4-11   伸缩型球笼式等速万向节的传动原理

3. 自由三叉轴式等速万向节

自由三叉轴式等速万向节又称为三销轴式万向节,它有三个位于同一平面内互成120°的叉轴,它们的轴线交于输入轴上一点,并且垂直于驱动轴。三个外表面为球面的滚子轴承,分别活套在各叉轴上。漏斗形三销壳体的筒形部分加工出三个槽形轨道。三个槽形轨道在筒形圆周上是均匀分布的,轨道配合面为部分圆柱面,三个滚子轴承分别装入各槽形轨道,可沿轨道滑动。自由三叉轴式等速万向节的优点是结构简单,磨损小,高转矩和零速度下轴向伸缩容易,且加工工艺简单。自由三叉轴式等速万向节的组成如图4-12所示。

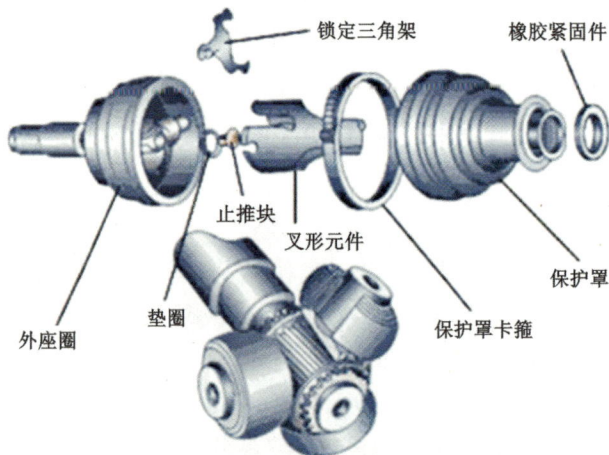

图4-12   自由三叉轴式等速万向节的组成

4.3 传动轴

4.3.1 传动轴的功用

传动轴是万向传动装置中的主要传力部件,如图 4-13 所示。通常用来连接变速器(或分动器)和驱动桥,在转向驱动桥和断开式驱动桥中,则用来连接差速器和驱动轮。

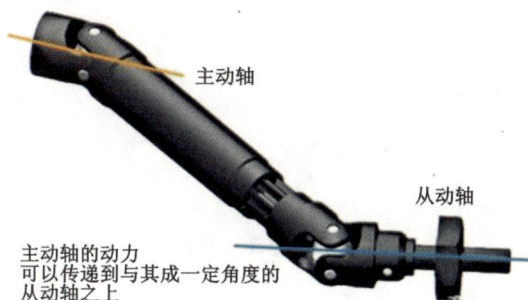

主动轴

从动轴

主动轴的动力
可以传递到与其成一定角度的
从动轴之上

图 4-13 传动轴的功用

4.3.2 传动轴的构造

轻中型货车用传动轴一般用厚度为 1.5~3.0 mm 的薄钢板卷焊而成,超重型货车的传动轴则采用无缝钢管制成,两端焊接花键轴和十字轴式刚性万向节叉。传动轴的结构如图 4-14 所示。

由于十字轴式刚性万向节没有伸缩功能,当驱动部件间距离发生变化时,则要将传动轴做成两段,用滑动花键相连接。为减小传动轴花键连接部分的轴向滑动阻力和磨损,需加注润滑脂进行润滑,也可以对花键进行磷化处理或喷涂尼龙层,或是在花键槽内设置滚动元件。在传动距离较长时,自振频率降低,易产生共振,往往将传动轴分段,即在传动轴前增加带中间支承的前传动轴。

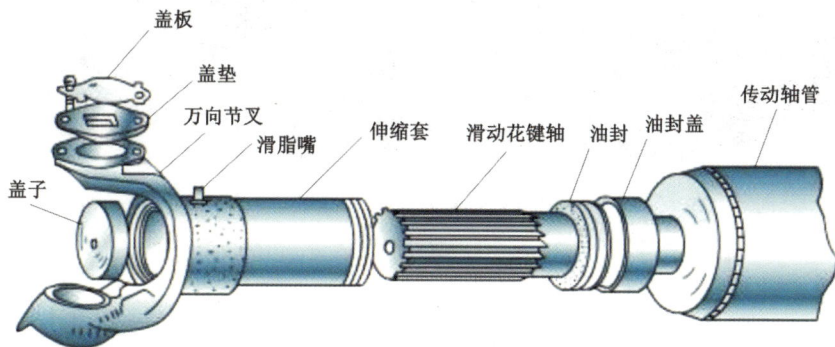

盖板

盖垫

万向节叉

滑脂嘴

伸缩套

滑动花键轴

油封

油封盖

传动轴管

盖子

图 4-14 传动轴的结构

传动轴在高速旋转时，任何质量的偏移都会导致剧烈振动。生产厂家在把传动轴与万向节组装后，都要进行动平衡测试。经过动平衡测试的传动轴两端一般都点焊有平衡片，拆卸后重装时要注意保持二者的相对角位置不变。

转向驱动桥、断开式驱动桥及微型汽车的传动轴称为驱动轴，通常制成实心轴。驱动轴内侧通过花键与伸缩型球笼式或三销轴式等速万向节相连；外侧通过花键与球笼式等速万向节相连，如图4-15所示。

图 4-15　驱动轴的组成

4.4　万向传动装置的一般操作

4.4.1　十字轴式万向节的更换

（1）拆卸万向节叉内卡环和十字轴颈内卡环（图4-16）。

（2）拆卸十字轴颈外卡环（图4-17）。

图 4-16　拆卸万向节叉内卡环和十字轴颈内卡环

图 4-17　拆卸十字轴颈外卡环

（3）压出滚针套筒（图4-18）。

（4）更换十字轴及滚针套筒，按照拆卸相反的顺序进行安装，最后安装好卡环（图4-19）。

图 4-18　压出滚针套筒

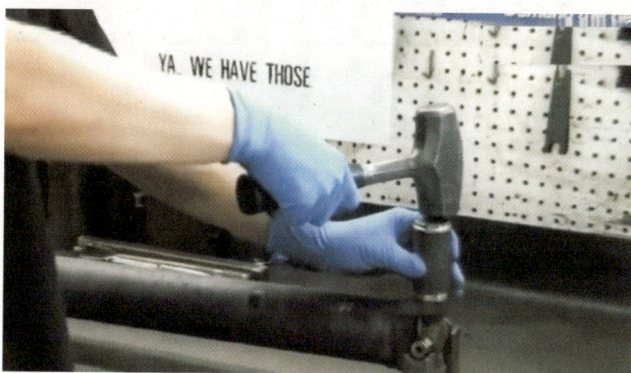

图 4-19　更换十字轴及滚针套筒

4.4.2　球笼式万向节的更换

（1）拆卸万向节防尘罩和半轴（图 4-20）。

图 4-20　拆卸万向节防尘罩和半轴

（2）拆卸钢球、保持架和内、外滚道（图4-21）。

图4-21　拆卸钢球、保持架和内、外滚道

（3）更换钢球和保持架，按照拆卸的相反顺序进行安装，并添加好润滑油，安装好防尘罩和卡箍（图4-22）。

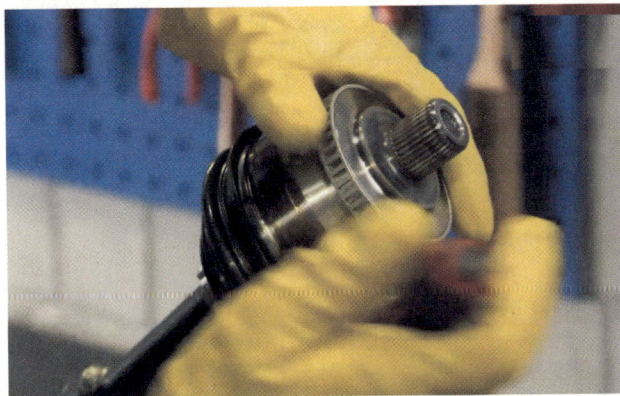

图4-22　更换钢球和保持架

单元练习

一、选择题

1.为了适应总布置的要求，有些汽车在转向盘和转向器之间由（　　　）连接。

A.齿轮　　　　　　　　　　　　　B.钢丝

C.万向传动装置　　　　　　　　　D.链条

2.万向传动装置一般由万向节、（　　　）和中间支承组成。

A.传动轴　　　　　　　　　　　　B.半轴

C.横拉杆　　　　　　　　　　　　D.纵拉杆

3. 为了提高传动轴的强度和刚度, 传动轴一般都做成(   )。

A. 空心的   B. 实心的

C. 半空、半实的   D. A + B

4. 下列哪种万向节属于不等速万向节？(   )

A. 球叉式万向节   B. 三销轴式万向节

C. 十字轴式刚性万向节   D. 球笼式万向节

5. 主、从动轴具有最大交角的万向节是(   )。

A. 球笼式   B. 球叉式

C. 双联式   D. 三销轴式

二、判断题

1. 万向传动装置的功用是在相对位置经常发生变化的两根转轴之间传递动力。(   )

2. 万向传动装置由万向节、传动轴、伸缩节及中间支承等组成。(   )

3. 单个普通十字轴式刚性万向节传动中, 在主动轴转动一周范围内, 从动轴的角速度始终小于主动轴。(   )

4. 单个十字轴式刚性万向节在有夹角时传动的不等速性是指主、从动轴的平均转速不相等。(   )

5. 传动轴上装配记号的作用是为拆卸后依此重新装配, 保证万向传动装置动平衡。(   )

5　驱动桥

学习目标

- 熟悉驱动桥的组成与功用。
- 熟悉主减速器的基本结构和工作特性。
- 熟悉差速器的基本结构和原理。
- 了解防滑差速器的原理。
- 了解主减速器油的检查与更换。

5.1　驱动桥概述

5.1.1　驱动桥的组成与功用

驱动桥是传动系的最后一个总成。万向传动装置传来的动力依次经主减速器、差速器和半轴最后传给驱动轮。驱动桥一般由主减速器、差速器、半轴和桥壳等组成。

驱动桥的功用是将由万向传动装置传来的发动机转矩传给驱动车轮，并经降速增矩、改变动力传动方向，使汽车行驶，而且允许左右驱动车轮以不同的转速旋转。具体来说，主减速器的功用为降速增矩，改变动力传动方向；差速器的功用是允许左右驱动车轮以不同的转速旋转；半轴的功用是将动力由差速器传给驱动车轮。

5.1.2　结构类型

按结构不同，驱动桥分为整体式驱动桥和断开式驱动桥两种，如图5-1、图5-2所示。

整体式驱动桥采用非独立悬架。其驱动桥壳为一刚性的整体，驱动桥两端通过悬架与车架连接，左右半轴始终在一条直线上，即左右驱动桥不能相互独立地跳动。当某一侧车轮因地面升高或下降时，整个驱动桥及车身都要随之发生倾斜。为提高车辆行驶的平顺性和通过性，轿车和越野车采用独立悬架的断开式驱动桥。

断开式驱动桥采用独立悬架。其主减速器固定在车架上，驱动桥壳分段制成并用铰链连接，半轴也分段并用万向节连接。驱动器两端分别用悬架与车架连接。这样，两侧的驱动轮及桥壳可以彼此独立地相对于车架上下跳动。

发动机前置前轮驱动轿车的驱动桥，将变速器、主减速器和差速器均安装于一个三件组

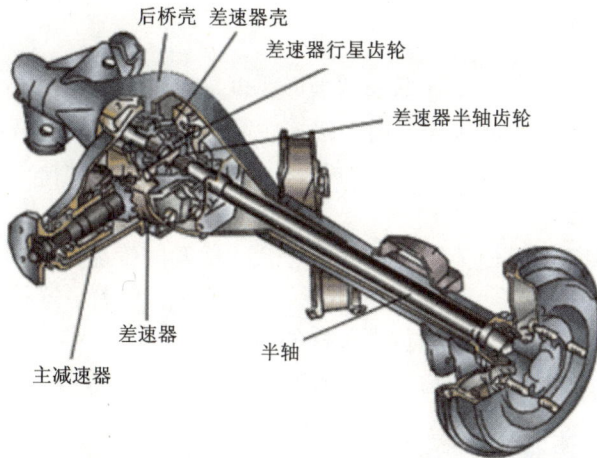

图 5-1　整体式驱动桥的结构

合的外壳(常称为变速器壳)之内。这样传动系的体积可有效地减少。又由于取消了贯穿前后的传动轴,简化了结构,使轿车自重减轻,而且动力直接传给前轮,提高了传动效率。

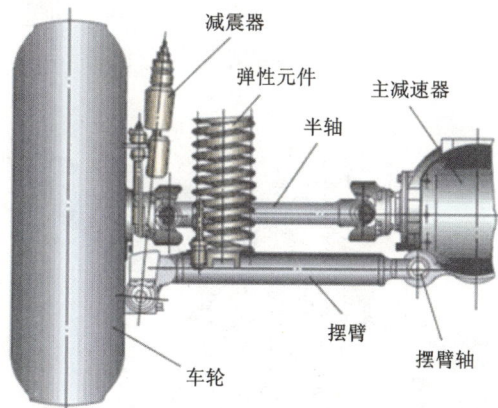

图 5-2　前置前驱断开式驱动桥的结构

5.2　主减速器

5.2.1　主减速器的功用

主减速器总成改变来自传动轴的扭矩传递方向,降低其速度,并将增大的转动力发送给驱动轮。当汽车在高低不平路面上转向或运行时,一个车轮必须比另一车轮行驶更多的里程。如果在转向时两个车轮以相同的速度转动,转过较小距离的车轮将打滑,造成车辆控制问题。主减速器总成解决了这些问题，因为它允许车轮在转向时以不同速度转动。

5.2.2 主减速器的类型

为满足不同的使用要求，主减速器的结构形式也是不同的。

按参加减速传动的齿轮副数目分，有单级式主减速器和双级式主减速器。在双级式主减速器中，若第二级减速器齿轮有两副，并分置于两侧车轮附近，实际上成为独立部件，此种称为轮边减速器。

按主减速器传动比挡数分，有单速式和双速式。前者的传动比是固定的。目前，国产汽车基本都采用单速式主减速器。后者有两个传动比供驾驶员选择，这种主减速器实际上又起到了副变速器的作用，可以适应不同行驶条件的需要。

按齿轮副结构形式分，有圆柱齿轮式、圆锥齿轮式和准双曲线齿轮式。

5.2.3 单级式主减速器

目前，轿车和一般轻、中型货车均采用单级式主减速器（图5-3），即可满足汽车动力性的要求。它具有结构简单、体积小、质量轻和传动效率高等优点。

为了使主动齿轮和从动齿轮之间啮合传动时冲击轻、噪声低，而且轮齿沿其长度方向磨损均匀，主动齿轮和从动齿轮必须有正确的相对位置。为此，在结构上一方面要使主动锥齿轮和从动锥齿轮有足够的支承刚度，使其在传动过程中不至于发生较大变形而影响正常啮合；锥齿轮另一方面，应有必要的啮合调整装置。

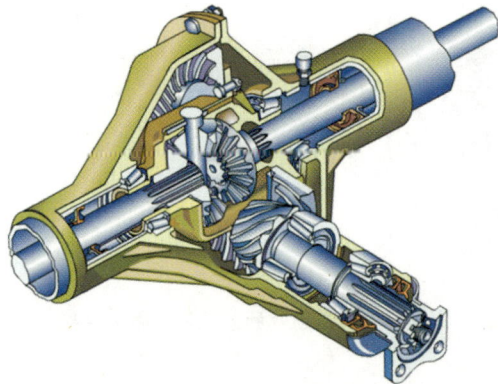

图5-3 驱动桥主减速器的外观

为保证主动锥齿轮有足够的支承刚度，主动锥齿轮与轴制成一体，前端支承在互相贴近而小端相向的两个圆锥滚子轴承上，后端支承在圆柱滚子轴承上，形成跨置式支承。环状的从动锥齿轮连接在主减速器壳的座孔中。在从动锥齿轮的背面，装有支承螺栓，以限制从动锥齿轮过度变形而影响齿轮的正常工作。在装配时，支承螺栓与从动锥齿轮端面之间的间隙为 0.3~0.5 mm。

装配主减速器时，圆锥滚子轴承应有一定的装配预紧度，即在消除轴承间隙的基础上，再给予一定的压紧力，其目的是减小在锥齿轮传动过程中，轴向力所引起的齿轮轴的轴向位移，以提高轴的支承刚度，保证锥齿轮副的正常啮合。但也不能过紧，若过紧则传动效果低，且加速轴承磨损。为调整圆锥滚子轴承的预紧度，在两轴承内座垫圈之间的隔离套的一端装有一组厚度不同的调整垫片。如发现过紧则增加垫片的总厚度，反之，减少垫片的总厚度。

为了减小驱动桥的外形尺寸，目前主减速器中基本不用直齿圆柱齿轮，而采用螺旋圆锥齿轮。在同样传动比的情况下，主动螺旋齿轮齿数可以做得少些，主减速器的结构就比较紧凑，可以增加离地间隙。而且运动平稳，噪声小，因而在汽车上得到了广泛的应用。

近年来，在准双曲面齿轮广泛用于轿车的基础上，准双曲面齿轮越来越多地使用在中型、重型汽车上。这是因为它与螺旋圆锥齿轮相比，不仅齿轮的工作平稳性好、弯曲强度和接触强度好，而且，其主动锥齿轮的轴线相对从动锥齿轮的可以偏移。在保证一定的离地间隙的情况下，主动锥齿轮的轴线向下偏移，可降低主动锥齿轮和传动轴的位置，因而使车身和整个汽车的重心降低，提高了汽车的行驶稳定性。圆锥齿轮与准双曲线齿轮的区别如图5-4所示。

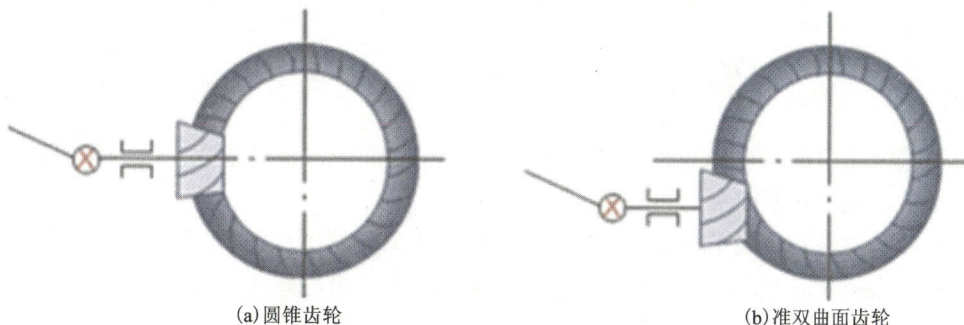

(a)圆锥齿轮　　　　　　　　　　　　(b)准双曲面齿轮

图5-4　圆锥齿轮与准双曲线齿轮的区别

准双曲线齿轮工作时，由于齿面间的相对滑移量大，且齿面间的压力也大，齿面油膜易被破坏。为了减少摩擦，提高效率，必须使用专用级别的含防刮伤添加剂的准双曲线齿轮油，决不允许用普通齿轮油代替，否则会使齿面迅速擦伤和磨损，大大降低主减速器的使用寿命。

前置前驱型轿车上使用的都是单级式主减速器。因采用发动机前置、前轮驱动，整个传动系都集中布置在汽车的前部，主减速器装于变速器壳体内，总称为"变速驱动桥"，没有专用的主减速器壳体，如图5-5所示。变速器的输出轴即为主减速器的主动轴，动力由变速器直接传递给主减速器，省去了万向传动装置。

主减速器由一对准双曲线齿轮和差速器等组成。主动锥齿轮与变速器输出轴制成一体，用双列圆锥滚子轴承和圆柱滚子轴承支承在变速器壳体内。环状的从动锥齿轮靠凸缘定位，并用螺钉和差速器壳连接，差速器壳由一对圆锥滚子轴承支承在变速器壳体上。

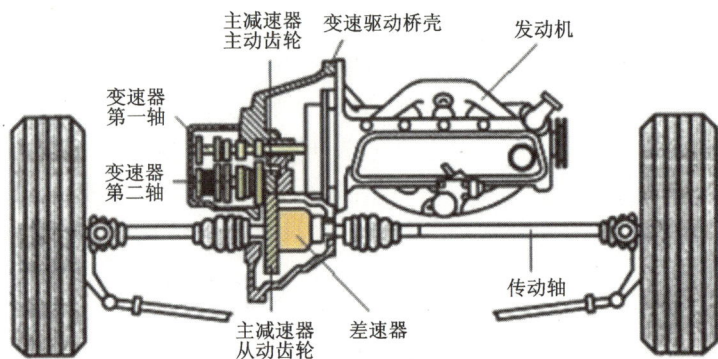

图 5-5　前置前驱驱动桥的结构

5.3　差速器

5.3.1　差速器的功用

差速器的功用是在车辆转弯和不平路面行驶时，使两侧驱动轮能以不同的转速旋转，以保证两车轮与地面间做纯滚动的要求。

汽车转向时内外两侧车轮在同一时间内转动的距离显然不相等，外侧车轮移动的距离要大于内侧车轮移动的距离，如图 5-6 所示。如果你的车上没有差速器，两个车轮将不得不固定连接在一起，以同一转速驱动旋转。这会导致汽车转向困难。此时，为了使汽车能够转弯，一个轮胎将不得不打滑。对于现代轮胎和混凝土道路来说，要使轮胎打滑则需要很大的外力，这个力通过车桥从一个轮胎传到另一个轮胎，这样就给车桥零部件产生很大的应力。

同样，即使汽车直线行驶，由于路面不平或者诸多原因造成的车轮半径不相等，都会使两侧车轮移动的距离不相等，从而造成上述滑移和滑转的现象。

车轮相对于地面的滑移和滑转，不仅会加速车轮的磨损，而且还会增加汽车的功率消耗和燃油消耗，并导致转向困难、制动性能恶化和行驶稳定性差等。为了消除以上的不良现象，保证驱动轮与地面做纯滚动，必须将车轮的驱动轴分成两段，即左右各一根轴（半轴），并在其间装一差速器。

此外，多桥驱动的汽车各驱动桥之间也同样存在上述驱动轮与地面之间的相对滑移和滑转，为此，有些汽车在驱动桥之间也装有差速器，如图 5-7 所示。

5.3.2　差速器的类型

差速器按用途分可分为轮间差速器和轴间差速器。轮间差速器又叫前后桥差速器，用于车辆转向时使同一驱动桥上左右轮以不同的速度旋转。轴间差速器是指四驱车辆前后轴间的差速器。按工作特性可分为普通差速器和防滑差速器。防滑差速器能够克服普通差速器在坏路面（泥泞、冰雪路面等）上打滑（滑转）的缺点，提高坏路面上的驱动轮转矩。

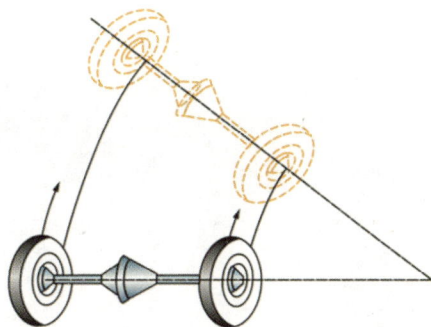

图 5-6　汽车转向时左右轮的行驶距离

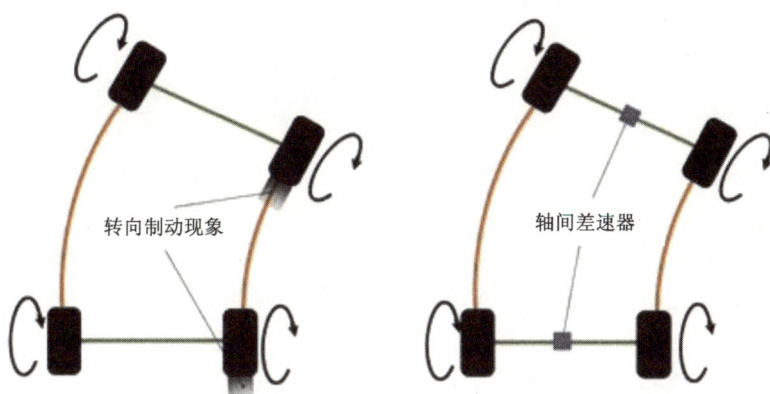

转向制动现象

轴间差速器

图 5-7　四驱车辆转向时轴间差速器的作用

5.3.3　普通齿轮式差速器

普通齿轮式差速器有锥齿轮式和柱齿轮式两种，由于对称锥齿轮差速器结构简单、紧凑，工作平稳，因此，目前应用最为广泛。

1. 普通齿轮式差速器的组成

对称行星锥齿轮差速器由行星锥齿轮、十字形行星锥齿轮轴、两个半轴锥齿轮、两半差速器壳和垫片组成，如图 5-8 所示。主减速器从动齿轮用螺栓将它们固定在右外壳上，十字轴的两个轴颈嵌在两半差速器壳端面半圆槽所形成的孔中，行星锥齿轮分别松套在四个轴颈上，两个半轴锥齿轮分别与行星锥齿轮啮合，以其轴颈支承在差速器壳中，并以花键孔与半轴连接。行星锥齿轮背面和差速器壳的内表面，均制成球面，以保证行星齿轮的对中性，使其与两个半轴锥齿轮能正确啮合。由于锥齿轮传动时存在较大轴向力，且与差速器壳又有相对运动。所以，行星齿轮与差速器壳之间装有软钢球面垫片，半轴锥齿轮的背面与差速器壳之间装有推力垫片（铜或聚甲醛塑料），用以减轻摩擦、降低磨损，以提高差速器的使用寿命，同时还可以用来调整齿轮的齿侧间隙。

十字轴的四个装配孔是在左、右两半轴装合后加工而成的，装配时不能周向错位。

差速器靠主减速器壳内的润滑油来润滑，因此差速器上开有供润滑油进出的窗孔，为了保证行星齿轮和十字轴轴颈之间的润滑，在十字轴轴颈上铣有平面，并在行星齿轮的齿间钻

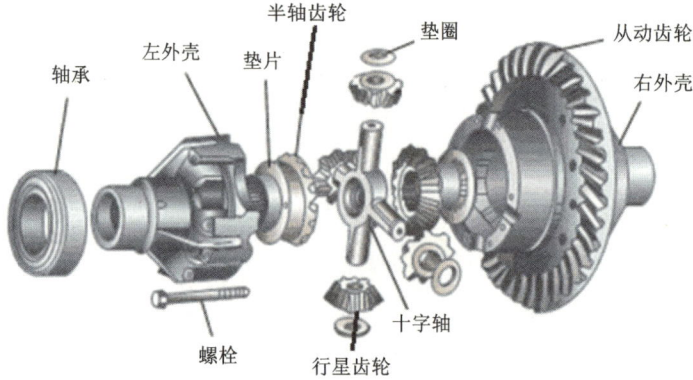

图 5-8　普通差速器的组成

有油孔与其中心孔相通。同样，半轴齿轮上也钻有油孔，与其背面相通，以加强背面与差速器壳之间的润滑。

工作时，主减速器的动力传至差速器壳，依次经十字轴、行星齿轮、半轴齿轮传给半轴，再由半轴传给车轮。

在中型以下的货车或轿车上，因传递的转矩较小，故可采有两个行星齿轮，相应的行星齿轮轴是一根直轴。行星齿轮轴装入差速器壳后用止动销定位，半轴齿轮背面也制成球形，其背面的推力垫片与行星齿轮背面的推力垫片制成一个整体，称为复合式推力垫片。

2. 普通齿轮式差速器的工作原理

1）转速特性

差速器壳与行星齿轮轴连成一体形成行星架，并由主减速器从动锥齿轮带动一起转动，是差速器的主动件。差速器行星齿轮有三种运动状态，即公转、自转和既公转又自转。

当汽车直线行驶时，行星齿轮相当于一个等臂的杠杆保持平衡，即行星齿轮个自转，而只随行星齿轮轴及差速器壳体一起公转，所以两半轴无转速差，差速器不起差速作用。

假如主动件角速度为 n_0，半轴角速度为 n_1、n_2（图 5-9），行星齿轮角速度为 n_4，A、B 为啮合点，C 为行星齿轮的中心点，其半径均为 r，则

$$n_0 = n_1 = n_2$$

当汽车转弯行驶时，行星齿轮既公转又自转：

A 点：$n_1 = n_0 + n_4$

B 点：$n_2 = n_0 - n_4$

$$n_1 + n_2 = n_0 + n_4 + n_0 - n_4$$

$$n_1 + n_2 = 2n_0$$

所以，半轴齿轮 1 转速的增加值等于半轴齿轮 2 的减小值，这就是差速器的差速作用。即汽车在转弯或其他情况下行驶时，两侧车轮可以不同的转速在地面上滚动，差速器无论差速与否，两半轴齿轮转速之和始终等于差速器壳体转速的两倍，而与行星齿轮自转转速无关。

推论：

①若 n_1 或 n_2 为零时，$n_2 = 2n_0$ 或 $n_1 = 2n_0$

当汽车一个驱动轮陷入泥地中，而另一个驱动轮在好路面上，则会出现在好路面上的车轮不动，而坏路面上的车轮打滑并快速旋转。

②当 $n_0 = 0$ 时，$n_1 = -n_2$

举起汽车的驱动桥，将变速器置于低速挡，放松驻车制动，此时旋转一侧的车轮，另一侧车轮将以相同的转速反向旋转。

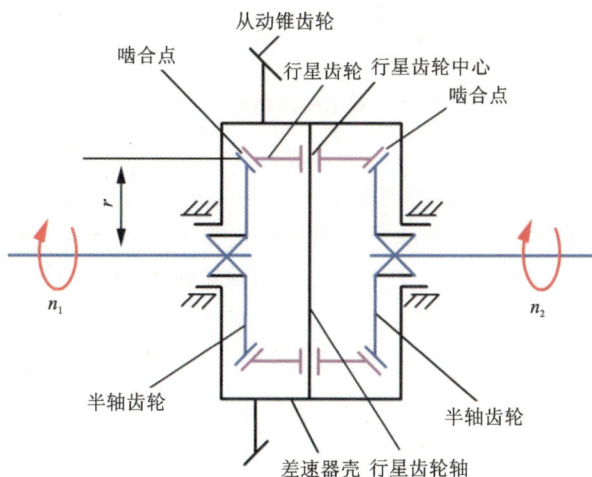

图 5-9　普通差速器的转速特性

2）转矩特性

差速器起差速作用的同时，还要分配转矩给左右两侧的驱动轮。

设输入差速器壳的转矩为 M_0，输出给左、右两半轴齿轮的转矩为 M_1 和 M_2。

当行星齿轮没有自转时，与差速器壳连在一起的行星齿轮轴带动行星齿轮转动时，行星齿轮相当于一根等臂杠杆，其中点被行星齿轮轴推动，左右两端带动半轴齿轮转动，作用在行星齿轮上的推动力必然平均分配到两个半轴齿轮之上。

即 $M_1 = M_2 = 0.5 M_0$（因为行星齿轮成对使用，所以平分转矩）

当两半轴齿轮以不同转速朝相同方向转动时，设 $n_1 > n_2$，则行星齿轮将按图 5-10 中 n_4 的方向绕行星齿轮轴自转，此时行星齿轮孔与行星齿轮轴轴颈间以及行星齿轮背部与差速器壳之间都产生摩擦，半轴齿轮背部与差速器壳之间也产生摩擦。行星齿轮所受摩擦力矩为 M_4，与 n_4 的方向相反，这几项摩擦综合作用的结果，使转得快的左半轴齿轮得到的转矩 M_1 减小，而转得慢的右半轴齿轮得到的转矩 M_2 增大。

$M_1 = 0.5(M_0 - M_4)$，$M_2 = 0.5(M_0 + M_4)$，$M_1 + M_2 = M_0$

左、右车轮上的转矩之差等于折合到半轴齿轮上总的内摩擦力矩 M_4。即转得慢的车轮分配到的转矩大于转得快的车轮分配到的转矩，差值为差速器内部摩擦力矩。

M_4 与 M_0 之比叫作差速器的锁紧系数。即 $K = M_4 / M_0$

快轴 M_2 与慢轴 M_1 之比叫作差速器的转矩比。即 $K_b = M_2 / M_1 = (1 + K)/(1 - K)$

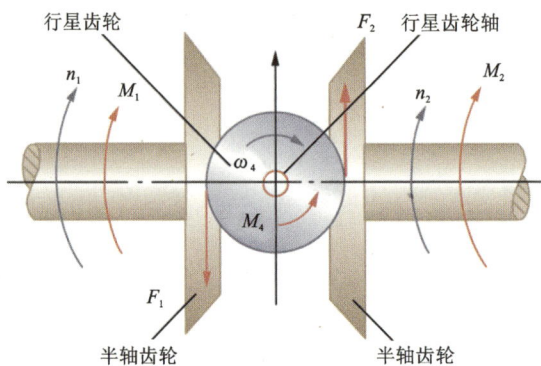

图 5-10　普通差速器的转矩特性

锁紧系数 K 可以用来衡量差速器内摩擦力矩的大小及转矩分配特性。目前广泛使用的对称式锥齿轮差速器，其内摩擦力矩很小，锁紧系数 $K=0.05\sim0.15$，输出到两半轴的最大转矩之比 $K_b=1.11\sim1.35$。因此可以认为无论左右驱动轮转速是否相等，对称式锥齿轮差速器总是将转矩近似平均分配给左右驱动轮的。这样的转矩分配特性对于汽车在良好路面上行驶是完全可以的，但当汽车在坏路面行驶时，却会严重影响其通过能力。

可见，无论差速器差速与否，行星齿轮式差速器都具有转矩等量分配的特性。

总结：

①普通锥齿轮式差速器的运动特性：$n_1+n_2=2n_0$。

②普通锥齿轮式差速器的转矩分配特性：$M_1=M_2=M_0/2$，即转矩等量分配特性。

普通锥齿轮式差速器转矩等量分配的特性对于汽车在好路面上行驶是有利的。但汽车在坏路面上行驶时却会严重影响其通过能力。例如当汽车的一个驱动轮处于泥泞路面因附着力小而原地打滑时，即使另一驱动轮处于附着力大的路面上未滑转，汽车仍不能行驶。这是因为附着力小的路面只能对驱动车轮作用一个很小的反作用力矩，而驱动转矩也只能等于这一很小的反作用力矩。由于差速器等量分配转矩的特性，附着力好的驱动轮也只能分配到同样小的转矩，以至于总的牵引力不足以克服行驶阻力，汽车便不能前进。

为了提高汽车通过坏路面的能力，可采用防滑差速器。当汽车某一侧驱动轮发生滑转时，差速器的差速作用即被锁止，并将大部分或全部转矩分配给未滑转的驱动轮，充分利用未滑转车轮与地面之间的附着力，以产生足够的牵引力使汽车继续行驶。

5.3.4　防滑差速器

采用普通锥齿轮式差速器，使汽车通过坏路面的行驶能力受到了限制，为了提高汽车在坏路面上的通过能力，一些越野汽车、高速小客车和载重汽车装用了防滑差速器。防滑差速器的作用如图 5-11 所示。

汽车上常用的防滑差速器有人工强制锁止式和自锁式两大类。前者通过驾驶员操纵差速锁，人为地将差速器暂时锁住，使差速器不起差速作用。后者是在汽车行驶过程中，根据路面情况自动改变驱动轮间的转矩分配。自锁式差速器又有摩擦片式、滑块凸轮式和托森式等多种结构形式。

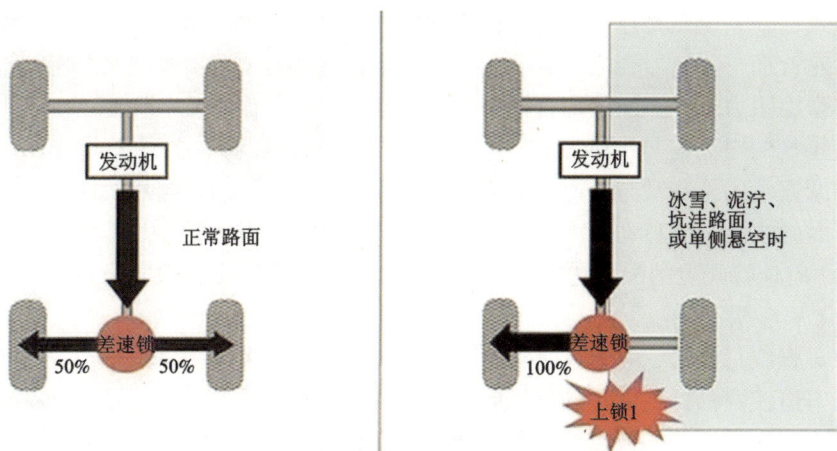

图 5-11　防滑差速器的作用

1. 强制锁止式差速器

当需要差速器锁止时，用电磁阀控制的气缸操纵一个离合机构，压缩空气进入气缸，使一侧半轴与差速器壳刚性接合。由该种差速器中的运动特性关系式：$n_1+n_2=2n_0$，如 n_1 或 n_2 $=n_0$，则必有 $n_1=n_2$，这就相当于把左右两半轴锁成一体一同旋转。这样，当一侧驱动轮打滑而牵引力过小时，从主减速器传来的转矩绝大部分分配到另一侧驱动轮上，使汽车得以通过打滑的路段。

当需要解除差速器的锁止时，通过操纵机构，放掉气缸内压缩空气，弹簧复位，离合机构分离，差速器恢复差速作用。

强制锁止式差速器结构简单，易于制造，但操纵不便，一般要在停车时进行，如图 5-12 所示。

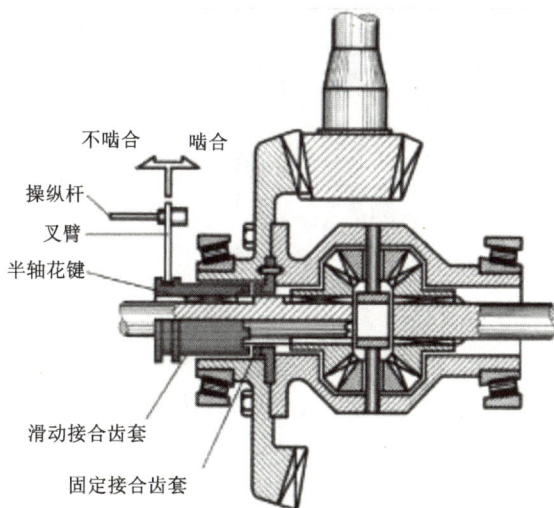

图 5-12　强制锁止式差速器的结构

2. 摩擦式自锁差速器

摩擦式自锁差速器是在普通行星锥齿轮式差速器的基础上发展而成的。两半轴齿轮背面与差速器壳之间各安装了一套摩擦式离合器，用以增大差速器的内部摩擦阻力矩。摩擦式离合器由推力压盘，主、从动摩擦片组成。

推力压盘的内花键与半轴相连，而其外花键与从动摩擦片的内花键连接。主动摩擦片的外花键与差速器壳的内花键连接。主、从动摩擦片及推力压盘均可做微小的轴向移动。十字轴为两根互相垂直的行星齿轮轴，其轴颈的端部均切有凸V形斜面，差速器壳上的配合孔较大，相应地也加工有凹V形斜面。两根行星齿轮轴是反向安装的(凸V形相对)。

当汽车直线行驶时，由于差速器壳通过V形斜面驱动行星齿轮轴，在传递转矩时，斜面上产生的力迫使两根行星齿轮轴分别向左、右方向略微移动，通过行星齿轮推动推力压盘压紧摩擦片。此时转矩经两条路线传给半轴：一路经行星齿轮轴、行星齿轮和半轴齿轮将大部分转矩传给半轴；另一路则由差速器壳、主从动摩擦片、推力压盘传给半轴。两半轴无速差，转矩平均分配给两半轴。

当一侧车轮在坏路面上滑转或转弯时，两半轴有速差，两半轴转速不相等。这样，由于转速差及轴向力的存在，主、从动摩擦片间将产生摩擦力矩。其数值大小与差速器传递的扭矩和摩擦片数量成正比。摩擦力矩方向与快转半轴的转向相反，而与慢转半轴的转向相同。因而使得慢转半轴所分配到的转矩大于快转半轴所分配到的转矩。摩擦作用越强，两半轴的转矩差越大，最大可达5~7倍。

摩擦片式自锁差速器结构简单，工作平稳，多用于轿车或轻型货车，如图5-13所示。

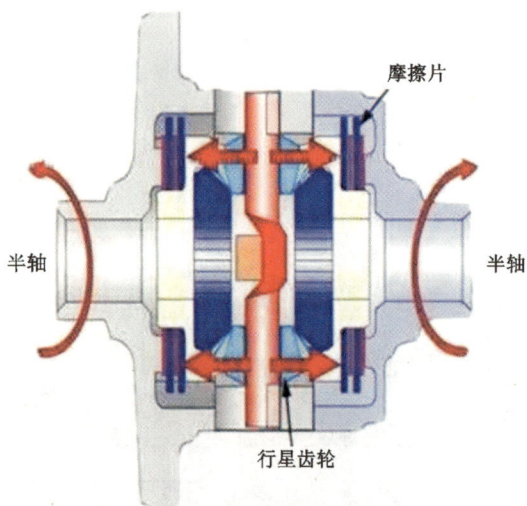

图5-13　摩擦式自锁差速器的结构

3. 托森(Torsen)差速器

它利用蜗杆传动的不可逆性原理以及齿面高摩擦条件，使差速器内的差动转矩较小时起差速作用，较大时自动将差速器锁死而不起差速作用。

　　"托森"表示"转矩灵敏"，它是一种轴间自锁差速器，装在变速器后端。转矩由变速器输出轴传动给托森差速器，再由差速器直接分配给前驱动桥和后驱动桥。

　　差速器外壳由内花键与空心轴连接一起转动。每根蜗轮轴上固定连接一个蜗轮和两个直齿圆柱齿轮，安装在差速器外壳上。六根蜗轮轴分为两两一组安装，同一组的直齿圆柱齿轮相互啮合。与前桥驱动轴、后桥驱动轴分别相连的两个蜗杆置于差速器壳内，构成一对蜗杆蜗轮啮合副，如图 5-14 所示。由变速器空心轴传来的转矩经差速器壳、蜗轮轴、蜗轮传至蜗杆，然后分配给前、后桥驱动轴，再分别传至前驱动桥和后驱动桥。

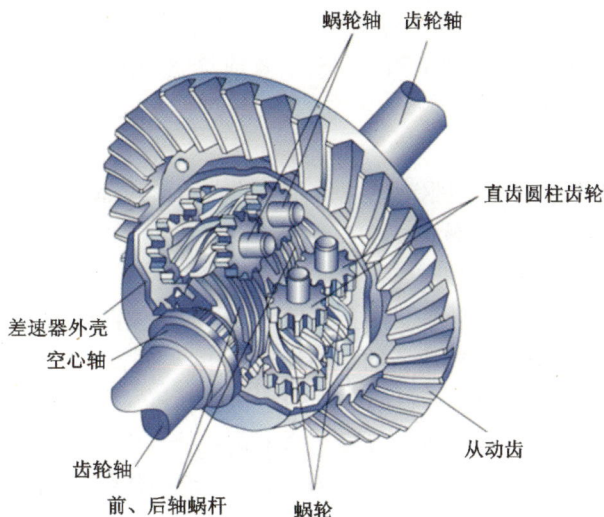

图 5-14　托森差速器的结构与组成

　　当前、后桥驱动轴无转速差时，蜗轮、蜗杆无相对运动，直齿圆柱齿轮也无相对运动。各蜗轮、蜗杆与差速器壳一体等速转动，即差速器不起差速作用。

　　当前、后驱动桥需要有转速差时，例如汽车转弯时，因前轮转弯半径大，故要求差速器有差速作用。此时蜗轮除公转传递动力外，还要自转。直齿圆柱齿轮的相互啮合，使前后蜗轮的自转方向相反，从而使前轴蜗杆轴的转速增加，后轴蜗杆轴的转速减小，实现了差速。托森差速器起差速作用的同时，由于蜗杆蜗轮啮合副之间的摩擦作用，转速较低的后驱动桥比转速较高的前驱动桥分配到的转矩大，若后驱动桥分配到的转矩大到一定程度而出现滑转时，则后桥转速升高一点，转矩又立刻重新分配给前桥一些，所以驱动力的分配可根据转弯的要求自动调节，使汽车转弯具有良好的驾驶性能。

　　同理，当前、后驱动桥中某一桥因附着力不足而出现滑转时，差速器起作用，将转矩大部分分配给附着力好的另一驱动桥(最大可达 3~5 倍)，从而提高了汽车通过能力。

5.4　半轴与桥壳

5.4.1　半轴

1. 半轴的功用

半轴将差速器传来的动力传递给驱动轮。其内端与差速器的半轴齿轮相连，而外端则与驱动轮的轮毂相连。因其传动的转矩较大，常制成实心轴。半轴的结构受到悬架和驱动桥的结构影响。非独立悬架，发动机前置、后轮驱动的汽车，半轴是一根长轴，它将转矩直接从差速器传递给驱动轮。断开式驱动桥和发动机前置前轮驱动的汽车，半轴分段，并用等速万向节连接，中半轴常被称为传动轴。

2. 半轴的分类

半轴的受力情况，则由半轴和驱动轮在桥壳上的支承形式而定。现代汽车基本上采用全浮式半轴支承和半浮式半轴支承形式，如图 5-15 所示。

1）全浮式半轴支承

全浮式半轴支承广泛应用在各种货车上。轮毂通过两个相距较远的圆锥滚子轴承支承在半轴套管上。半轴内端用花键与差速器的半轴齿轮连接。在外端，路面对驱动轮的作用力以及由它们形成的弯矩，直接由轮毂通过两个锥轴承传给桥壳，完全不由半轴承受。同样，在内端作用在主减速器从动锥齿轮上的力及弯矩全部由差速器壳直接承受，与半轴无关。因此这样的半轴支承形式，使半轴只承受转矩，而两端均不承受任何反力和反力矩，故称为全浮式支承形式。所谓"浮"是对卸除半轴的弯曲负荷而言。

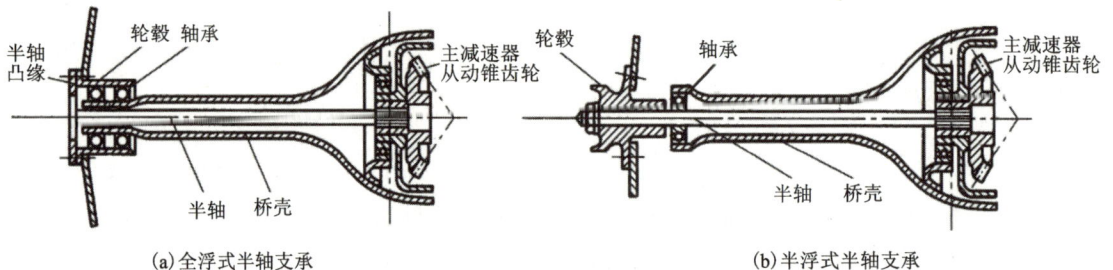

(a) 全浮式半轴支承　　　　　　　　　　　　(b) 半浮式半轴支承

图 5-15　半轴支承的形式

为防止轮毂及半轴在侧向力作用下发生轴向窜动，轮毂内的两个锥轴承的安装方向必须使它们能分别承受向内和向外的轴向力。轴承的预紧度可调整，并有锁紧螺母锁紧。

优点：全浮式支承的半轴易于拆装，只需拧下半轴凸缘上的螺钉，就可将半轴从半轴套管中抽出，而车轮和车桥照样能支持住汽车。

2）半浮式半轴支承

半轴内端不承受力及力矩。作用在车轮上的各反力及力矩都必须经过半轴传给驱动桥壳。因半轴内端不受弯矩，而外端却承受全部弯矩和转矩，故称为半浮式。

半浮式支承中，半轴与桥壳中的轴承一般只用一个，为使半轴和车轮不至于被向外的侧向力拉出,该轴承必须承受向外的轴向力。

半浮式半轴支承结构简单,广泛用于承受载荷较小的轿车上。

5.4.2 桥壳

驱动桥的桥壳是支承并保护主减速器、差速器和半轴等的部件,使左右驱动车轮的轴向相对位置固定;同驱动桥一起支承车架及其上面的各种总成;汽车行驶时,承受由车轮传递的路面反力和力矩,并经悬架传给车架。桥壳的形式如图 5-16 所示。

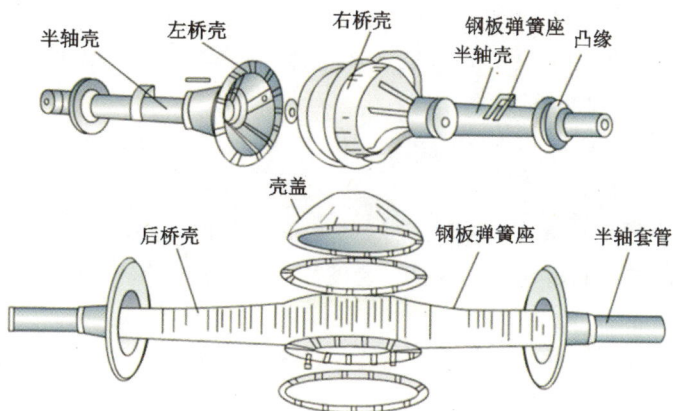

图 5-16 桥壳的形式

驱动桥的桥壳须有足够的强度和刚度,质量轻,并便于主减速器的拆装和调整。由于桥壳的尺寸和质量比较大,制造较困难,故其结构形式在满足使用要求的条件下,要尽可能便于制造。

驱动桥壳可分为整体式和分段式两类。整体式桥壳具有较大的强度和刚度,且便于主减速器的装配、调整和维修。因此普遍用于各类汽车上。

5.5 主减速器油概述

5.5.1 主减速器油的分类

1. API GL-4

API GL-4 适用于各种齿轮,尤其是准双曲线齿轮,在低负载、速度条件一般的情况,或者高速、低扭矩,或者低速、高扭矩等不苛刻的条件下使用 GL-4 级齿轮油。主要用于使用条件不太苛刻的手动变速器齿轮、螺旋锥齿轮和准双曲线齿轮。

2. API GL-5

API GL-5 此类别齿轮油属于极压型齿轮油,一般都含有极压添加剂,会腐蚀黄色金属(如含铜的金属),因此应注意查询厂家说明。在高速、大冲击、重负荷,或者高速度、低扭矩,或者低速度、高扭矩等运行条件下使用 GL-5 级齿轮油。主要用于操作条件缓和或苛刻的准双曲线齿轮及其他各种齿轮,如大客车齿轮,也可用于手动变速器。

5.5.2　主减速器油油位的检查

（1）油位检查中车辆必须停在平坦的地面上。

（2）拆下机油加注口螺塞并用手指检查机油油位。机油油位与油孔底部距离不超过5 mm，如果油位符合要求，拧紧油塞。

（3）加油口螺塞安装时，用眼睛检查是否有漏油或后桥壳损坏。

（4）如果油位低，应增加适合准双曲线齿轮的机油油量，然后按规定扭矩拧紧螺塞。

5.5.3　主减速器油的更换

主减速器油首次更换里程为行驶 50000 公里或间隔 36 个月，以后更换里程为行驶 100000 公里或间隔 36 个月。

（1）在放油塞下面放置一个合适的容器，拆下注油塞、排气孔塞和放油塞，排出齿轮油（图5-17）。

（2）等所有的油液放干净后，更换放油塞密封圈，装上放油塞。

（3）按规定油位加新的齿轮油，不要混合使用不同生产厂家或规格的齿轮油，再更换注油塞密封圈，装上注油塞。

（4）路试运行一段时间后，检查主减速器是否有漏油现象。

5.6　驱动桥的一般操作

下面实践操作主减速器油的更换。

主减速器油首次更换里程为行驶 50000 公里或间隔 36 个月，以后更换里程为行驶 100000 公里或间隔 36 个月。

（1）在放油塞下面放置一个合适的容器，拆下注油塞、排气孔塞和放油塞（若没有放油塞，需拆卸后盖板），排出齿轮油（图5-17）。

图 5-17　排出齿轮油

（2）等所有的油液放干净后，更换放油塞密封圈，装上放油塞（没有放油塞的，安装好后盖板）（图5-18）。

图 5-18　装上放油塞

（3）按规定油位添加新的齿轮油（图 5-19），不要混合使用不同生产厂家或规格的齿轮油，再更换注油塞密封圈，装上注油塞。

图 5-19　添加新的齿轮油

（4）路试运行一段时间后，检查主减速器是否有漏油现象（图 5-20）。

图 5-20　检查主减速器是否有漏油现象

单元练习

一、选择题

1. 主减速器将动力传给差速器，并实现降速增矩、改变(   )的作用。

A. 速度   B. 动力

C. 传动方向   D. 功率

2. 锥齿轮差速器能使两侧驱动车轮实现差速靠的是(   )。

A. 行星齿轮的自转   B. 半轴齿轮的自转

C. 差速器的自转   D. 差速器壳的自转

3. 汽车在不平路面上行驶，或转向时，差速器(   )。

A. 不起差速作用   B. 起差速作用

C. 不起减速作用   D. 起减速作用

4. 若驱动桥的一侧车轮转速为零，则另一侧车轮的转速(   )。

A. 一定为零   B. 等于差速器壳转速

C. 等于差速器壳转速的 2 倍   D. 以上都不是

5. 汽车直线行驶时无异响，当汽车转弯时驱动桥处有异响说明(   )。

A. 主、从动锥齿轮啮合不良

B. 差速器行星齿轮半轴齿轮不匹配，使其啮合不良

C. 制动鼓内有异物

D. 齿轮油加注过多

二、判断题

1. 驱动桥主要是由主减速器、差速器、半轴和桥壳等组成的。(   )

2. 差速器起作用时，半轴齿轮和行星齿轮之间没有相对运动。(   )

3. 当传动轴的叉形凸缘位于驱动桥壳中剖面的下部时，驱动桥内的主减速器是螺旋锥齿轮式主减速器。(   )

4. 半浮式支承的半轴易于拆装，不需拆卸车轮就可将半轴抽下。(   )

5. 对称式锥齿轮差速器当行星齿轮没有自转时，总是将转矩平均分配给左、右两半轴齿轮。(   )

6 车架与车轮

学习目标

- 掌握行驶系统的功用与组成。
- 了解车架结构和类型。
- 了解车轮的组成与功用。
- 掌握轮毂的类型、结构和型号。
- 掌握轮胎的组成、花纹类型和标记。

6.1 行驶系统概述

汽车行驶系统将汽车车身和车轮连接成一整体，并支撑全车质量，接受传动系传来的转矩并通过驱动车轮与路面的附着作用，产生路面对汽车的牵引力；同时传递并承受路面作用于车轮上的各种反力及形成的力矩，缓和不平路面对车造成的冲击，衰减汽车行驶中的震动，保持行驶的平顺性；与转向系统配合，保证汽车操纵稳定性。

汽车行驶系统的基本类型主要有轮式、履带式、半履带式、车轮-履带式和水陆两用汽车等几种形式。现在汽车行驶在比较坚实的道路上，其行驶系统中直接与路面接触的部分是车轮，这种行驶系统称为轮式行驶系统，这样的汽车称为轮式汽车，如图6-1所示。

图6-1 轮式汽车行驶系统

6.1.1 汽车行驶系统的基本功能

汽车行驶系由车架或车身、车桥、车轮和悬架组成（如图6-2所示），其分别的功能如下：

（1）车架或车身以及车桥的功能：支撑全车，传递并承受路面作用于车轮上各向反力及其所形成的力矩。

（2）车轮的功能：接受由发动机经传动系统传来的转矩，并通过驱动轮与路面间的附着作用，产生路面对驱动轮的牵引力，以保证汽车正常行驶；与转向系统协调配合工作，实现汽车行驶方向的正确控制，以保证汽车操纵稳定性。

（3）悬架的功能：缓和不平路面对车身造成的冲击，并衰减其震动，保证汽车行驶平顺性。

图6-2　汽车行驶系统的组成

6.1.2 汽车行驶系统的分类

1. 货车行驶系统

货车行驶系统由车架、车桥、车轮和悬架组成。车架承载全车的重量，通过悬架与车桥连接在一起，车轮安装在车桥的两端。

2. 轿车行驶系统

轿车为了减轻自重，而以车身兼代车架，这种车架称为"承载式车身"，即所谓的无梁式车身。根据悬架不同分为非独立悬架的行驶系统和独立悬架的行驶系统。

1）非独立悬架的行驶系统

非独立悬架的行驶系统由车身、车桥、车轮和悬架组成，这种行驶系统的车身通过悬架与车桥相连，车轮在车桥的两端，如图6-3所示。

2）独立悬架的行驶系统

独立悬架的行驶系统由车身、车轮和悬架组成，这种行驶系统没有车桥，有些汽车的车身通过悬架与车轮相连；有些汽车为了加强刚度，安装有副梁与悬架相连，再连接车轮，如图6-4所示。

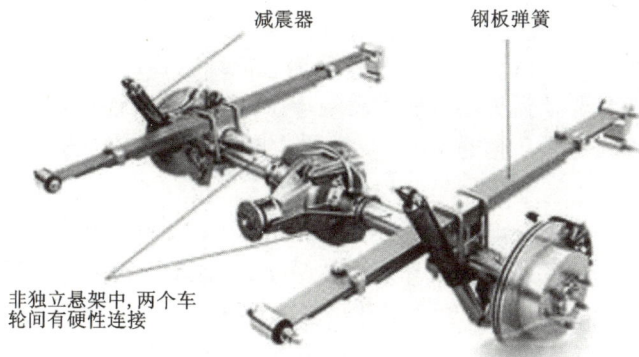

减震器　　钢板弹簧

非独立悬架中,两个车
轮间有硬性连接

图 6-3　非独立悬架的结构

图 6-4　独立悬架的结构

6.1.3　汽车行驶系统的组成

1. 车架和车身

车架是整个汽车的装配基体,绝大多数部件和总成都通过车架来固定。汽车上有两种不同的车架和车身结构,即有车架的非承载式车身结构和无车架的承载式车身结构。货车通常都是有车架的非承载式车身,而轿车大都为无车架的承载式车身结构(图 6-5)。但有的高级轿车或防弹车等则有刚度、强度很高的车架,但其质量较大。

图 6-5　承载式车身的结构

2. 车桥

车桥是左右车轮之间的横梁，如图6-6所示。根据其作用不同，分为驱动桥、转向桥、转向驱动桥和支持桥。驱动桥为连接驱动轮的车桥；转向桥为连接转向轮的车桥；转向驱动桥为连接既是转向轮又是驱动轮的车桥；支持桥为连接从动轮的车桥。

3. 车轮

车轮有轮毂、轮辋和这两元件间的连接部分组成。按照连接部分的构造，车轮分为盘式和辐式两种。现代汽车广泛采用盘式车轮（图6-7），辐式车轮多用于轻、微型车或摩托车上。轮辋是用来安装轮胎的，按其断面形状可分为深式、平式两种。深式轮辋多用于小轿车上，平式轮辋则多用于载货汽车。轮胎安装在轮辋上。现代汽车几乎都采用充气轮胎。由于组成结构不同，充气轮胎分为有内胎和无内胎两种。

图6-6 车桥的结构

图6-7 车轮的结构

4. 悬架

悬架是连接车架与车桥或者车身与车轮的弹性传力装置。悬架主要作用是缓冲、导向和减震。悬架由弹性元件、导向机构和减震器组成，如图6-8所示。

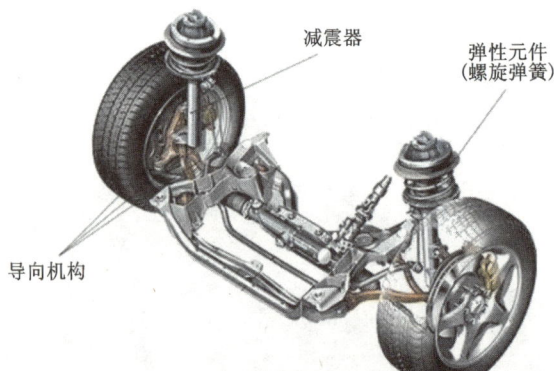

图6-8 悬架的结构

6.2 车架

6.2.1 车架的作用

汽车车架俗称大梁。它是跨接在前后车桥上的桥梁式结构，是整个汽车的基础，其上装有发动机、变速器、传动轴、前后桥和车身等总成和部件。车架的作用是使各总成固定在它的上面，使之保持正确的相对位置，并承受和传递力和力矩。汽车静止时，车架承受着垂直载荷。汽车行驶时，车架会受到比静止载荷大 3~4 倍或更大的弯曲应力，若路面不平，还将受到扭矩的作用。因此，要求车架强度高、刚度合适、结构简单、质量轻，同时应尽可能降低汽车的重心和获得较大的前轮转向角，以保证汽车行驶的稳定性和转向的灵活性。

6.2.2 车架的形式和构造

1. 边梁式车架

边梁式车架由左、右两根纵梁和若干根横梁组成，并通过铆接或焊接将纵梁和横梁连接成坚固的刚性构架，被广泛应用在货车和特种汽车上，如图 6-9 所示。纵梁用低碳合金钢板冲压而成，常见的纵梁断面形状多为槽形，也有做成工字形或箱形断面的，横梁用来连接左右两个纵梁，保证车架的扭转刚度和承受纵向载荷，而且还可支承发动机、散热器等主要部件，通常货车约有 5~8 根横梁。

图 6-9 边梁式车架

2. 中梁式车架

中梁式车架又称脊梁式车架，它是由一根贯穿汽车纵向的中央纵梁和若干根横向悬伸托架构成，如图 6-10 所示。中梁式车架的结构特点是中梁的断面可做成管形或箱形，中梁式车架有较大的扭转刚度并使车轮有较大的运动空间，便于采用独立悬架。中梁式车架较轻，减小了整车质量，重心也较低，行驶稳定性好。但这种车架制造工艺复杂，精度要求高，总成安装比较困难，维修也不方便，故目前应用不多。

3. 综合式车架

综合式车架前段或后段近似边梁结构，便于安装发动机或驱动桥，传动轴从中梁中间穿过，如图 6-11 所示。这种结构制造工艺复杂，目前应用也不多。

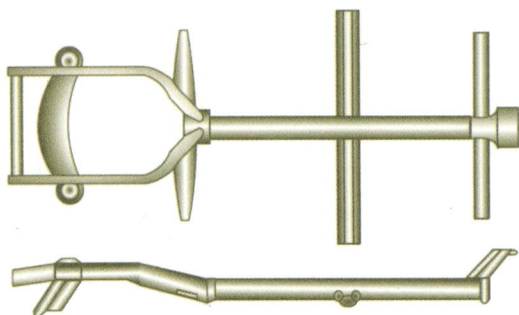

图 6-10   中梁式车架

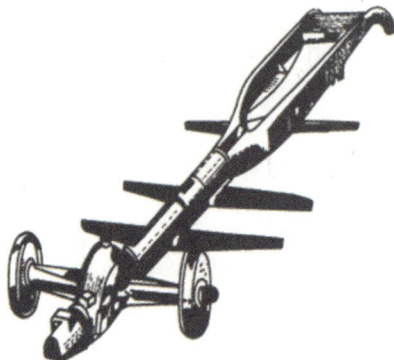

图 6-11   综合式车架

4. 无梁式车架

无梁式车架是以车身兼代车架，所有的总成和零部件都安装在车身上，作用于车身的各种力和力矩均由车身承受，所以这种车身也称为承载式车身，如图 6-12 所示。

图 6-12   无梁式车架

6.3   车桥

6.3.1   车桥的作用

车桥(也称车轴)通过悬架和车架(或承载式车身)相连，两端安装汽车车轮。其功能是传递车架(或承载式车身)与车轮之间各方向的作用力。车桥分为整体式和断开式两种，如图 6-13 所示。整体式车桥好像一个巨大的杠铃，两端通过悬架系统支撑着车身，因此整体式车桥通常与非独立悬架配合；断开式车桥像两把雨伞插在车身两侧，再各自通过悬架系统支撑车身，所以断开式车桥与独立悬架配用。

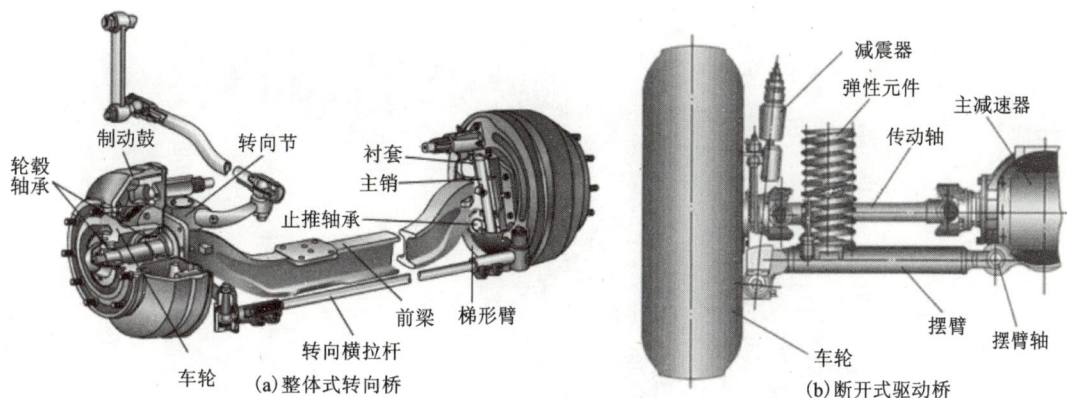

图 6-13　车桥的类型

6.3.2　车桥的类型

根据驱动方式的不同，车桥也分成转向桥、驱动桥、转向驱动桥和支持桥四种。其中转向桥和支持桥都属于从动桥。前置后驱动（FR）、中置后驱动（MR）和后置后驱动（RR）汽车前桥作为转向桥，后桥作为驱动桥；前置前驱动（FF）汽车前桥为转向驱动桥，后桥充当支持桥；四轮驱动（4WD）汽车在四轮驱动时前桥作为转向驱动桥，后桥为驱动桥。

1. 转向桥

转向桥使车轮偏转一定的角度以实现汽车的转向；承受车轮与车架之间的垂直载荷，纵向的道路阻力，制动力和侧向力以及这些力所形成的力矩。由于路况复杂，车桥需要有一定的刚度和强度。转向轮需具有正确的定位角和合适的转向角，因此应尽量减少转向轮质量和转向传动件的摩擦阻力。转向桥由前轴、转向节、主销和轮毂等组成。

2. 驱动桥

驱动桥将发动机传出的驱动力传给驱动车轮，实现降速增扭的作用，同时改变动力传递的方向。驱动桥一般由主减速器、差速器、半轴、桥壳等组成，如图 6-14 所示。FF 汽车的驱动桥的离合器、变速器、主减速器、差速器、驱动桥组件都安装在变速器壳体中，位于汽车前部，动力传递给前轮。FR 汽车的驱动桥的主减速器、差速器、驱动桥组件安装在驱动桥壳体内，位于汽车后部，动力传递给后轮。

3. 转向驱动桥

转向驱动桥具有转向和驱动两种功能。转向驱动桥的结构既具有一般驱动桥所具有的主减速器、差速器及半轴，也具有一般转向桥所具有的转向节壳体、主销和轮毂等。转向驱动桥广泛地应用在全轮驱动的越野汽车和前置前驱车上。

4. 支持桥

支持桥属于从动桥。单桥驱动的三轴汽车，后桥设计成支持桥；挂车上的车桥也是支持桥；发动机前置前驱动轿车的后桥也属于支持桥。

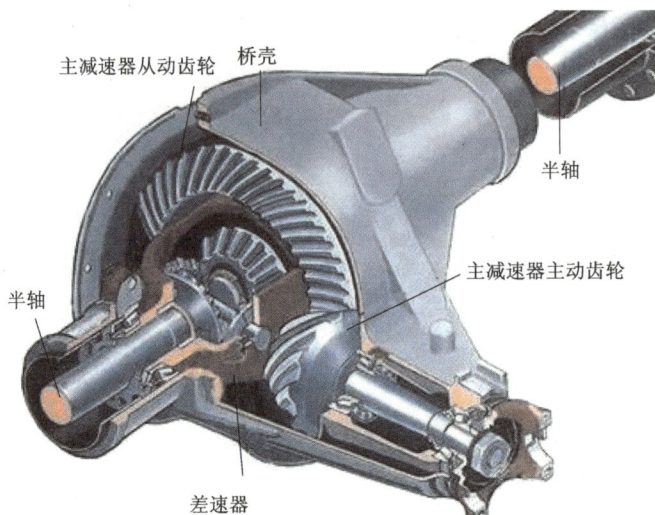

图 6-14　驱动桥的结构

6.4　车轮

现代车轮由轮胎和轮毂等组成，是汽车行驶系中的重要组成部分，位于车身与路面之间，具有支承汽车和装载质量、传递汽车与路面之间的各种力和力矩、缓冲车轮受路面颠簸时引起的震动、保持汽车的行驶方向等作用。车轮总成结构与组成如图 6-15 所示。

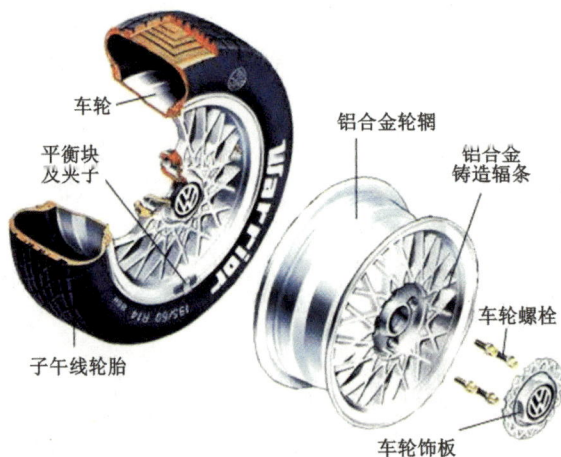

图 6-15　车轮总成结构与组成

6.4.1　轮毂

现代意义的轮毂是指车轮除轮胎之外所有的部分，包括了轮辋、轮辐、轴头法兰及附属装饰件等。轮辋是指车轮周围边缘、用于安装轮胎的部分。轮毂根据车辆的档次来配置，高档车一般全部用铝合金轮毂，低档或者低价位的车大都使用钢制轮毂。

1. 轮毂的分类

（1）按照制造工艺分为整体式轮毂、两件式轮毂和三件式轮毂，如图6-16所示。

整体式　　　　　　两件式　　　　　　三件式

图6-16　轮毂的制造工艺形式

①整体式轮毂：这种车轮本身没有连接处，整个轮毂是一个整体。一般生产厂家生产的车轮都使用整体式轮毂。这种轮毂设计自由度低，结构简单，重量轻，刚性高。

②两件式轮毂：这种轮毂由轮辐和轮辋两个零件组合制作而成。两个零件通过焊接或专用的螺栓连接，它比整体式轮毂在设计方面自由度高，具有轮辋偏置距自由设定的优点。

③三件式轮毂：这种轮毂由三个零件组合制作而成。轮辐与两件式轮毂的相同，轮辋则由2个部分组合而成。这种车轮重量较重，但设计自由度高，重设计的老式车轮比较受欢迎。

（2）按照轮毂的设计分为网眼轮毂、辐条轮毂和辐板轮毂，如图6-17所示。

网眼轮毂　　　　　　辐条轮毂　　　　　　辐板轮毂

图6-17　轮毂的设计形式

①网眼轮毂：轮辐设计得像网眼一样。网眼轮毂具有复杂、优雅的气氛，高档车的正品轮毂多采用这种。通过轮毂本身设计可以适合任何车辆，但因形状复杂，污物很难清洗。

②辐条轮毂：从中心到轮辋由拉长的辐条组成。该种轮毂的制动器的散热性好，跑车等多采用这种轮毂。辐条的数量有三四根到数十根不等。

③辐板轮毂：轮辐设计得像盘子或板子。这种轮毂能感受到存在感和分量感，但从轮毂中间看不到制动器的结构，制动器的散热性不好，跑车等几乎不用。

（3）按照车毂的材质分为钢制轮毂和铝合金轮毂，如图6-18所示。

①钢质轮毂：制造工艺简单，成本相对较低，而且抗金属疲劳的能力很强，缺点是外观丑陋，重量较大，惯性阻力大，散热性也比较差，而且非常容易生锈。

②铝合金轮毂：重量较轻，惯性阻力小，制作精度高，在高速转动时的变形小，有利于提高汽车的直线行驶性能，减轻轮胎滚动阻力，从而减少油耗。铝合金材质的导热性能是钢的

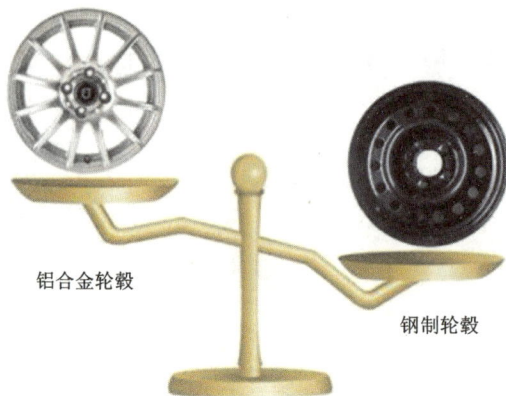

图 6-18　轮毂的材质形式

3 倍左右，散热性好，对于车辆的制动系、轮胎和制动系统的热衰减都能起到一定的作用。缺点是制造工艺复杂，成本高。

（4）按照轮辋的类型和结构分为深槽式轮辋和平底式轮辋，如图 6-19 所示。

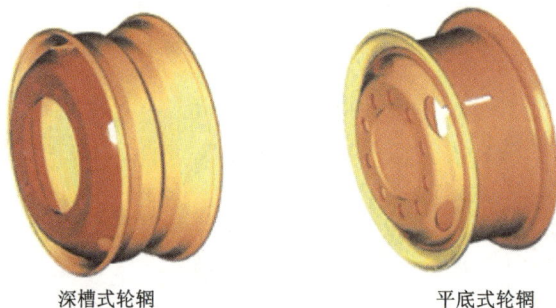

图 6-19　常见轮辋形式

①深槽式轮辋：主要用于轿车及轻型越野汽车。它有带肩的凸缘，用以安放外胎的胎圈，其肩部通常略向中间倾斜，其倾斜角一般是 5°±1°。深槽式轮辋的结构简单，刚度大，质量较小，对于小尺寸弹性较大的轮胎最适宜。

②平底式轮辋：多用于货车。其挡圈是整体式的，且用一个开口锁圈来防止挡圈脱出。在安装轮胎时，先将轮胎套在轮辋上，而后套上挡圈，并将它向内推，直至越过轮辋上的环形槽，再将开口的弹性锁圈嵌入环形槽中。

2. 轮毂的参数

轮毂的相关参数有轮毂直径、轮辋宽度、轮毂孔距、偏距等，如图 6-20 所示。

1）轮毂的直径

轮毂尺寸就是轮毂的直径，单位为英寸。一般在轿车上，轮毂尺寸大，轮胎扁平比高，在视觉上张力效果好，而且增加了车辆操控的稳定性，但是油耗会有所增大。

2）轮辋宽度

轮辋宽度又俗称 J 值，是指轮辋两侧凸缘之间的距离。7.0J 中的"7.0"指的是轮辋宽度为 7

英寸；"J"代表轮辋凸缘的形状和高度，还有 C、JJ、JK、K 等高度，C 为最低，K 为最高。轮毂的宽度直接影响到轮胎的选择，同样尺寸的轮胎，J 值不同，选择的轮胎扁平比和宽度也就不同。

3）轮毂中心孔

轮毂中心孔是用来与车辆固定连接的部分，就是轮毂中心与轮毂同心圆的位置。中心孔的直径尺寸影响到安装轮毂时是否可以确保轮圈几何中心和轮毂几何中心吻合。

4）轮毂孔距

轮毂孔距英文简称 PCD(Pitch Circle Diameter)，专业名称叫节圆直径，是指轮毂中央的固定螺栓所形成圆的直径，一般的轮毂大多孔位是 5 颗螺栓和 4 颗螺栓，而螺栓的距离又各有不同。以 5×114.3 为例，就代表这个轮毂的 PCD 是 114.3 mm，孔位 5 颗螺栓。

5）偏距

偏距是轮辋偏置距的简称，英文是 Rim Offset，英文简称 RO，俗称 ET(来自德语 Einpress Tiefe)，是指轮毂螺栓固定面与几何中心线(轮毂横剖面中心线)之间的距离，也就是轮毂中间螺丝固定座与整个轮圈中心点的差值，如图 6-21 所示。不同的轮毂偏距决定了安装螺丝的位置是向车内缩进，还是向车体外凸出。偏距是用来调节轮距和保证车轮不与车体干涉。对一般轿车而言，ET 值为正，对少数车辆和一些吉普车而言为负。ET 值不仅仅会影响到视觉上的变化，还会影响到车辆的转向特性、车轮定位角度。差距过大的偏距值可能导致轮胎不正常磨耗，轴承容易磨损，甚至因制动系统与轮毂相互摩擦而无法正常安装。

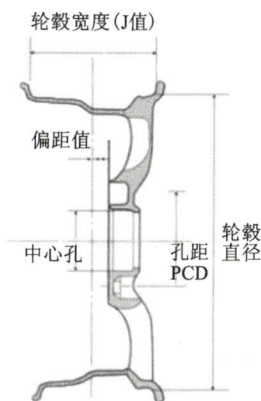

图 6-20 轮毂的参数

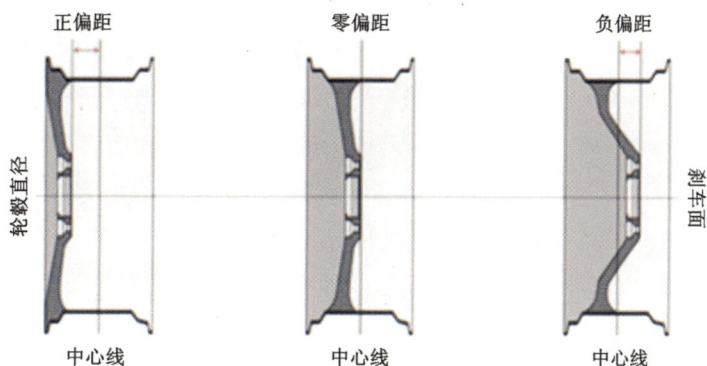

图 6-21 轮辋的偏置距

3. 轮辋的规格

以 7.0J×17H2 ET54 轮毂为例。

(1)7.0 表示轮辋的宽度。

(2)J 表示轮辋凸缘的形状和高度。

(3)×表示轮辋形状代码，×为整体式轮辋。

(4)17 表示轮毂的直径，单位为英寸。

(5)H2 表示轮辋上凸峰的个数为 2。凸峰是为了在车辆急转弯时防止无内胎轮胎的胎圈滑到轮辋基体里。无内胎轮胎只能安装在有凸峰的轮辋上。

(6)ET54 表示轮辋偏置距为正的 54 mm。

6.4.2 轮胎

轮胎是在各种车辆或机械上装配的接地滚动的圆环形弹性橡胶制品。通常安装在金属轮辋上，能支承车身，缓和外界冲击，实现与路面的接触并保证车辆的行驶性能。轮胎常在复杂和苛刻的条件下使用，它在行驶时承受着各种变形、负荷、力以及高低温作用，因此必须具有较高的承载性能、牵引性能、缓冲性能。同时，还要求具备高耐磨性和耐屈挠性，以及低的滚动阻力与生热性。世界耗用橡胶量的一半用于轮胎生产，可见轮胎耗用橡胶的能力。

1. 轮胎的作用

轮胎是汽车上最重要的组成部件之一，它的作用主要有：支持车辆的全部重量，承受汽车的负荷；保证车轮与路面的附着力，在直行时向车辆传送驱动和制动的纵向力，在转弯时向车辆传送转向的侧向力（图 6-22）；减轻和吸收汽车在行驶时的震动和冲击力，防止汽车零部件受到剧烈震动和早期损坏，适应车辆的高速性能并降低行驶时的噪声，保证行驶的安全性、操纵稳定性、舒适性和节能经济性。

纵向力   横向力

图 6-22 轮胎的功能

现代汽车的轮胎必须符合很多要求，因此在提高其性能和驾驶特性时不可避免地发生冲突。某轮胎的性能雷达图如图 6-23 所示，从图中可知里程数长时，抵抗冲击的能力弱；承载能力强时，噪声高；潮湿路面抓地力大时，平均磨耗也大；操控性好时，防水滑的能力差；舒适性高时，干燥路面的抓地力小。因此，在选择轮胎时主要取决于车辆类别、行驶速度、汽车制造商的期望以及车主的需求。

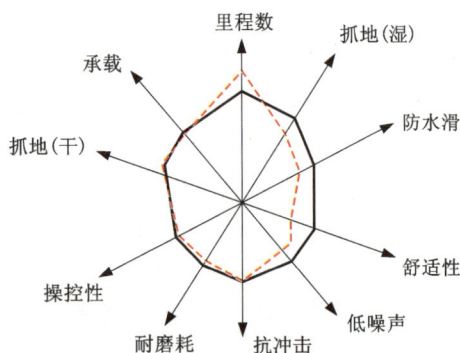

图 6-23 轮胎的性能雷达图

2. 轮胎的分类

1）按照用途来分类

在中国的轮胎国家标准、美国轮胎轮辋手册、欧洲轮胎轮辋标准、日本轮胎标准以及国际轮胎标准中都是以用途进行分类的，可分为以下几种类型：轿车轮胎；轻型载重汽车轮胎；载重和公共汽车轮胎；工程机械轮胎；越野汽车轮胎；农业和林业机械轮胎；工业车辆轮胎；摩托车轮胎；航空轮胎；特种车辆轮胎；人力车轮胎。

2）按照结构设计分类

按照结构设计可分为斜交线轮胎、子午线轮胎，如图 6-24 所示。

斜交线轮胎的胎体是斜线交叉的帘布层；帘线按斜线交叉排列，故而得名。斜交线轮胎的胎面和胎侧的强度大，但胎侧刚度较大，舒适性差，由于高速时帘布层间移动与摩擦大，并不适合高速行驶。随着子午线轮胎的不断改进，斜交线轮胎将基本上被淘汰。

子午线轮胎的胎体是像地球子午线排列的帘布层，帘线与外胎断面接近平行，角度小，一般为 0°，帘线之间没有维系交点。由于行驶时轮胎要承受较大的切向作用力，为保证帘线的稳固，在其外部又有若干层由高强度、不易拉伸的材料制成的带束层，其帘线方向与子午断面呈较大的交角。

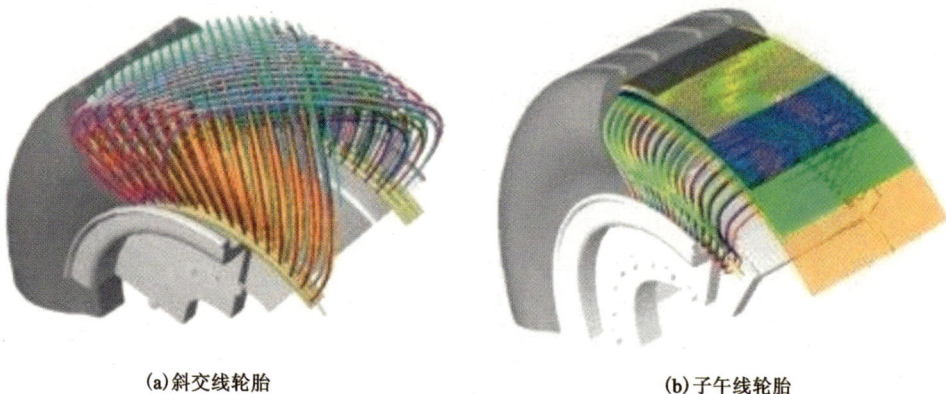

(a) 斜交线轮胎　　　　　　　　　　　　　(b) 子午线轮胎

图 6-24　轮胎的帘布层形式

斜交线轮胎由于交叉的帘线强烈摩擦，使胎体易生热，因此加速了胎纹的磨损，且其帘线布局也不能很好地提供优良的操控性和舒适性；而子午线轮胎中的钢丝带则具有较好的柔韧性以适应路面的不规则冲击，又经久耐用，它的帘布结构还意味着在汽车行驶中有比斜交线轮胎小得多的摩擦，从而获得了较长的胎纹使用寿命和较好的燃油经济性。

子午线轮胎本身具有的特点使轮胎无内胎成为可能。无内胎轮胎当轮胎被扎破后，不像有内胎的斜交线轮胎那样爆裂，而是使轮胎能在一段时间内保持气压，提高了汽车的行驶安全性。和斜交线轮胎比，子午线轮胎还有更好的抓地性。但是子午线轮胎也有胎侧易裂口、侧向稳定性差（由于侧向变形大，导致汽车侧向稳定性稍差）、制造技术要求高，成本较高等缺点。

3）按照有无内胎分类

按照有无内胎分为有内胎轮胎和无内胎轮胎，如图 6-25 所示。

有内胎的轮胎顾名思义，就是在外胎里面还有一个充有压缩空气的内胎。其主要缺点是行驶温度高，而且内胎在轮胎中处于伸张状态，轮胎易扎通。

无内胎轮胎是把空气直接充入外胎内腔。由于无内外胎之间的摩擦，加之热量直接从轮辋发散，因此能比有内胎轮胎降温20%以上。无内胎轮胎提高了行驶安全性，穿孔较小能继续行驶，且修理容易，不需拆卸轮辋。

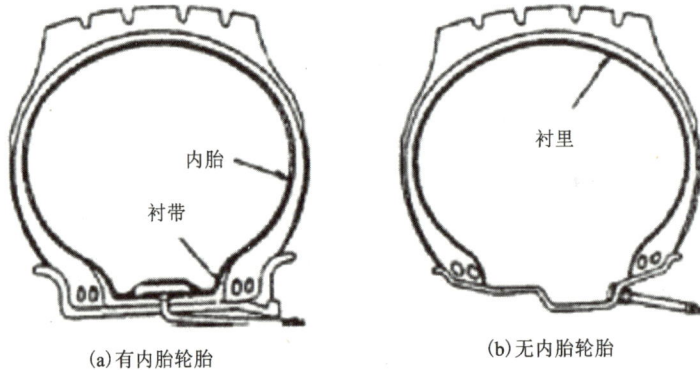

(a)有内胎轮胎　　　　　　(b)无内胎轮胎

图6-25　有内胎与无内胎轮胎的结构

3. 轮胎的结构

轮胎是由胎体、缓冲层、胎面、胎侧和胎圈组成，如图6-26所示。

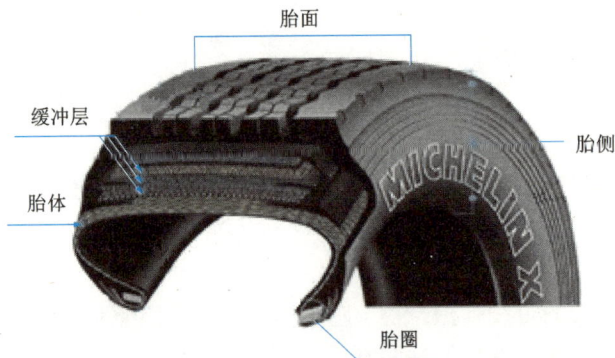

图6-26　轮胎的结构

（1）胎体：又称胎身。通常指由一层或数层帘布层组成的受力结构。帘布层是胎体中由并列挂胶帘子线组成的布层，是轮胎的受力骨架层，用以保证轮胎具有必要的强度及尺寸稳定性。胎体需要有充分的强度和弹性，以便承受强烈的震动和冲击，承受轮胎在行驶中作用于外胎上的径向力、侧向力、周向力所引起的多次变形。

（2）缓冲层(或称带束层)：是指胎面与胎体之间的钢丝层，用于缓和外部冲击力，保护胎体，抑制胎面变形，维持胎面的接地面，提高耐磨性及行驶稳定性。子午线轮胎的缓冲层又称为带束层，是沿胎面中心线圆周方向箍紧胎体的材料层。

（3）胎面：胎面指轮胎最外面与路面接触的橡胶层，通常把轮胎胎冠、胎肩、胎冠两侧的边缘部分、胎侧、加强区部位最外层的橡胶统称为胎面胶。胎面用来防止胎体受机械损伤和早期磨损，向路面传递汽车的牵引力和制动力。

轮胎在正常行驶时直接与路面接触的那一部分胎面称为行驶面。行驶面表面由不同形状的花纹块、花纹沟构成。凸出部分为花纹块，花纹块的表面可增大外胎和路面的抓着力和保证车辆必要的抗侧滑力。花纹沟下层称为胎面基部，用来缓冲震荡和冲击。

（4）胎侧：通常是指覆盖在外胎侧壁的橡胶，主要是承受屈挠变形作用，保护胎体帘线不受损伤，因此具有很好的耐屈挠、耐刺扎和耐老化性能。轮胎的型号、尺寸、结构、生产公司、产品名及各种特征都印在胎侧。

（5）胎圈：是指轮胎安装在轮辋上的部分，由胎圈芯和胎垫组成，起固定轮胎作用。胎圈芯是由钢圈、三角胶条和胎圈包布制成的胎圈部分。钢圈是由镀铜钢丝缠绕成的刚性环，是将轮胎固定到轮辋上的主要部件，如图6-27所示。

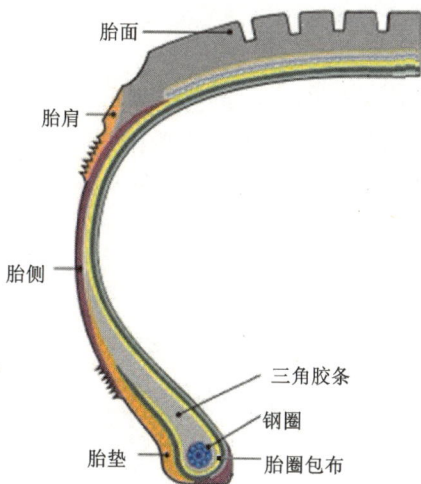

图6-27　轮胎胎圈的结构

4. 轮胎的生产

1）密炼工序

密炼工序就是把炭黑、天然/合成橡胶、油、添加剂、促进剂等原材料混合到一起，在密炼机里进行加工，生产出"胶料"的过程。

2）橡胶部件准备工序

轮胎制造（中文）

橡胶部件准备工序包括6个主要工段。在这个工序里，将准备好组成轮胎的所有半成品胶部件，其中有的胶部件是经过初步组装的。这6个工段分别为：①挤出：胶料喂进挤出机头，从而挤出不同的半成品胶部件。②压延：原材料帘线穿过压延机并且帘线的两面都挂上一层较薄的胶料，最后的成品称为"帘布"。原材料帘线主要为尼龙和聚酯两种。③胎圈成型：胎圈是由许多根钢丝挂胶以后缠绕而成的。④帘布裁断：在这个工段里，帘布将被裁断成适用的宽度并接好接头。⑤贴三角胶条：在这个工段里，挤出机挤出的三角胶条将被手工贴合到胎圈上。⑥带束层成型：这个工段是生产带束层的。在锭子间里，许多根钢丝通过穿线板出来，再和胶料同时穿过口型板使钢丝两面挂胶。挂胶后带束层被裁断成规定的角度和宽度。

3）轮胎成型工序

轮胎成型工序是把所有的半成品在成型机上组装成生胎，这里的生胎是指没有经过硫化的。生胎经过检查后，运送到硫化工序车间。

4）硫化工序

生胎被装到硫化机上，在模具里经过适当的时间以及适宜的条件，从而硫化成成品轮胎。硫化完的轮胎即具备了成品轮胎的外观——图案/字体以及胎面花纹。

5）最终检验工序

在这个工序里，轮胎首先要经过目视外观检查，然后是均匀性检测，均匀性检测是通过均匀性实验机来完成的。均匀性实验机主要是测量径向力、侧向力、锥力以及波动情况的。均匀性检测完之后要做动平衡测试，动平衡测试是在动平衡实验机上完成的。最后轮胎要经过 X 光检测，然后运送到成品库以备发货。

6）轮胎测试

在设计新的轮胎规格过程中，大量的轮胎测试是必需的，这样才能确保轮胎性能达到政府以及配套厂的要求。当轮胎被正式投入生产之后，仍将继续做轮胎测试来监控轮胎的质量，这些测试与放行新胎时所做的测试是相同的。用于测试轮胎的机器是里程实验机，通常做的实验有高速实验和耐久实验。

5. 轮胎的标记

常见的轮胎的标记如图 6-28 所示。

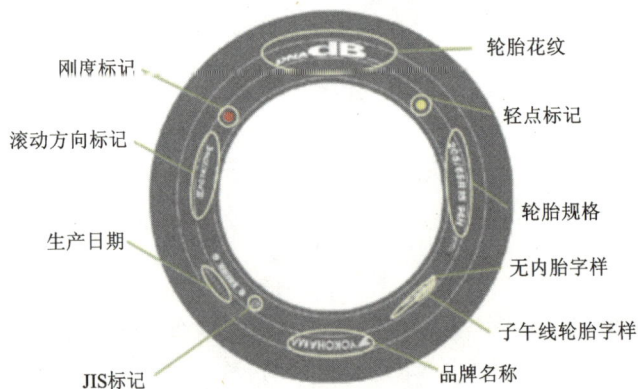

图 6-28　轮胎的标记图

1）常见轮胎规格

常见轮胎规格如图 6-29 所示。

2）特殊轮胎规格

特殊轮胎规格如表 6-1 所示。

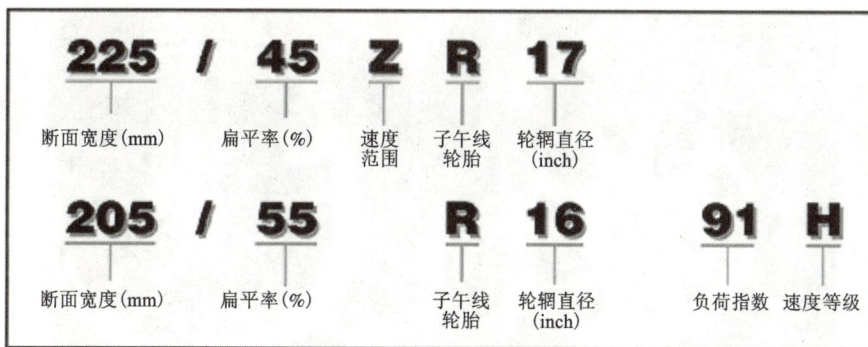

图 6-29 常见轮胎规格

表 6-1 特殊轮胎规格

序号	轮胎规格	规格说明
1	P215/ 75R15 100S	P：Passenger Car Tire 乘用车轮胎 215：轮胎宽度（mm）；75：扁平率（%） R：子午线轮胎；15：轮辋直径（inch） 100：负荷指数；S：速度等级
2	220/ 55VR390	220：轮胎宽度（mm）；55：扁平率（%） V：速度等级；R：子午线轮胎 390：轮辋直径（mm）
3	165SR15	165：轮胎宽度（mm）；S：速度等级 R：子午线轮胎；15：轮辋直径（inch）
4	30×9.50R15 104R	30：轮胎外径（inch）；9.50：轮胎宽度（inch） R：子午线轮胎；15：轮辋直径（inch） 104：负荷指数；R：速度等级
5	165R14 6PR	165：轮胎宽度（mm）；R：子午线轮胎 14：轮辋直径（inch）；6PR：帘布层级（轮胎的强度）
6	7.00R15 PR8	7.00：轮胎宽度（inch）；R：子午线轮胎 15：轮辋直径（inch）；PR8：帘布层级（轮胎的强度）

3）扁平率

轮胎的扁平率是轮胎横断面的高度和宽度比，如图 6-30 所示。

扁平率＝横断面高度/横断面宽度×100%

轮胎规格标记上的扁平率以%形式展示，%一般省略，通常有 80、75、70、65、60、55 等几种类型。轮胎由高变低，由窄变宽，即轮胎矮形化以后，胎面与地面的接触面积增大，首先，操纵的稳定性增强，摩擦系数增大，制动性能提高，轮胎的耐久性增加；其次，因为胎侧变矮以后，汽车在转弯时轴向滑移率变小，同时，触地面韧性加强，旋转性能上升，所以，转弯性能变佳。此外，轮胎矮形化以后，在轮胎总体高度没有大的变化时，轮胎可以适当加宽，能增强车辆的美观性，给人以饱满的感觉。

图 6-30　轮胎的扁平率

4）负荷指数

负荷指数如表 6-2 所示。

表 6-2　负荷指数

负荷指数	负荷能力/kg	负荷指数	负荷能力/kg	负荷指数	负荷能力/kg
61	257	81	462	101	825
62	265	82	475	102	850
63	272	83	487	103	875
64	280	84	500	104	900
65	290	85	515	105	925
66	300	86	530	106	950
67	307	87	545	107	975
68	315	88	560	108	1000
69	325	89	580	109	1030
70	335	90	600	110	1060
71	345	91	615	111	1090
72	355	92	630	112	1120
73	365	93	650	113	1150
74	375	94	670	114	1180
75	387	95	690	115	1215
76	400	96	710	116	1250
77	412	97	730	117	1285
78	425	98	750	118	1320
79	437	99	775	119	1360
80	450	100	800	120	1400

5）速度等级

速度等级如表 6-3 所示。

表 6-3 速度等级

速度等级	最高速度/(km/h)
L	120
P	150
Q	160
R	170
S	180
T	190
H	210
V	240
ZR	240 以上
W	270
Y	300

6）层级

层级是指轮胎橡胶层内帘布的公称层数，与实际帘布层数不完全一致，是轮胎强度的重要指标。层级用中文标记为"数字+层级"，如 12 层级；用英文标记为"数字+PR"，如"14PR"即 14 层级。

7）负荷及压力标记

负荷及压力标记为轮胎的最大负荷及相应气压，负荷以"kg"为单位，胎压以"kPa"为单位，如图 6-31（a）所示。

8）DOT 标记

DOT 是美国交通运输部（Department of Transportation）的缩写，轮胎的 DOT 标记通常包含 12 个字符，其中前两个是生产厂代码，之后两个字母是工厂自定义代码，第 5~8 位是和轮胎尺寸相关的代码，最后 4 位是生产日期。最后 4 位中前两位数字代表第几周，后两位数字代表年份，比如：0807，08 是第 8 周，07 是 2007 年，轮胎的生产日期是 2007 年第 8 个星期。DOT 标记如图 6-31（b）所示。

9）E 标记

E 标记是欧洲经济委员会产品认证标记，如图 6-31（c）所示。我国强制性产品认证，即"China Compulsory Certification"，英文缩写"CCC"，简称 3C 认证。世界权威的质量认证还有 DOT（美国交通运输部）质量认证。

10）轮胎品质统一级别标记

轮胎品质统一级别英文简称 UTQG（Uniform Tire Quality Grading），又称三 T 标志，是统一轮胎质量标志的缩写，该标志系统按轮胎的胎面耐磨、牵引力和耐热性能对轮胎进行分类。每一轮胎制造厂商都按政府规定的试验步骤各自对这些事项进行试验，并根据试验结果在轮胎的侧面标明轮胎等级，如图 6-31（d）所示。比如：TREADWEAR 340，TRACTION A，TEMPERATURE A 的标记中，TREADWEAR 340：轮胎寿命是"标准轮胎"的 3.4 倍；TRACTION A：轮胎的牵引力为 A 级（一般分为 ABC 三级，但最高是 AA 级）；TEMPERATURE A：轮胎的散热（耐热）性能为 B 级（分为 ABC 三级，A 级最高）。

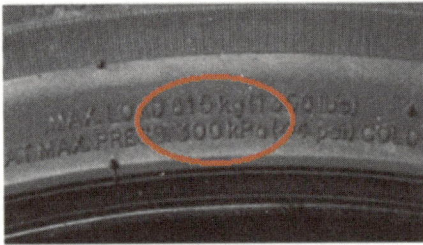

(a) 负荷及压力标记

(b) DOT 标记

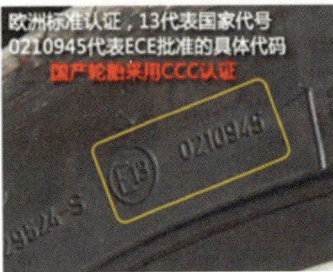

(c) E 标记

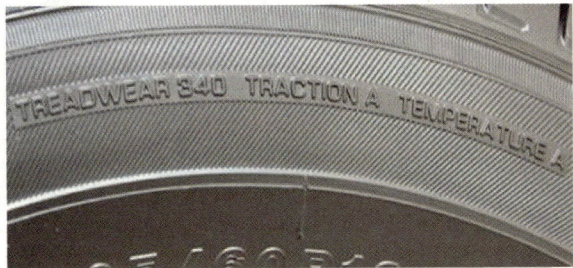

(d) 轮胎品质统一级别标记

图 6-31　轮胎标记

11）M+S 标记

M+S 标记表示泥地、雪地适用，指四季轮胎，可以全年使用。有时候会标注 M/S，MS，M&S 等，或者是干脆写上 All Season 或 AS，都表示是全季节轮胎，如图 6-32（a）所示。

12）胎体构造说明

每一条轮胎的胎壁上都刻着轮胎的构造详情，其中 STEEL 表示钢丝；NYLON 表示尼龙；POLYESTER 表示纤维。如图 6-32（b）所示，TREAD：2POLYESTER+2STEEL+1NYLON，即指此轮胎由两层纤维帘布和两层钢丝及一层尼龙制成。SIDEWALL：2POLYESTER 表明胎侧由两层纤维帘线制成。

13）磨损标记

轮胎磨损标记（英文 TWI = Tire Wear Indicator）是表明轮胎胎面磨损已到极限的标志。它位于胎面花纹沟的底部，稍稍高于沟底 1.6 mm 的凸台，如图 6-33（a）所示。

14）滚动方向标记

轮胎上的花纹对行驶中的排水、防滑特别关键，所以花纹不对称的越野车轮胎常用箭头标志装配滚动方向［图 6-33（b）］，以保证设计的附着力、防滑等性能。如果装错，则适得其反。

15）轮胎品牌

轮胎品牌的商标是轮胎生产厂家的标志，包括商标文字及图案，如图 6-34 所示。

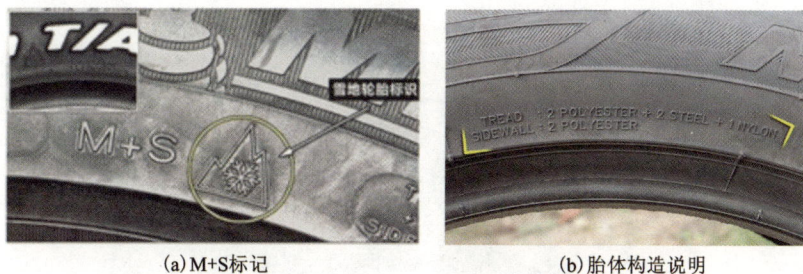

| (a)M+S标记 | (b)胎体构造说明 |

图 6-32 轮胎 M+S 标记和胎体构造标记

| (a)磨损标记 | (b)滚动方向标记 |

图 6-33 轮胎磨损标记和滚动方向标记

图 6-34 常见轮胎品牌

16)平衡标记

新轮胎胎侧空心黄点是轮胎的轻点,表明轮胎静平衡最轻点,安装时与车轮上气门嘴对齐,如图 6-35 所示。胎侧实心红点是轮胎纵向刚性最大的位置,是轮胎在转动一圈时振动最大的点,振动值过大时轮胎会产生振动,安装轮胎时,注意同轴上两轮胎的红点都在同一侧,以相互抵消。

图 6-35　轮胎的平衡标记

5. 轮胎的花纹

汽车依靠轮胎支承在路面上，而直接与路面接触的却是轮胎花纹。轮胎不仅承载、滚动，而且通过其花纹块与路面产生的摩擦力，成为汽车驱动、制动和转向的动力之源。

1）轮胎花纹的作用

轮胎花纹的主要作用就是增加胎面与路面间的摩擦力，以防车轮打滑，这与鞋底花纹的作用如出一辙。轮胎花纹提高了胎面接地弹性，在胎面和路面间切向力（如驱动力、制动力和横向力）的作用下，花纹块能产生较大的切向弹性变形。切向力增加，切向变形随之增大，接触面的"摩擦作用"也就随之增强，进而抑制了胎面与路面打滑或打滑趋势。这在很大程度上消除了无花纹（光胎面）轮胎易打滑的弊病，使得与轮胎和路面间摩擦性能有关的汽车性能——动力性、制动性、转向操纵性和行驶安全性的正常发挥有了可靠的保障。

2）轮胎花纹形式

按功能分轮胎花纹形式分为普通花纹、越野花纹和混合花纹，如图 6-36 所示。

图 6-36　轮胎花纹的种类

（1）普通花纹。

普通花纹适合于在硬路面上使用。它分为纵向花纹、横向花纹和纵横兼有花纹。

纵向花纹的共同特点是胎面纵向连续，横向断开，因而胎面纵向刚度大，而横向刚度小，轮胎抗滑能力呈现出横强而纵弱。这种花纹轮胎的滚动阻力较小，散热性能好，但花纹沟槽易嵌入碎石子儿。综合起来看，这种形式花纹适合在比较清洁、良好的硬路面上行驶。

横向花纹的共同特点是胎面横向连续，纵向断开，因而胎面横向刚度大，而纵向刚度小。故轮胎抗滑能力呈现出纵强而横弱，汽车以较高速度转向时，容易侧滑；轮胎滚动阻力也比较大，胎面磨损比较严重。这种形式花纹适合于在一般硬路面上、牵引力比较大的中型或重型货车使用。

纵横兼有花纹，这种花纹介于纵向花纹和横向花纹之间。在胎面中部一般具有曲折形的纵向花纹，而在接近胎肩的两边则制有横向花纹，从而胎面的纵横抗滑能力比较好。因此这种形式花纹的轮胎适应能力强，应用广泛，既适用于不同的硬路面，也适宜于轿车和货车。

（2）越野花纹。

越野花纹的共同特点是花纹沟槽宽而深，花纹块接地面积比较小（40%～60%）。在松软路面上行驶时，一部分土壤将嵌入花纹沟槽之中，必须将嵌入花纹沟槽的这一部分土壤剪切之后，轮胎才有可能出现打滑，因此，越野花纹的抓着力大。在泥泞路上，同一车型的车辆使用越野花纹轮胎的牵引力可达普通花纹的1.5倍。

越野花纹分为无向和有向花纹两种。有向花纹使用时具有方向性。越野花纹轮胎适合于在崎岖不平的道路、松软土路和无路地区使用。由于花纹块的接触压力大，滚动阻力大，故不适合在良好硬路面上长时间行驶，否则，将加重轮胎磨损，增加燃油消耗，行驶振动也比较厉害。

（3）混合花纹。

混合花纹是普通花纹和越野花纹之间的一种过渡性花纹。其特点是胎面中部具有方向各异或以纵向为主的窄花纹沟槽，而在两侧则以方向各异或以横向为主的宽花纹沟槽。这样的花纹搭配使混合花纹的综合性能好，适应能力强。它既适应于良好的硬路面，也适应于碎石路面、雪泥路面和松软路面，附着性能优于普通花纹，但耐磨性能稍逊。目前，一些货车和四轮驱动的乘用车多使用这种形式的花纹轮胎。

按轮胎性能分，轮胎花纹分为单向花纹和双向花纹，对称花纹和不对称花纹。

（1）单向花纹和双向花纹。

单向花纹是花纹沟之间都相互连接，呈独立的花纹块结构。它有卓越的制动性能，极佳的排水性能，雨天优秀的稳定性能，适合于高速行驶。但是轮胎的安装位置必须要与行驶方向相同。适用于高速轿车使用。

双向轮胎花纹设计为对称性，轮胎可随意换位。用于普通汽车使用。

（2）对称花纹和不对称花纹。

对称花纹轮胎两侧的花纹相同或者相似，对减少轮胎滚动阻力或多或少有影响，省油是它的优点之一，因此经济耐磨型轮胎都采用这种设计。对称花纹的静音舒适会比其他的花纹结构好。但是轿车的对称花纹轮胎设计得比较碎小，抓地力较小，运动性能较弱。

不对称花纹的胎面左右两侧花纹形状不同。由于其增大了转弯时外侧花纹的着地压力，极大地提高了高速转弯性能，并补足了外侧花纹的耐磨性能。但是必须注意轮胎的正确安装方向。比较适用于竞技用车及高性能车辆。

3）轮胎花纹的深度

花纹愈深，则花纹块接地弹性变形量愈大，由轮胎弹性迟滞损失形成的滚动阻力也将随之增加。较深的花纹不利于轮胎散热，使胎温上升加快，花纹根部因受力严重而易撕裂、脱落等。花纹过浅不仅影响其贮水、排水能力，容易产生有害的"滑水现象"，而且使光胎面轮胎易打滑的弊端凸现出来，从而使汽车行驶性能变坏。

因此，花纹过深过浅都不好。客观规律是使用中花纹将越变越小。为了确保花纹作用的有效性，世界各国都对轮胎花纹磨损极限制定了明确的法规。并在轮胎胎肩沿圆周的若干等分处模刻轮胎磨耗极限警报标记"△"或英文标记"TWI"。当花纹块凸面磨损距离到花纹沟槽底部约 1.6mm（1/16 英寸）时，标记处的花纹已被磨平，故显露出窄横条状的光胎面，借此警示驾驶员，该轮胎必须更换了。轮胎花纹深度的测量如图 6-37 所示。

图 6-37　轮胎花纹深度的测量

6.5　车轮的一般操作

6.5.1　车轮的拆装与检测

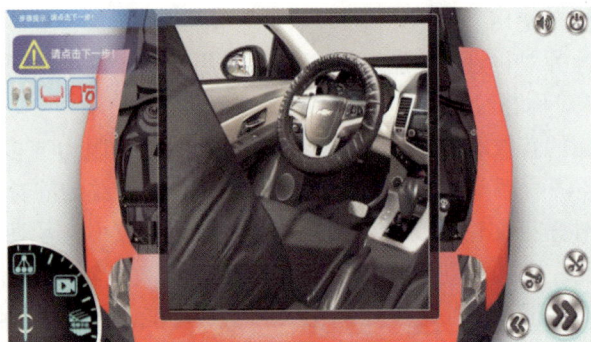

（1）降下驾驶员侧车窗玻璃；做好车内、外防护（图 6-38）；目视检查轮辋表面有无划痕。

图 6-38　做好车内、外防护

（2）轮胎螺栓泄力。采用顶部优先、对角泄力法（图6-39）。

图6-39　轮胎螺栓泄力

（3）举升车辆；将轮胎的固定螺栓做好标记（图6-40）。

图6-40　举升车辆

（4）对角将轮胎螺栓拧下；拆下轮胎（切勿将有标志的一面放在地上）；轮胎表面的目测检查：有无划痕、非正常磨损、异物等（图6-41）。

图6-41　拆下轮胎

（5）轮胎气压的检查：用气压表测量轮胎气压，判断是否正常（图6-42）。

图6-42　轮胎气压的检查

（6）轮胎花纹深度的检查：每条沟槽每隔120°测一个值，取最小值（图6-43）。

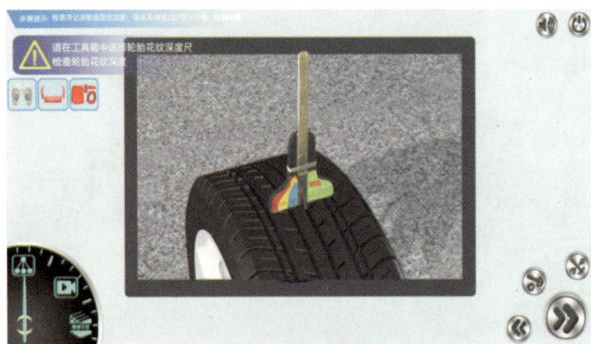

图6-43　轮胎花纹深度的检查

（7）轮胎密封性的检查，包括：轮胎与轮辋内外接触面、气门嘴、轮胎表面等（图6-44）。

图6-44　轮胎密封性的检查

（8）安装车轮，并旋上轮胎螺栓；降下车辆，使车辆处于半离地状态；用扭力扳手拧紧轮胎螺栓，拧紧扭矩为120 N·m（图6-45）；完全降下车辆。

图6-45　用扭力扳手拧紧轮胎螺栓

6.5.2　扒胎的操作与检测

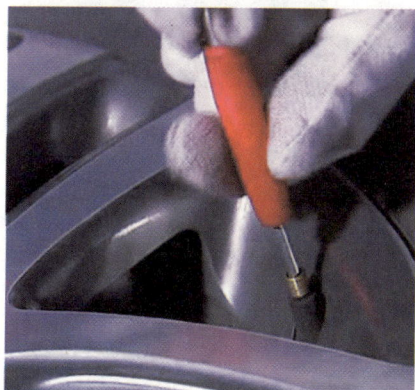

（1）取下轮胎气门嘴防尘帽；使用气门钥匙拆下气门芯（给轮胎放气，注意不要面朝气门芯）（图6-46）。

（2）将轮胎放于胎口分离处（图6-47）。

图6-46　拆下气门芯

图6-47　将轮胎放于胎口分离处

（3）使用胎口分离压板抵住胎口（轮胎和轮辋的接触位置）；操作分离压板启动开关，分离轮胎胎口与轮辋（直到胎口与轮辋彻底分离）（图6-48）。

（4）再分离另外一侧（图6-49）。

（5）将分离好的轮胎置于拆装机卡盘上；踩下拆装机卡爪伸缩踏板，将轮辋安装固定（图6-50）。

图 6-48 分离轮胎胎口与轮辋

图 6-49 分离另外一侧

(6)操作拆装机卡盘，旋转至合适位置(以防止轮胎拆卸过程中，气门嘴与拆装头间发生干涉)；移动拆装头至轮辋上沿约 1 cm 处；固定拆装头锁销；调整拆装头与轮辋侧面间隙调整旋钮，使拆装头与轮辋侧面间隙约为 1 cm(图 6-51)。

图 6-50 将轮辋安装固定

图 6-51 操作拆装机卡盘及调整拆装头

(7)使用撬板将轮胎上层胎口撬至拆装头上(图 6-52)。

(8)操作拆装机卡盘旋转，拆下轮胎上层胎口(图 6-53)。

图 6-52 使用撬板将轮胎上层胎口撬至拆装头上

图 6-53 操作拆装机卡盘旋转，拆下轮胎上层胎口

（9）再次使用撬板，将轮胎下层胎口撬至拆装头上（图6-54）。

（10）操作拆装机卡盘旋转，拆下轮胎下层胎口；使轮胎与轮辋完全分离；打开拆装头锁销，移开拆装头，取下轮胎（图6-55）。

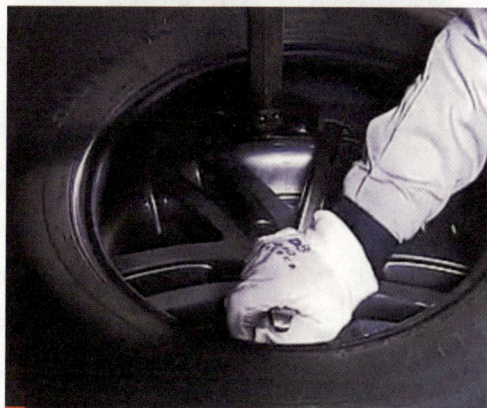

图6-54　将轮胎下层胎口撬至拆装头上

图6-55　移开拆装头，取下轮胎

（11）安装新轮胎；在轮胎两侧的胎口上涂抹润滑液（以便新轮胎更好地嵌入轮辋）（图6-56）。

（12）将轮胎下层胎口倾斜压入轮辋；移回拆装头至轮辋边缘，将下层胎口置于拆装头上（图6-57）。

图6-56　在轮胎两侧的胎口上涂抹润滑液

图6-57　将轮胎下层胎口倾斜压入轮辋

（13）操作拆装机卡盘旋转的同时，扶住轮胎上层（以便下层胎口进入轮辋）；将轮胎上层边缘置于拆装头上；操作拆装机卡盘旋转的同时，按住轮胎上层（以便上层胎口进入轮辋）（图6-58）。

（14）轮胎安全安装到轮辋上后，移动拆装头；用拆装机上的气压表给轮胎充气至2.5bar（数据仅做参考）（图6-59）。

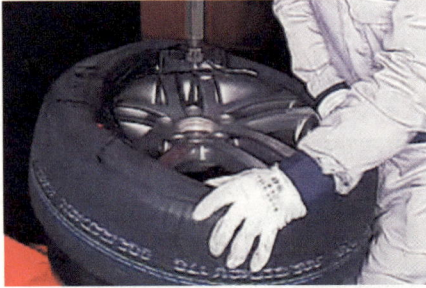

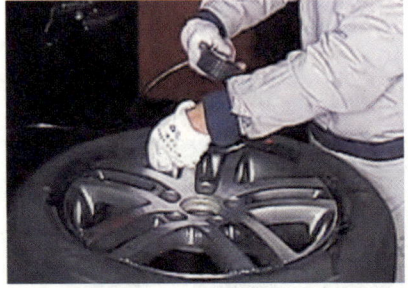

图 6-58　操作拆装机卡盘旋转的同时，按住轮胎上层

图 6-59　用拆装机上的气压表给轮胎充气至 2.5bar

（15）将轮胎胎口与轮辋完全贴合；安装轮胎气门芯，调整轮胎气压至标准值；检查轮胎与轮辋内、外两侧的接触面和气门嘴处是否有泄漏现象；安装轮胎气门嘴防尘帽（图 6-60）。

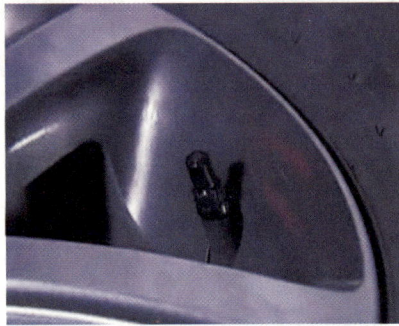

图 6-60　安装轮胎气门嘴防尘帽

6.5.3　车轮动平衡的检测

（1）使用拆卸钳将原有的平衡块拆除；清洁轮毂内部（图 6-61）。

（2）目测轮胎表面有无划痕、非正常磨损、异物等；用气压表测量轮胎气压是否正常；取下轮辋中心的车标；将轮胎置入轮胎动平衡机的旋转轴上；安装锥形环至平衡机旋转轴上（图 6-62）。

车轮动平衡的检测

图 6-61　使用拆卸钳将原有的平衡块拆除

图 6-62　将轮胎置入轮胎动平衡机的旋转轴上

（3）用快速拆装把手锁紧（图6-63）。

（4）旋转车轮检查是否装正；测量轮毂内侧与平衡机之间的距离，并在仪器上输入数值（图6-64）。

图6-63 用快速拆装把手锁紧

图6-64 测量轮毂内侧与平衡机之间的距离

（5）测量轮毂宽度，并在仪器上输入数值（图6-65）。

（6）找到轮胎内径值，并在仪器上输入数值（图6-66）。

图6-65 测量轮毂宽度

图6-66 找到轮胎内径值

（7）选择平衡块粘贴模式；将防护罩盖上，启动轮胎动平衡机（图6-67）。

（8）停止后，根据动平衡机上指示灯提示，旋转轮胎至不平衡位置（图6-68）。

（9）清洁轮毂内侧，安装平衡块（图6-69）。

（10）将防护罩盖上，再次启动平衡机（图6-70）；停止后，通过仪器检查不平衡值是否在正常范围内；将轮胎拆下，并安装好轮毂中心的车标。

图 6-67　选择平衡块粘贴模式

图 6-68　旋转轮胎至不平衡位置

图 6-69　清洁轮毂内侧，安装平衡块

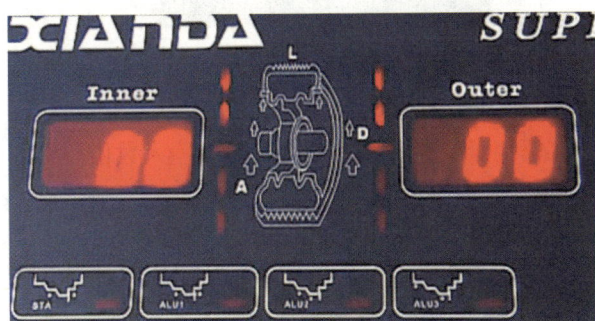

图 6-70　将防护罩盖上，再次启动平衡机

6.5.4　四轮定位的检测

（1）检查轮胎气压是否正常，将车辆放置水平；安装夹具，挂好安全钩；安装并调整靶板（图 6-71）。

四轮定位的检测

前轮靶板

图 6-71　安装夹具及靶板

(2)举升车辆；选择车辆型号；根据车主需求选择检测模式(图6-72)。

制造厂	北京奔驰				
车型	c300(W205)			钢圈	18
前轮	角度		最小		最大
	总前束		0		0.35
	外倾角		-1.07		-0.07
	主销后倾		9.87		11.70
	主销内倾		0		0
	退缩角		-0.60		0.60
后轮	角度		最小		最大
	总前束		0.05		0.35
	外倾角		-2.37		-0.63
	推力角		-0.25		0.25
	退缩角		-0.60		0.60

图6-72 根据车主需求选择检测模式

(3)根据四轮定位仪的指示拉动车辆进行滚动测量(图6-73)。

图6-73 根据四轮定位仪的指示拉动车辆进行滚动测量

(4)踩住脚制动,根据四轮定位仪的指示灯指示转动转向盘,进行转向测量(图6-74)。

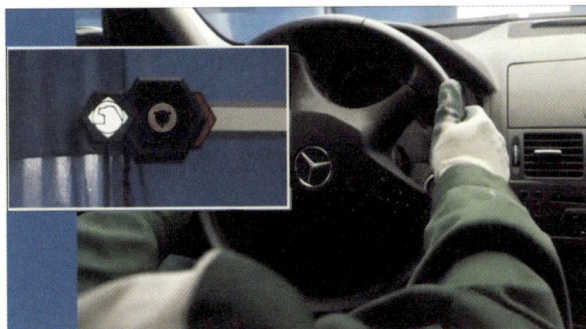

图 6-74　进行转向测量

（5）根据四轮定位仪的指示，对应调整拉杆，直至屏幕数据都显示绿色；降下车辆，完成四轮定位（图 6-75）。

图 6-75　降下车辆，完成四轮定位

单元练习

一、选择题

1. 外胎结构中起承受负荷作用的是（　　　）。

A. 胎面　　　　　　　　　　　　　　B. 胎圈

C. 帘布层　　　　　　　　　　　　　D. 缓冲层

2. 转向轮围绕（　　　）摆动。

A. 转向节　　　　　　　　　　　　　B. 转向节轴

C. 主销　　　　　　　　　　　　　　D. 前轴

3. 越野汽车的前桥属于（　　　）。

A. 转向桥　　　　　　　　　　　　　B. 转向驱动桥

C. 驱动桥　　　　　　　　　　　　　D. 支持桥

4. 转向轮定位中, 使转向轮自动回正且转向轻便是靠( )。

A. 主销后倾　　　　　　　　　　B. 主销内倾

C. 前轮外倾　　　　　　　　　　D. 前轮前束

5. 采用非独立悬架的汽车, 其车桥一般是( )。

A. 断开式　　　　　　　　　　　B. 整体式

C. A、B 均可　　　　　　　　　　D. 与 A、B 无关

二、判断题

1. 对开式轮辋主要用于载重量较大的重型货车和大型客车。( )

2. 现在汽车一般采用高压胎。( )

3. 越野汽车轮胎的气压比一般汽车的高。( )

4. 无内胎轮胎一旦被刺破, 穿孔不会扩大, 漏气较慢, 仍能继续行驶一定距离, 可消除爆胎的危险。( )

5. 子午线轮胎的旋转方向应始终不变。若反向旋转, 会因钢丝帘线反向变形产生振动, 汽车平顺性变差。( )

7　悬架

学习目标

● 了解悬架系统的组成与功用。
● 掌握悬架系统的构造与种类。
● 了解弹性元件的类型与特点。
● 掌握减震器的组成和工作过程。
● 掌握前后轮定位的定义和功用。

7.1　概述

悬架是承载式车身与车轮之间的所有传力连接部件的总称。它使得车身与车轮之间的连接具有弹性，以吸收路面的冲击和震动，保证驾驶平稳，转向精确，并防止轮胎异常磨损。

1. 悬架的组成

汽车有前悬架和后悬架，它们的结构形式很多，但基本结构是相似的。悬架系统主要由弹性元件、减震器、导向机构（或传力机构：包括前后定位臂、上下控制臂）组成，大多数轿车的悬架系统中设计有横向稳定杆，以防止车身发生过大侧倾，如图 7-1 所示。

2. 悬架的功用

（1）传力：把路面作用于车轮上的垂直反力（支承力）、纵向反力（牵引力和制动力）和侧向力以及这些反力所造成的力矩都传递到车架或承载式车身上，以保证汽车正常行驶。

（2）减震：与轮胎共同作用，缓冲来自车轮的震动，使车辆舒适、平稳行驶，从而保障乘客和货物的安全，并提高驾驶稳定性。

（3）定位：保持车身与车轮之间适当的几何关系。在各种道路条件下，保持车辆行驶方向的可操作性。在装载变化、车速及行驶转弯等情况下，使车轮与轴线保持正确配合，保证车辆的稳定性。

3. 悬架的种类

汽车悬架性能影响汽车行驶的平顺性和操纵稳定性，但这两个方面是相互排斥的，往往不能同时满足。若降低弹簧的刚度，则车体加速度减小使平顺性变好，但同时会导致车体位移的增加，由此产生车体重心的变动将引起轮胎负荷变化的增加，对操纵稳定性产生不良影响；另一方面，增加弹簧刚度会提高操纵稳定性，但硬的弹簧将导致汽车对路面不平度很敏

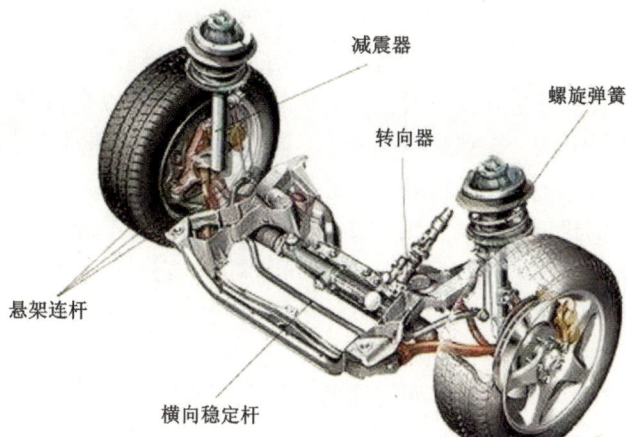

图7-1　悬架的组成

感，使平顺性降低。正是由于这些原因，为满足不同的用户需求汽车悬架的结构分类形式也多种多样。

（1）按悬架结构不同可分为非独立悬架和独立悬架，如图7-2所示。

非独立悬架两侧车轮通过整体式车桥相连，车桥通过悬架与车架或车身相连。如果行驶中路面不平，一侧车轮跳动，整体式车桥将迫使另一侧车轮在汽车横向平面内产生摆动。因此，非独立悬架的乘坐舒适性不高，轿车很少采用。由于使用了整体式车桥，非独立悬架的承载质量较大，主要应用于货车。

独立悬架结构

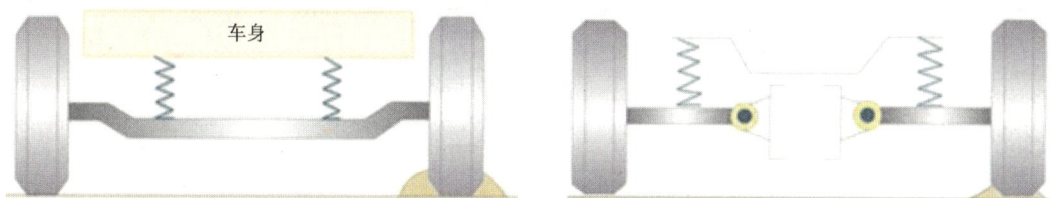

(a)非独立悬架　　　　　　　　(b)独立悬架

图7-2　悬架的类型

非独立悬架的优点是左右轮在弹跳时会相互牵连，轮胎角度的变化量小使轮胎的磨耗小；在车身高度降低时还不容易改变车轮的角度，使操控的感觉保持一致；构造简单，制造成本低，容易维修；占用的空间较小，可降低车底板的高度。缺点是左右轮在弹跳时，会相互牵连，而降低乘坐的舒适性及操控的安定性；因构造简单使设计的自由度小，操控的安定性较差。

独立悬架的车桥是断开的，每一侧车轮通过悬架单独与车架（或车身）相连，且可以独立跳动。因此，独立悬架的乘坐舒适性较高，被现代轿车广泛采用，尤其是前悬架。常见的独立悬架有麦弗逊式、双叉臂式和多连杆式。

独立悬架的优点是在不平道路上行驶时车架和车身的震动小，而且有助于消除转向轮不断偏摆的不良现象；减少了汽车的非簧载质量，则悬架所受到的冲击载荷也减小，可以提高汽车的平均行驶速度；采用断开式车桥，发动机总成的位置可以降低和前移，使汽车重心下降，提高了汽车行驶稳定性。缺点是结构复杂，制造成本高，维修不便，轮胎磨损较严重。

（2）按悬架控制力可分为被动悬架、半主动悬架和主动悬架。

被动悬架是传统的机械结构，它结构简单、性能可靠，成本低且不需额外能量，因而应用最为广泛。但是被动悬架的刚度和阻尼都是不可调的，它只能保证在特定的情况下达到最优减震效果，难以适应不同的道路和使用状况；同时利用被动悬架还难以同时获得良好的乘坐舒适性和操纵稳定性，在实际使用中很难满足高的行驶要求。

半主动悬架[图7-3(a)]是由可变特性的弹簧和减震器组成的悬架系统，它不能随外界的输入进行最优控制和调节，但它可按存储在计算机内部的各种条件下弹簧和减震器的优化参数指令来调节弹簧的刚度和减震器的阻尼状态。半主动悬架没有一个动力源为悬架系统提供连续的能量输入，所以在半主动悬架系统中改变弹簧刚度要比改变阻尼状态难得多，因此在半主动悬架系统中以可变阻尼悬架系统最为常见。

主动悬架[图7-3(b)]可以控制悬架系统的刚度、调节减震器的阻尼力大小，甚至可以调整车身高度，它能随外界的输入进行最优控制和调节。主动悬架通常包括伺服驱动器、电液伺服液压缸、加速度传感器、ECU控制器等。当汽车载荷、行驶速度、路面状况等行驶条件发生变化时，主动悬架系统能自动调整悬架刚度，从而同时满足汽车的行驶平顺性、操纵稳定性等各方面的要求。

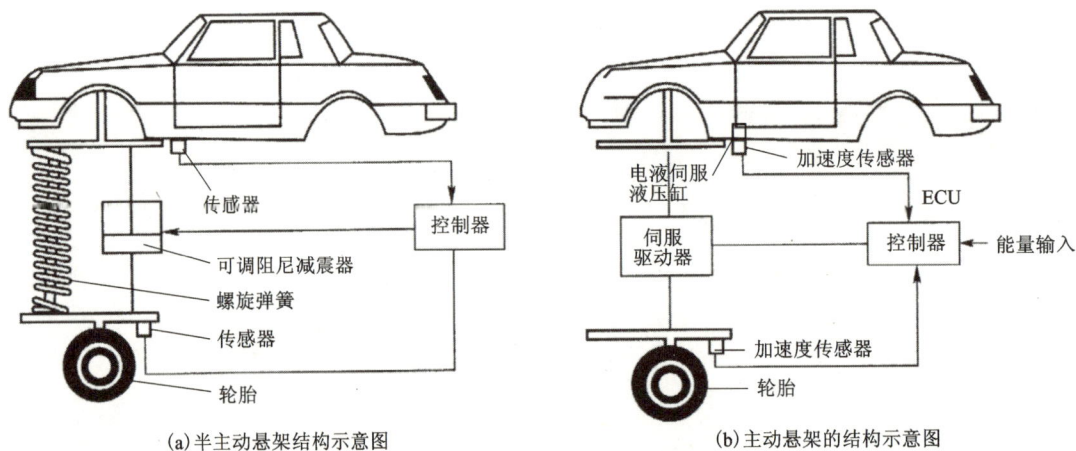

(a)半主动悬架结构示意图　　　　(b)主动悬架的结构示意图

图7-3　半主动悬架与主动悬架的结构示意图

主动悬架的优点除了满足汽车的行驶平顺性、操纵稳定性外，汽车的通过性也得以提高。汽车载荷发生变化时，主动悬架系统能自动维持车身高度不变；主动悬架可使车轮与地面保持良好接触，即车轮跳离地面的倾向减小，保持与地面垂直，因而可提高车轮与地面间的附着力，使车轮与地面间相对滑动的倾向减小，汽车抗侧滑的能力得以提高；轮胎的磨损也得以减轻；转向时车速可以提高，同时保证汽车转向时的操纵稳定性。主要缺点是成本较高，液压装置噪声较大，功率消耗较大。

（3）按悬架的控制方式分为机械控制悬架、电子控制悬架。

机械控制悬架系统的特点是结构简单、成本低，但是机械控制悬架系统存在着控制功能少、控制精度低、不能适应多种使用工况等问题。而电子控制悬架系统可以根据不同的路面条件、不同的簧载质量、不同的行驶速度等，来控制悬架系统的刚度、调节减震器的阻尼力大小，甚至可以调整车身高度，从而使车辆的平顺性和操纵稳定性在各种行驶条件下达到最佳的组合，此悬架系统简称电子控制悬架系统。

电子控制悬架又分为电子控制主动式空气弹簧悬架和电子控制主动式油气弹簧悬架。

7.2 非独立悬架的种类

1. 钢板弹簧式非独立悬架

钢板弹簧式非独立悬架如图 7-4（a）所示。钢板弹簧被用作非独立悬架的弹性元件，由于它兼起导向机构的作用，使得悬架系统大为简化。这种悬架广泛用于货车的前、后悬架中。它中部用 U 形螺栓将钢板弹簧固定在车桥上。悬架前端为固定铰链，也叫死吊耳。它由钢板弹簧销钉将钢板弹簧前端卷耳部与钢板弹簧前支架连接在一起，前端卷耳孔中为减少磨损装有衬套。后端卷耳通过钢板弹簧吊耳销与后端吊耳与吊耳架相连，后端可以自由摆动，形成活动吊耳。当车架受到冲击弹簧变形时两卷耳之间的距离有变化的可能。

对于前后均为此类悬架的汽车，为了加速震动的衰减，改善驾驶员的乘坐舒适性，一般会在前悬架上安装减震器，而后悬架则不一定会有减震器。

2. 主副簧式钢板弹簧非独立悬架

主副簧式钢板弹簧非独立悬架如图 7-4 所示。货车后悬架所受到的载荷因汽车实际装载量的不同变化范围很大，为了保持车身固有频率变化很小，悬架的刚度应是可变的，为了实现此功能，一般措施是在后悬架中加装副簧。

载荷不大时，只有主簧工作，当载荷继续增大，直至副簧与支座接触时，两弹簧同时起作用，使悬架的总刚度变大，以保证固有频率，但这种悬架在副簧起作用的瞬间，悬架刚度突然增加，对汽车平顺性不利。

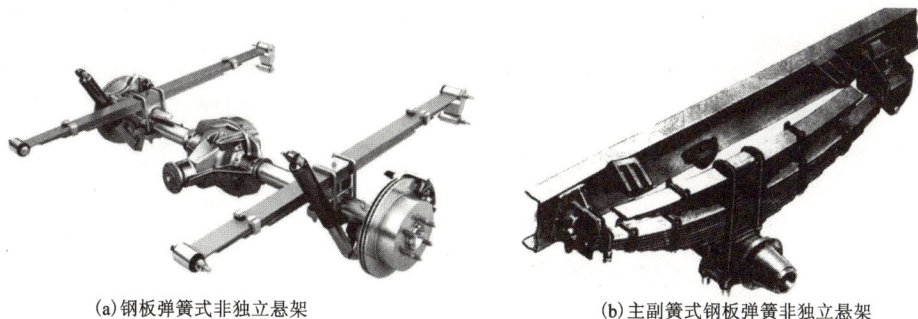

(a) 钢板弹簧式非独立悬架　　(b) 主副簧式钢板弹簧非独立悬架

图 7-4　钢板弹簧非独立悬架

3. 螺旋弹簧非独立悬架

螺旋弹簧非独立悬架如图 7-5 所示。因为螺旋弹簧作为弹性元件，只能承受垂直载荷，所以其悬架系统要加设导向机构和减震器，一般只用作轿车的后悬架。

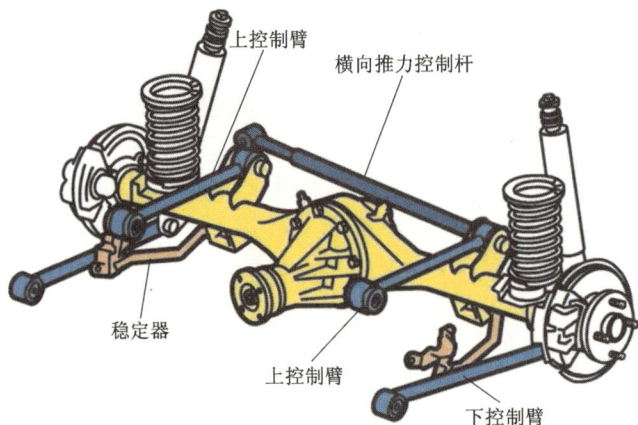

图 7-5　螺旋弹簧非独立悬架

4. 空气弹簧非独立悬架

汽车在行驶时由于载荷和路面的变化，要求悬架刚度也随之变化。当空车时车身被抬高，满载时车身则被压得很低，会出现撞击缓冲块的情况，因而对于不同类型汽车提出不同的要求。矿山及大型客车要求其空车与满载时的车身高度变化不大；对于轿车要求在好路上降低车身高度，提高车速行驶，在坏路上提高车身，增大通过能力。

空气弹簧非独立悬架如图 7-6(a)所示，其可以实现车身高度的自动调节，一般通过随着载荷的不同而改变空气弹簧内空气压力的方法可以达到此目的。

5. 油气弹簧非独立悬架

油气弹簧非独立悬架如图 7-6(b)所示。相对其他弹簧而言，油气弹簧具有体积小、质量轻、承载能力强、容易实现车身高度调节并兼有阻尼减震和自润滑等特点。与传统的被动悬架相比，基本功用是相同的，只是它使用液压传动控制技术，形成与传统的被动悬架所不同的控制。

(a)空气弹簧非独立悬架　　　　(b)油气弹簧非独立悬架

图 7-6　空气弹簧和油气弹簧非独立悬架

油气弹簧悬架的优点是具有非线性变刚度特性、非线性阻尼特性，易于实现车身高度调节；油气弹簧的单位储能比其他弹簧大，因减震器置于悬架缸内，故不需制造专用减震器；拥有刚性闭锁，可使车辆承受较大负荷。

油气弹簧悬架集众多优点于一身，相应的缺点是制造维护成本高，需要配置额外控制装置来进行控制。

7.3 独立悬架的种类

1. 麦弗逊式独立悬架

麦弗逊式独立悬架是由美国的汽车工程师麦弗逊在 20 世纪 40 年代后期开发的，并于 1953 年申请了专利，这种悬架形式的结构简单，占用空间小，操纵性很好，是目前最常用的悬架，特别是前悬架。

麦弗逊式独立悬架主要由麦弗逊滑柱、下控制臂及横向稳定杆等组成，如图 7-7 所示。麦弗逊滑柱包括螺旋弹簧、减震器、滑柱支座、隔震垫、防尘罩等部件。减震器位于螺旋弹簧的中间，但它们的中心线不重合，隔震垫集成了压力轴承，以便减震器活塞在转向时能够旋转。滑柱的上部通过安装支架固定在车身上（翼子板），下部连接转向节。下控制臂内端采用铰链连接在车身或车架上，外端通过球节连接转向节，它可以上下摆动。转向时，车轮以滑柱压力轴承中心和下控制臂球节中心的连线作为主销轴线转动。由于下摆臂可以上下摆动，因此主销轴线和轮距都是变化的。

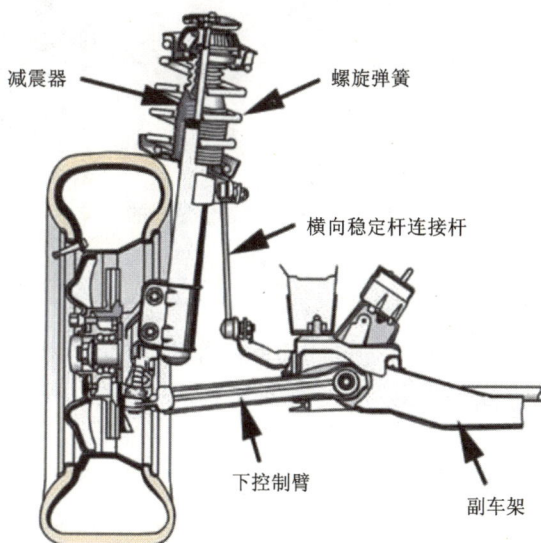

减震器　螺旋弹簧

横向稳定杆连接杆

下控制臂　副车架

图 7-7 麦弗逊式独立悬架

麦弗逊式独立悬架具有结构简单、成本低、两侧车轮内侧空间大，便于发动机布置的优点。但也有抵抗车身俯仰和侧倾能力一般，高速转向时横向稳定性不好的缺点。适用中低级轿车的前悬架。

2. 双叉臂式独立悬架

双叉臂式独立悬架也叫作双 A 字臂悬架或者双摇臂悬架，属于双横臂悬架中的一种。双叉臂式独立悬架拥有上下两个叉臂，横向力由两个叉臂同时吸收，支柱只承载车身重量，因此横向刚度大。双叉臂式独立悬架的上下两个 A 字形叉臂可以精确地定位前轮的各种参数，前轮转弯时，上下两个叉臂能同时吸收轮胎所受的横向力，加上两叉臂的横向刚度较大，所以转弯的侧倾较小。

双叉臂式独立悬架是由两根长短不等的 A 字臂和充当支柱的减震器所组成的，如图 7-8 所示。上下两根 A 字臂分别通过球铰与车轮上的转向节上下节臂相连，而串联的减震器和螺旋弹簧则充当了支柱和转向主销的角色，它的上端与副车架相连，下端则和下摆臂相连。上下 A 字臂负责吸收转向时的横向力，而支柱减震器只负责支撑车身重量和控制车轮上下跳动。而一般来说，双叉臂式独立悬架的上下 A 字臂的长度是不相等的(上短下长)，这样就让车轮在上下运动时能自动改变外倾角并且减小轮距变化减小轮胎磨损。

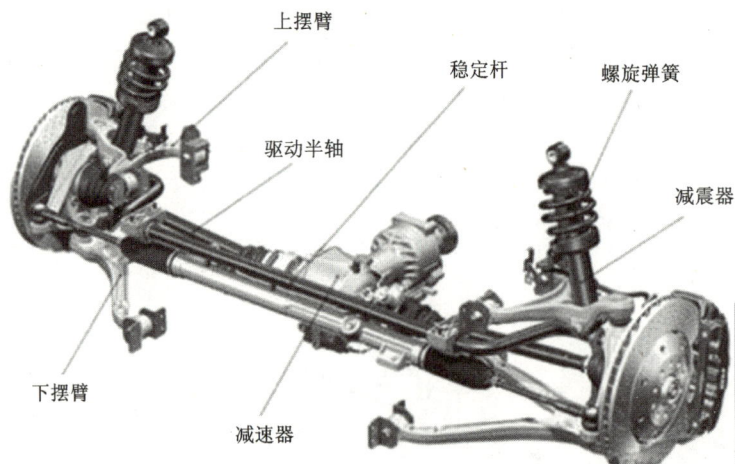

图 7-8　双叉臂式独立悬架的结构

从结构上讲，双叉臂独立悬架的上下两根 A 字臂拥有类似三角形的稳定结构，不仅拥有足够的抗扭强度，而且对横向力具有很好的导向作用。另外车轮的四个定位参数前轮外倾角、前轮前束量、主销内倾角和主销后倾角都是精确可调的，可以提升车辆操控性，如果使用在 SUV 上时，它也能够应付极限越野的路况下所带来的巨大冲击。

双叉臂式独立悬架的缺点是相对于麦弗逊式独立悬架其结构更复杂，占用空间较大，成本较高，因此并不适用于小型车前悬架。此外，定位参数的确定需要精确计算和调校，对于制造商的技术实力要求也比较高。

3. 多连杆式独立悬架

多连杆式独立悬架指由三根或三根以上连杆拉杆构成的悬挂结构，以提供多个方向的控制力，使车轮具有更加可靠的行驶轨迹，如图 7-9 所示。常见的有三连杆、四连杆、五连杆等。但由于三连杆结构已不能满足人们对于底盘操控性能的更高追求，因此出现了结构更为精确、定位更加准确的四连杆式和五连杆式独立悬架。这两种悬架结构通常应用于前轮和后轮。前悬架一般为三连杆或四连杆式独立悬架；后悬架则一般为四连杆或五连杆式后悬架系统。

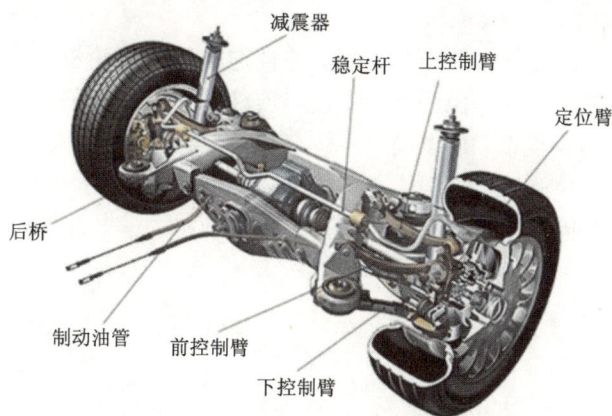

图7-9 多连杆式独立悬架的结构

在结构上以常见的五连杆式后悬挂为例，其五根连杆分别为：主控制臂、前置定位臂、后置定位臂、上控制臂和下控制臂，如图7-10所示。它们分别对各个方向产生作用力。比如，当车辆进行左转弯时，后车轮的位移方向正好与前转向轮相反，如果位移过大则会使车身失去稳定性，摇摆不定。此时，前后置定位臂的作用就开始显现，它们主要对后轮的前束角进行约束，使其在可控范围内；相反，由于后轮的前束角被约束在可控范围内，如果后轮外倾角过大则会使车辆的横向稳定性减小，所以在多连杆悬架中增加了对车轮上下进行约束的控制臂。一方面是更好地使车轮定位，另一方面则使悬架的可靠性和韧性进一步提高。

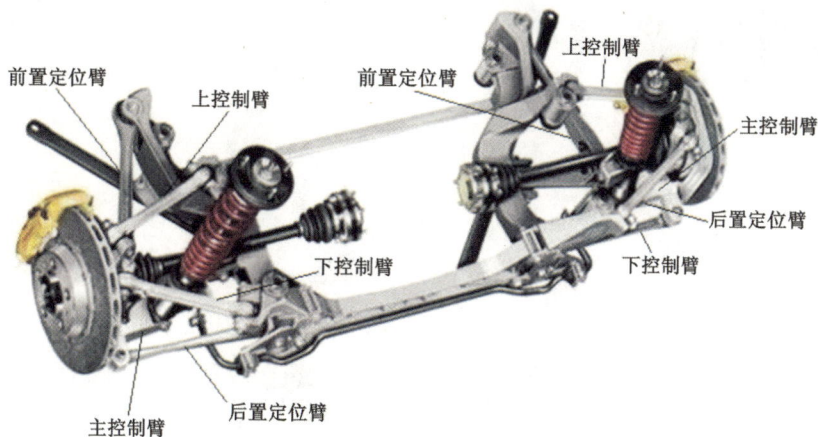

图7-10 多连杆式独立悬架的组成

多连杆悬挂结构能通过前后置定位臂和上下控制臂有效控制车轮的外倾角。当车轮驶过坑洼路面时，首先上下控制臂开始在可控范围内摆动，以及时准确地给予车轮足够的弹跳行程。如果路面继续不平，同时车辆的速度加快，此时前后置定位臂的作用就是把车轮始终固定在一个行程范围值内，同时液压减震器也会伴随上下控制臂的摆动吸收震动，而主控制臂的工作就是上下摆动配合上下控制臂使车轮保持自由弹跳，使车身始终处于相对平稳的状态。

正是因为多连杆悬架具备多根连杆支杆，并且连杆可对车轮进行多个方面作用力控制，在做车轮定位时可对车轮进行单独调整，并且多连杆悬架有很大的调校空间及改装可能性。不过多连杆悬挂由于结构复杂、成本高、零件多、组装费时，并且要达到非独立悬架的耐用度，始终需要保持连杆不变形、不移位，在材料使用和结构优化上也会很考究。所以多连杆悬架是以追求优异的操控性和行驶舒适性为主要诉求的，而并非适合所有情况。

7.4 悬架的元件

7.4.1 弹性元件

汽车悬架系统中的弹性元件使车身与车轮之间实现弹性连接，并支撑汽车的绝大部分质量，保持正确的车身高度，缓和汽车行驶中来自路面的冲击。由弹性元件支撑的质量称为簧载质量，如车身、动力装置等。汽车上有一部分质量不是弹性元件支撑的，如车轮、制动器、转向节等，它们属于非簧载质量。悬架系统的非簧载质量应尽可能小，否则会反制簧载质量，减慢轮胎对路面的反应能力，最终导致车辆操纵性变差、牵引力损失、零部件过早损耗等。悬架系统的弹性元件主要有钢板弹簧、螺旋弹簧、扭杆弹簧和气体弹簧等几种结构形式，如图 7-11 所示。

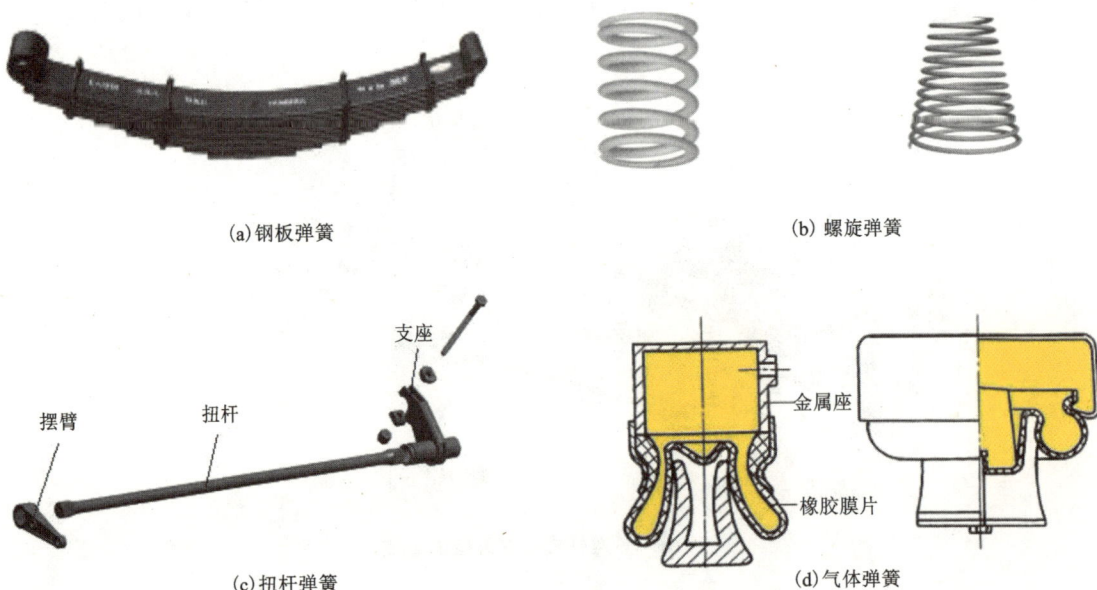

(a) 钢板弹簧

(b) 螺旋弹簧

(c) 扭杆弹簧

(d) 气体弹簧

图 7-11 悬架弹性元件的类型

1. 钢板弹簧

钢板弹簧将车桥连接到车架上，通常应用在轻型货车、运动型多功能汽车(SUV)上，它具有很好的负载承受能力，且强度好，能够控制车身的摇摆和阻止侧向运动。钢板弹簧可分为对称式和非对称式，如图 7-12 所示。

钢板弹簧又可分为单片式和多片式。单片式钢板弹簧是一片厚的弓形的弹簧钢板或复合材料制成的弹簧片，其两端弯成卷耳。多片式钢板弹簧由若干片等宽但不等长的弹簧钢板组合而成，相当于一根近似等强度的弹性梁。多片式钢板弹簧可以起到缓冲、减震、导向和传力的作用。

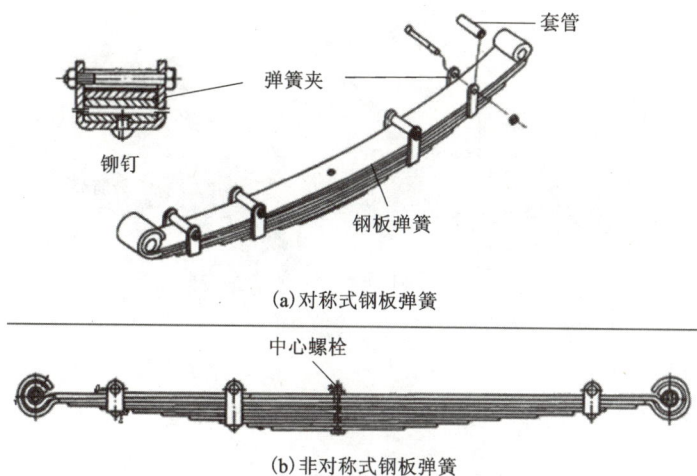

(a)对称式钢板弹簧

(b)非对称式钢板弹簧

图 7-12　钢板弹簧的结构

2. 螺旋弹簧

螺旋弹簧用弹簧钢棒卷制而成，通常用于各种独立悬架或半独立悬架，其特点是只能承受垂直载荷，没有减震和导向功能。使用螺旋弹簧的悬架系统必须有减震器和导向机构，减震器吸收震动能量，导向机构承受非垂直方向的力和力矩。螺旋弹簧通常安装在上、下控制臂之间，并允许控制臂和车轮上下运动。

螺旋弹簧具有以下优点：无须润滑，不忌泥污；安装所需的纵向空间不大；弹簧本身质量小等。螺旋弹簧的结构类型如图 7-13 所示。

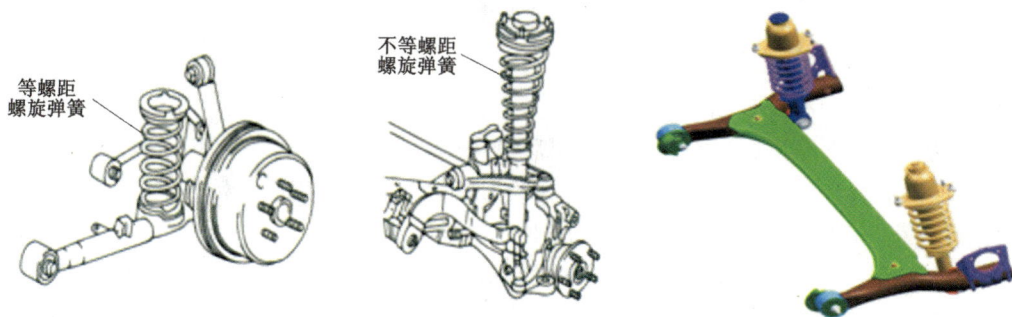

图 7-13　螺旋弹簧的结构类型

3. 扭杆弹簧

扭杆弹簧作为一种弹性元件,广泛地应用于轿车、货车及越野汽车的悬架中,如图7-14所示。与钢板弹簧相比,扭杆弹簧具有一系列优点:扭杆弹簧单位质量储存能量高,因而可以减小汽车质量,又可节省材料;又由于扭杆弹簧固定在车架上,减小了非簧载质量,有利于改善汽车行驶平顺性;当应用于前驱动汽车的前悬架时,扭杆弹簧可以纵向布置,为前驱动桥的摆动半轴留出空间。但扭杆弹簧制造成本相对较高,对材料及工艺要求较严。此外,扭杆弹簧仅能起到弹性元件的作用,必须要有导向机构。扭杆弹簧的布置形式如图7-15所示。

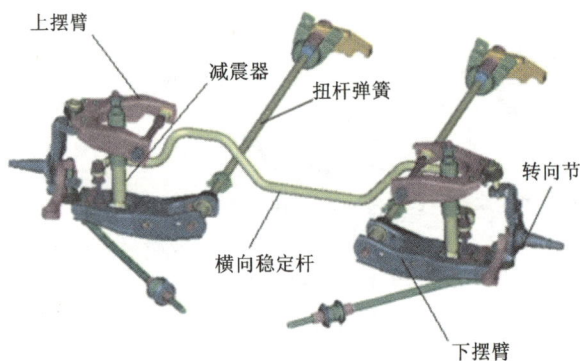

图7-14　前悬架扭杆弹簧的安装位置

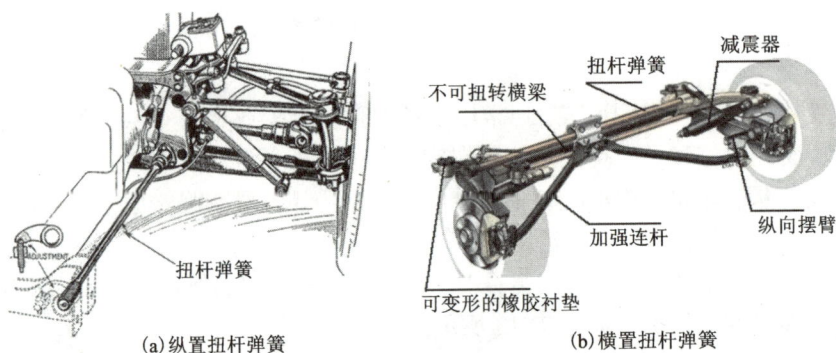

(a)纵置扭杆弹簧　　　　(b)横置扭杆弹簧

图7-15　扭杆弹簧的布置形式

扭杆弹簧由铬钒合金弹簧钢制成,其表面经过加工后会很光滑。使用中必须很好地保护扭杆弹簧表面,通常在扭杆弹簧表面涂一层环氧树脂,包一层玻璃纤维布,再涂一层环氧树脂,最后涂以沥青和防锈油漆,以防碰撞、刮伤和腐蚀,从而可提高扭杆弹簧的使用寿命。

扭杆弹簧一端与车架连接固定,另一端通过摆臂与车轮相连。当车轮遇到地面障碍物后向上跳动时,车轮会带动摆臂绕着扭杆弹簧轴线转动一定角度,使扭杆弹簧发生扭转变形(弹性变形)。同时扭杆弹簧扭转变形所储存的弹性变形能,会在车轮脱离障碍物时释放,使传力机构和车轮迅速回位。

制造扭杆弹簧时,会预先使扭杆弹簧产生一个永久的扭转变形,使其具有一定的预应力。对扭杆弹簧预加扭转的方向与扭杆弹簧安装在车上工作时扭转的方向相同，目的是减小工作时的实际应力，延长寿命。注意左右扭杆弹簧不能互换。

4. 气体弹簧

1）空气弹簧

空气弹簧是一种充满压缩空气的橡胶圆柱体密封容器。它利用气体的可压缩性实现弹簧作用，可用来代替螺旋弹簧。空气弹簧的刚度是可变的，因为作用在弹簧上的载荷增加时，容器内的定量气体受压缩，气压升高，则弹簧的刚度增大；反之，当载荷减小时，弹簧内的气压下降，刚度减小，它具有比较理想的变刚度特性。空气弹簧的种类如图7-16所示。

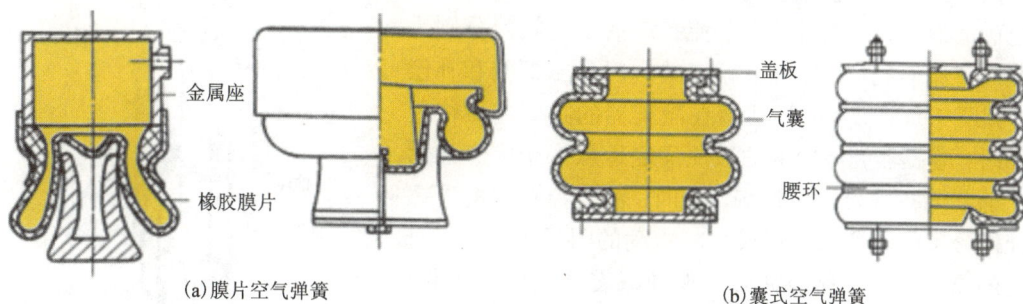

(a)膜片空气弹簧   (b)囊式空气弹簧

图 7-16 空气弹簧的种类

2）油气弹簧

油气弹簧可用于独立悬架也可用于非独立悬架，它以气体作为弹性介质，液体作为传力介质，不但具有良好的缓冲能力，还具有减震作用，同时还可调节车架的高度，适用于重型车辆和大客车使用。油气弹簧中的气体通常选择惰性气体氮气。油气弹簧的结构示意图如图7-17所示。

油气弹簧在密闭的容器中充入压缩气体和油液，利用气体的可压缩性实现弹簧作用的装置称油气弹簧。油气弹簧以惰性气体（氮气）作为弹性介质，用油液作为传力介质，一般是由气体弹簧和相当于液力减震器的液压缸所组成的。

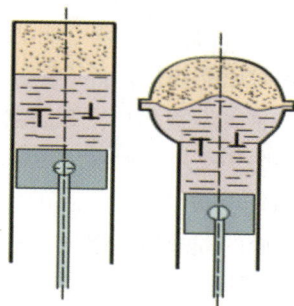

图 7-17 油气弹簧的结构示意图

7.4.2 减震器

1. 减震器的作用

悬架系统中的弹簧在受到冲击后，将会连续地伸张和收缩。减震器用于消耗冲击的能量，抑制弹簧的往复运动，改善汽车行驶的平顺性，提高乘坐的舒适性。减震器通常安装在车身和下控制臂之间，且与弹簧并联。

减震器与弹性元件承担着缓和冲击和减震的任务，阻尼力过大，将使悬架弹性变坏，甚至使减震器连接件损坏。因而要调节弹性元件和减震器这一矛盾。

（1）在压缩行程（车桥和车架相互靠近），减震器阻尼力较小，以便充分发挥弹性元件的弹性作用，缓和冲击。这时，弹性元件起主要作用。

（2）在悬架伸张行程中（车桥和车架相互远离），减震器阻尼力应大，迅速减震。

（3）当车桥（或车轮）与车架间的相对速度过大时，要求减震器能自动加大液流量，使阻尼力始终保持在一定限度之内，以避免承受过大的冲击载荷。

在汽车悬架系统中广泛采用的是筒式减震器，且在压缩和伸张行程中均能起减震作用（也叫双向作用式减震器）。还有的采用新式减震器，它包括充气式减震器和阻力可调式减震器。

2. 减震器的组成

液压式减震器被活塞分为上、下两腔室，两个腔室中充满油液，活塞上设计有节流孔。活塞上阀门分别为伸张阀和流通阀，与储油缸相连的阀门为压缩阀和补偿阀，如图 7-18 所示。当活塞在减震器的缸筒内做往复移动时，减震器壳体内的油液便反复地从一个腔室经活塞上的节流孔进入另一腔室。此时，液体与孔壁的摩擦及液体分子间的摩擦便形成衰减震动的阻尼力，使车身震动的能量转化为热能并被油液和减震器壳体所吸收，然后散发到大气中。减震器的阻尼力越大，震动消除得就越快，但会导致弹性元件的缓冲作用不能充分发挥；同时，过大的阻尼力还可能导致减震器相关零件损坏。

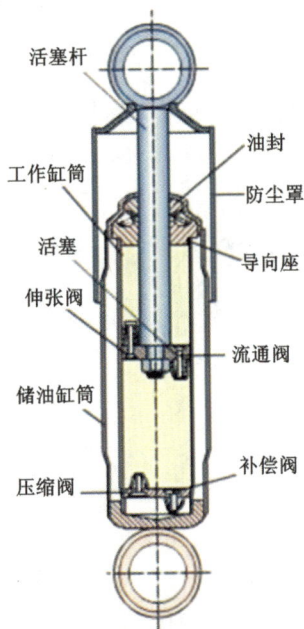

图 7-18   减震器的结构

3. 减震器的工作过程

减震器被压缩时，活塞下行，上腔容积增大，下腔容积减小，流通阀打开，下腔的油液通过流通阀进入上腔；同时压缩阀打开，一部分油液进入储油缸。这两个阀对油液的节流作用使减震器产生压缩运动时的阻尼作用，如图 7-19（a）所示。

减震器被伸长时，活塞上行，上腔容积减小而下腔容积增大，伸张阀打开，上腔的油液通过伸张阀进入下腔；同时补偿阀打开，一部分油液由储油缸进入下腔。这两个阀对油液的节流作用使减震器产生伸张运动时的阻尼作用，如图 7-19（b）所示。

减震器工作原理

由于伸张阀弹簧的刚度和预紧力设计得大于压缩阀，在同样力的作用下，伸张阀及相应的常通缝隙的通道截面积总和小于压缩阀及相应常通缝隙的通道截面积总和，这使得减震器伸张行程产生的阻尼力大于压缩行程时产生的阻尼力，从而达到迅速减震的要求。

7.4.3   横向稳定杆

1. 横向稳定杆的作用

横向稳定杆的功用是防止车身在转弯时发生过大的横向侧倾，尽量使车身保持平衡。目的是减少汽车横向侧倾程度和改善平顺性。横向稳定杆实际上是一个横置的扭杆弹簧，在功能上可以看成是一种特殊的弹性元件，如图 7-20 所示，当车身只作垂直运动时，两侧悬架变

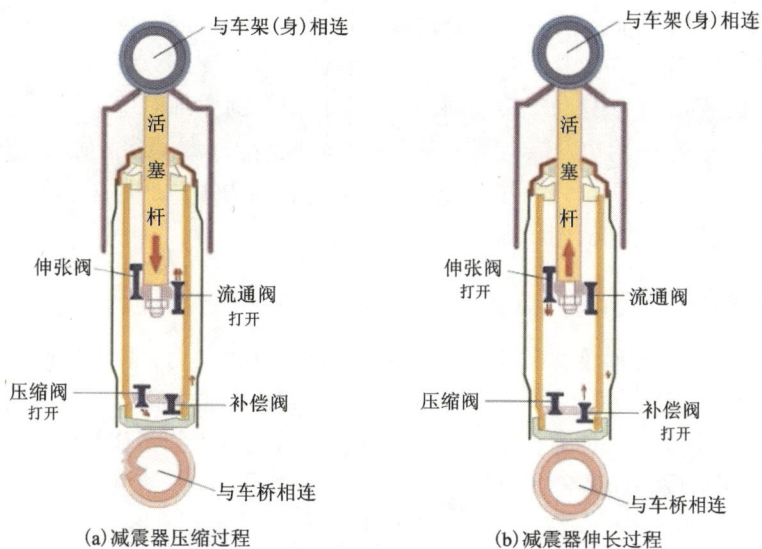

与车架(身)相连

活塞杆

伸张阀　　流通阀
打开

压缩阀　　补偿阀
打开

与车桥相连

(a)减震器压缩过程

与车架(身)相连

活塞杆

伸张阀　　流通阀
打开

压缩阀　　补偿阀
打开

与车桥相连

(b)减震器伸长过程

图7-19　减震器的工作原理

形相同，横向稳定杆不起作用。当汽车转弯时，车身侧倾，两侧悬架跳动不一致，外侧悬架会压向稳定杆，稳定杆就会发生扭曲，杆身的弹力会阻止车轮抬起，从而使车身尽量保持平衡，起到横向稳定的作用。

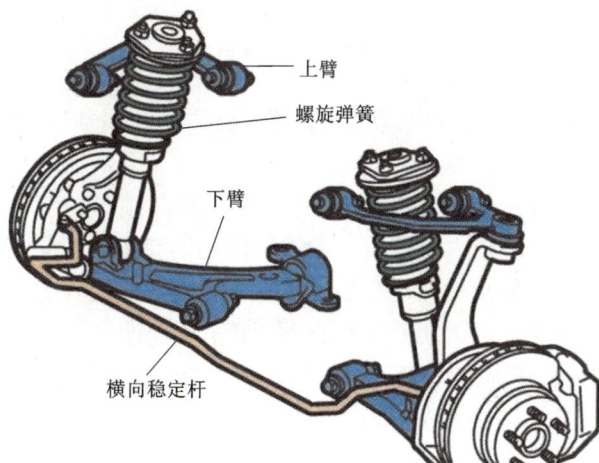

上臂

螺旋弹簧

下臂

横向稳定杆

图7-20　横向稳定杆的结构

2. 横向稳定杆的结构与原理

横向稳定杆是用弹簧钢制成的扭杆弹簧，形状呈"U"形，横置在汽车的前端和后端。杆身的中部用橡胶衬套与车身或车架铰接相连，两端纵向部分的末端通过端部的橡胶垫或球头销与悬架导向臂相连。

如果左右车轮同时上下跳动，即车身只做垂直移动而两侧悬架变形相等时，横向稳定杆在衬套内自由转动，横向稳定杆不起作用。

当两侧悬架变形不等而车身相对于路面横向倾斜时,车架的一侧移近弹簧支座,稳定杆的该侧末端就相对于车架向上移,而车架的另一侧远离弹簧支座,相应的稳定杆的末端则相对于车架向下移,然而在车身和车架倾斜时,横向稳定杆的中部对于车架并无相对运动。这样在车身倾斜时,稳定杆两边的纵向部分向不同方向偏转,于是稳定杆便被扭转,侧臂受弯,起到增加悬架角刚度的作用。弹性稳定杆所产生的扭转内力矩就妨碍了悬架弹簧的变形,因而减小了车身的横向倾斜和横向角振动。

7.4.4　导向装置

弹性元件大多只能传递垂直载荷而不能传递纵向力和横向力,必须另设导向装置。导向装置能够使车轮按一定运动轨迹相对车身跳动,同时兼起传递力和力矩的作用。通常导向装置由控制摆臂式杆件组成,种类有单连杆式和多连杆式。钢板弹簧作为弹性元件时,它本身兼导向作用,可不另设导向装置。

7.5　车轮定位

车轮定位是指汽车的每个车轮、转向节和车桥与车架的安装应保持一定的相对位置。转向轮定位参数有主销后倾、主销内倾、前轮外倾、前轮前束 4 个。通常车轮定位主要是指前轮定位,现在也有许多车辆需要进行四轮定位。作用是保持汽车直线行驶的稳定性,保证汽车转弯时转向轻便,且使转向轮自动回正,减少轮胎的磨损等。

7.5.1　前轮定位

1. 主销后倾

从汽车的侧面看,主销轴线(或车轮转向轴线)从垂直方向向后或向前倾斜一个角度称为主销后倾或前倾,如图 7-21(a)所示。在纵向垂直平面内,主销轴线与垂线之间的夹角,称为主销后倾角。向垂线后面倾斜的角度称为正后倾角,向前倾斜的角度称为负后倾角。通常汽车在行驶过程中,主销后倾角应为正值。主销后倾角的获得一般是在安装时,通过悬架元件相互位置来保证的。主销倾角的作用是当汽车直线行驶偶然受外力作用而稍有偏转时,主销后倾将产生与车轮转向相反的力矩使车轮自动回正,可保证汽车直线行驶的稳定性。

后倾角越大车速越高,稳定力矩越大,但后倾角不宜过大,否则在转向时会导致转向沉重。主销后倾角是在前桥连同悬架安装到车架时形成的。

2. 主销内倾

从汽车的正前方看,主销(或转向轴线)的上端略向内倾斜一个角度,称为主销内倾,如图 7-21(b)所示。在汽车的横向垂直平面内,主销轴线与垂线之间的夹角称为主销内倾角。

主销内倾的作用是使车轮在受外力偏离直线行驶时,前轮会在重力作用下自动回正。主销内倾还可减少前轮传至转向机构上的冲击,并使转向轻便。但内倾角不宜过大,否则在转向时,会使轮胎磨损加快,主销内倾角一般在前轴制造时形成。主销内倾角一般为 5°~8°。

主销后倾与主销内倾都有使汽车转向后自动回正、保持汽车直线行驶的作用,二者主要的区别在于主销后倾的回正作用与车速有关,而主销内倾的回正作用与车速无关。高速时后倾的回正作用大,低速时主要靠内倾的回正作用。直线行驶时车轮偶尔遇到冲击而偏转时,

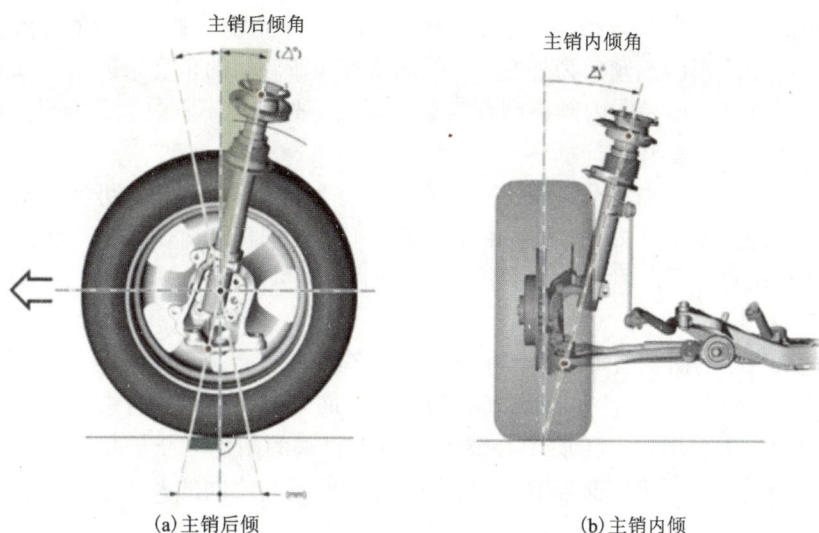

(a)主销后倾   (b)主销内倾

图7-21　主销后倾和主销内倾示意图

也主要靠主销内倾的回正作用。

　　主销偏置距是指主销(即转向轴线)与地面的交点到轮胎接地中心的距离。主销偏置距与主销内倾是密切相关的。调整主销内倾角,可以得到不同的主销偏置距。

　　汽车转向时,转向轮是围绕主销转动的。地面对转向的阻力力矩,与主销偏置距的大小成正比。主销偏置距越小,转向阻力矩也越小,转向操纵力小,地面对转向系统的冲击小。

　　现代汽车的主销偏置距一般在-18 mm到+79 mm的范围内。主销偏置距有正负之分。主销轴线与地面交点的位置在车轮内侧的为正,在外侧的为负,如图7-22所示。主销偏置距选用负值的目的是防止制动跑偏。如左前轮制动力大于右前轮时,汽车本应向左跑偏,但由于主销偏置距为负,制动力作用点在主销内侧,左右制动力之差将使前轮绕主销向右偏转,抵消制动跑偏,提高了制动的稳定性。

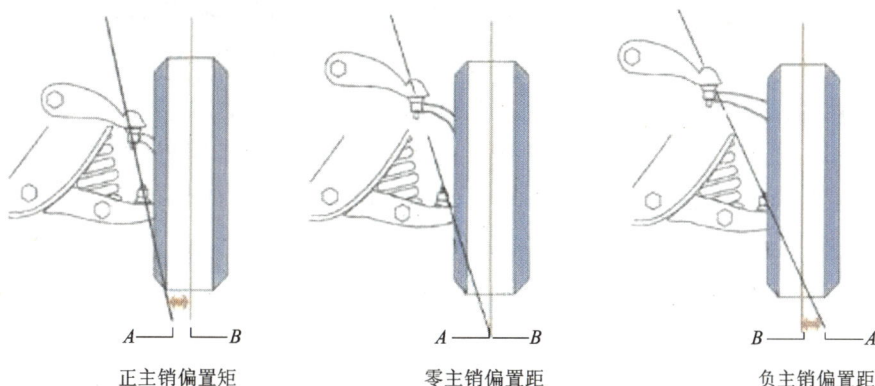

正主销偏置矩   零主销偏置距   负主销偏置距

图7-22　主销偏置距的定义

3. 前轮外倾

从汽车正前方看，汽车车轮的顶端向内或向外倾斜一个角度，称为车轮的外倾，如图7-23所示。通常情况下汽车的侧倾角为外倾，用偏离垂直线所倾斜的角度来表示。如果顶端向外倾斜则称为正外倾角，如果向内倾斜则称为负外倾角。外倾角不宜过大，否则会使轮胎产生偏磨损，前轮外倾角一般为1°。

前轮外倾的作用是增加汽车直线行驶的安全性。当具有外倾角时，可使车轮在转向时偏移量减小，所以能减少转向力；另外，由于主销外倾，在垂直载荷作用下产生一施加于轴心上的分力，使车轮向内压在轴承上，以防止车轮甩脱。

4. 前轮前束

俯视车轮，汽车的两个前轮的旋转平面并不完全平行，而是稍微带一些角度，这种现象被称为前轮前束，如图7-24所示。从汽车的正上方向下看，由轮胎的中心线与汽车的纵向轴线形成的夹角称为前束角。轮胎中心线前端向内收束的角度为正前束角，反之为负前束角。总前束值等于两个车轮的前束值之和，即两个车轮轴线之间的夹角。

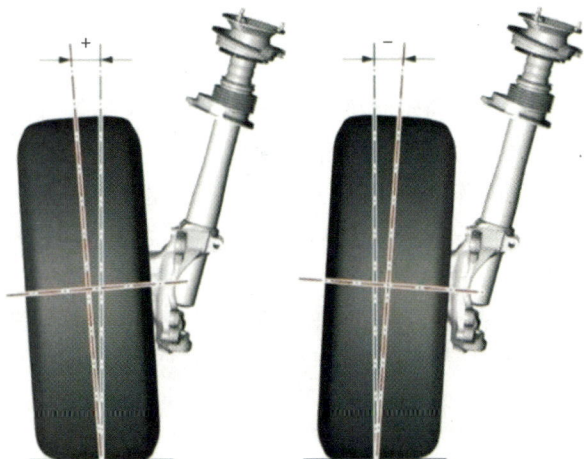

图7-23　前轮外倾角示意图

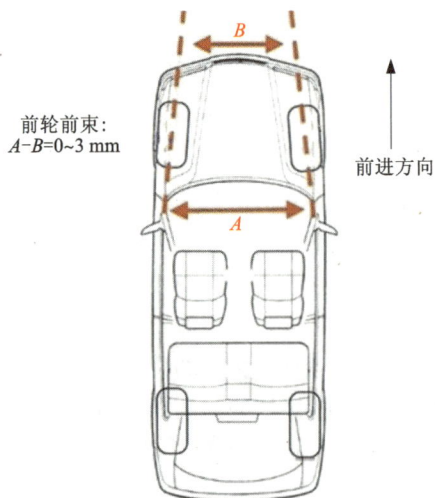

前轮前束:
$A-B=0\sim3$ mm

前进方向

图7-24　前轮前束示意图

前轮前束的作用用于消除车轮外倾造成的不良后果，即消除车轮外倾引起的前轮"滚锥效应"。车轮外倾使前轮有向两侧张开的趋势，由于受车桥约束，不能向外滚开，导致车轮边滚边滑，增加了磨损，有了前束后可使车轮在每瞬间的滚动方向都接近于正前方，减轻了轮毂外轴承的压力和轮胎的磨损。

7.5.2　后轮定位

1. 后轮外倾

后轮外倾设定为负值，即负外倾，目的是保证高速运行特别是高速弯道运行的稳定性，如图7-25所示。后轮负外倾可以确保高速弯道车辆沿着设定轨迹运行，减少甩尾情况的发生。

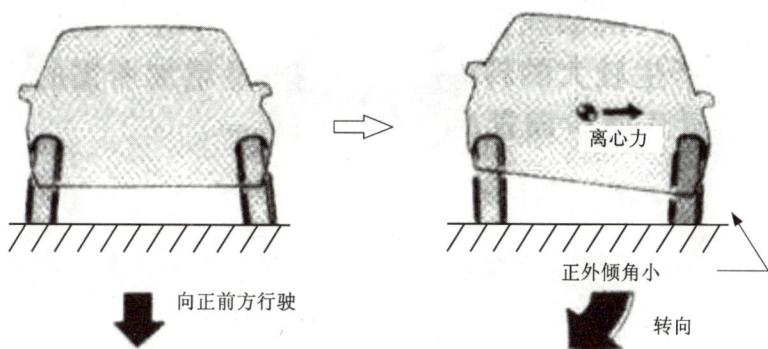

图 7-25 后轮负外倾示意图

2. 后轮前束

后轮前束示意图如图 7-26 所示。后轮前束跟前轮前束的功用相同。由于后轮采用的是负外倾，因此后轮前束设定为负前束，从而避免后轮轮胎磨损严重，影响转向和行驶的稳定性。

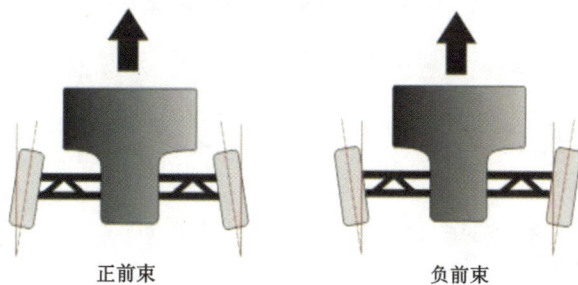

图 7-26 后轮前束示意图

3. 推力角

推力角是汽车两后轮滚动方向延长线夹角的角平分线与车辆中轴线间的夹角，即汽车的几何中心线与后轮的指向（即推力线）之间形成的角度，如图 7-27 所示。当汽车直线行驶时，后轮驱动汽车沿着推力线前进，轴向推力线和汽车几何中心线一致，则推力角为零。如果一个或两个后轮前束有问题，或者车轮外倾有问题，那么推力线就要偏离中心线，从而产生一个驱动力偏离角，此时推力角不为零。一般规定推力角朝左为负，朝右为正。

在车辆直行时，车身会朝正的推力角方向偏行。在车辆制动或急剧加速时，车辆会发生跑偏现象，而用于转向控制的前轮要克服后轮的作用力才能保证驱动力作用线不发生偏转。因此，推力角是引起汽车跑偏或方向盘不正的一个重要原因，也会影响到轮胎磨损、转向轮失调及车身不规则地直行等。

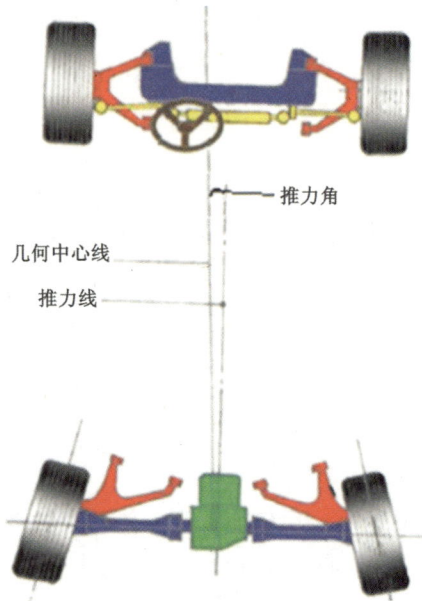

图 7-27   汽车推力角示意图

推力角

几何中心线

推力线

7.6   悬架的一般操作

减震器的拆装

7.6.1   减震器的拆卸

（1）举升车辆，拆卸车轮，拆下制动液管卡箍（图7-28）。

图 7-28   拆下制动液管卡箍

（2）拆下减震器底部与转向节相连的螺栓（图7-29）。

图7-29 拆下减震器底部与转向节相连的螺栓

（3）拆下减震器顶部与车身相连的螺栓（图7-30）。

图7-30 拆下减震器顶部与车身相连的螺栓

（4）拆下减震器总成（图7-31）。

图7-31 拆下减震器总成

7.6.2　减震器的更换

（1）使用专用工具，压紧减震器弹簧（图7-32）。

图7-32　压紧减震器弹簧

（2）拆卸减震器中心螺栓，取下顶胶和防尘罩（图7-33）。

图7-33　拆卸减震器中心螺栓，取下顶胶和防尘罩

（3）更换减震器，安装顶胶和防尘罩，安装中心螺栓。

7.6.3　减震器的安装

（1）安装减震器顶部螺栓（图7-34）。

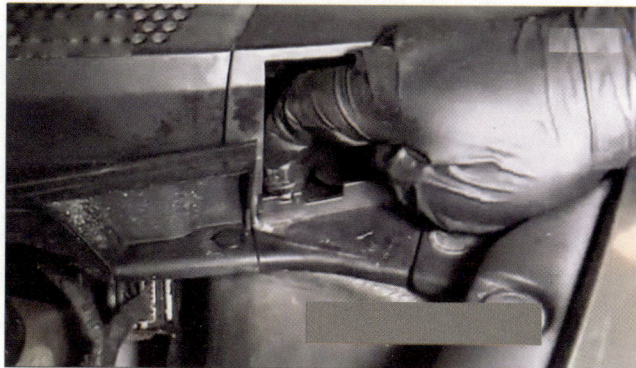

图 7-34　安装减震器顶部螺栓

（2）安装减震器底部螺栓（图 7-35）。

图 7-35　安装减震器底部螺栓

（3）安装制动液管卡箍和车轮（图 7-36）。

图 7-36　安装制动液管卡箍和车轮

单元练习

一、选择题

1. 为抵消由于车轮外倾引起的"锥滚效应"，使车轮在每一瞬时的滚动方向都接近于正前方，从而在很大程度上减轻和消除由前轮外倾产生的不良后果。该车轮定位是(　　)。

A. 主销后倾　　　　　　　　　　　　B. 主销内倾

C. 前轮外倾　　　　　　　　　　　　D. 前轮前束

2. 前轮前束是为了消除(　　)带来的不良后果。

A. 车轮外倾　　　　　　　　　　　　B. 主销后倾

C. 主销内倾　　　　　　　　　　　　D. 以上都不对

3. 汽车悬架是(　　)与车桥之间的弹性传力装置。

A. 车架　　　　　　　　　　　　　　B. 车轮

C. 减震器　　　　　　　　　　　　　D. 车厢

4. 通过改变(　　)的长度可以调整汽车前轮前束的大小。

A. 横拉杆　　　　　　　　　　　　　B. 直拉杆

C. 前轴　　　　　　　　　　　　　　D. 后轴

5. 以下部件中不属于悬架系统的是(　　)。

A. 扭力杆　　　　　　　　　　　　　B. 转向节

C. 横向稳定杆　　　　　　　　　　　D. 车轮

二、判断题

1. 车架的形状要尽可能地降低汽车的重心和获得较小的前轮转向角。(　　)

2. 有些轿车没有车架。(　　)

3. 整体式车桥的中部是刚性实心或空心梁，与独立悬架配用。(　　)

4. 越野汽车和前轮驱动汽车的前桥，除承载和转向的作用外，还兼起驱动作用。(　　)

5. 主销后倾角一般是将前轴连同悬架安装在车架上时，使前轴向后倾斜而形成的，一般不可调。(　　)

8 转向系统

8.1 转向系概述

汽车在行驶过程中，经常需要改变行驶方向，即所谓汽车转向。汽车上用来改变行驶方向的机构称为汽车转向系统(俗称汽车转向系)。其功用是按照驾驶员的意图改变或保持汽车的行驶方向。

根据转向能源的不同，汽车转向系可以分为机械转向系(图 8-1)和动力转向系两大类型。

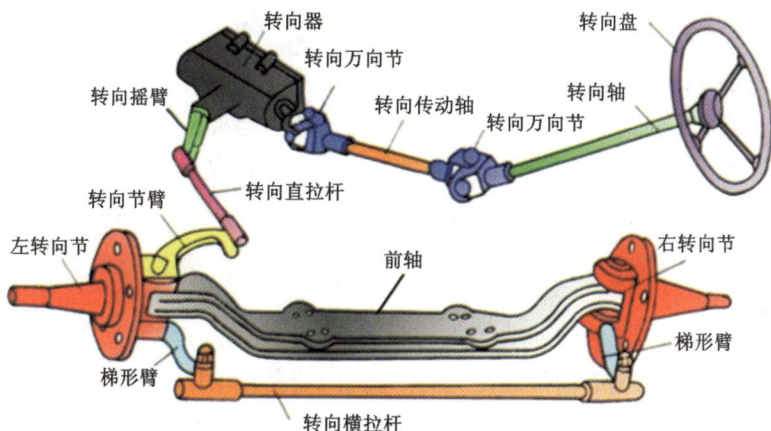

图 8-1 机械转向系示意图

8.2　转向系的基本概念

8.2.1　转向中心

　　汽车转向时，所有车轮的轴线相交于一点 O，该交点称为汽车转向中心，如图 8-2 所示。根据几何关系可知，汽车转向时内转向轮的偏转角 β 大于外转向轮的偏转角 α。在车轮为绝对刚体的假设条件下，内、外转向轮偏转角的理想关系式为：

$$\cot\alpha = \cot\beta + B/L \tag{8-1}$$

式中：B 为轮距，即两侧主销轴线与地面相交点之间的距离；L 为汽车轴距。

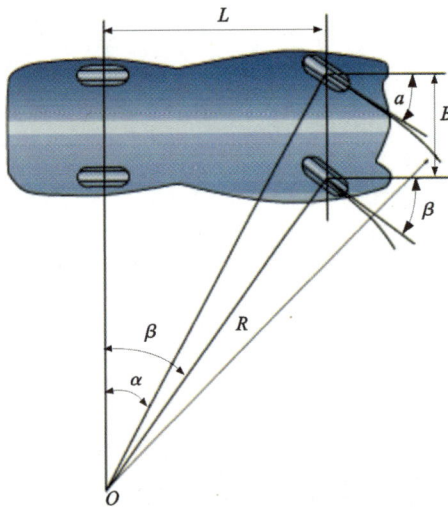

图 8-2　汽车转向示意图

8.2.2　最小转弯半径

　　由转向中心 O 到外转向轮与地面接触点的距离 R 称为汽车转弯半径，如图 8-2 所示。转弯半径愈小，则汽车转向所需场地就愈小。由图可知，当外转向轮偏转角达到最大值 α_{max} 时，转弯半径 R 最小。在图示的理想情况下，最小转弯半径 R_{min} 与 α_{max} 满足如下关系式：

$$R_{min} = L/\sin\alpha_{max} \tag{8-2}$$

8.2.3　转向系角传动比

　　转向盘的转角增量与同侧转向节转角的相应增量之比 i_ω 称为转向系角传动比。转向盘转角增量与转向摇臂转角相应增量之比 $i_{\omega1}$ 称为转向器角传动比。转向摇臂转角增量与同侧转向节相应转角增量之比 $i_{\omega2}$ 则称为转向传动机构角传动比。显然 $i_\omega = i_{\omega1} \cdot i_{\omega2}$。

　　对于转向器角传动比 $i_{\omega1}$，货车为 16~22，轿车为 12~20。对于一般汽车而言，转向传动机构角传动比 $i_{\omega2}$ 的数值较小，约为 1。在转向过程中，虽然会随转向节转角不同而有所变化,但一般说来,变化幅度不大。因此,转向系角传动比 i_ω 主要取决于转向器角传动比 $i_{\omega 1}$。

8.2.4 转向梯形

汽车转向时,各个车轮的轴线应当相交于一点,才能实现车轮的纯滚动,否则,轮胎将发生打滑。因此,内转向轮的偏转角应当大于外转向轮的偏转角。为了实现内外转向轮偏转角的上述关系,发明了转向梯形杆系,通过由横拉杆和左右转向梯形臂组成的梯形杆系(如图 8-1 所示),可以非常近似地满足上述要求。不过,这只是近似地满足。现有的汽车转向梯形杆系,都不可能完全满足理论的要求。

有的汽车为了减小汽车的最小转弯直径,还故意使外转向轮的偏转角大于理论的偏转角。在非独立悬架的整体前桥上,可以采用整体转向梯形杆系。而在独立悬架的非整体前桥上,则必须采用分段式梯形杆系。

8.2.5 转向盘自由行程

转向盘自由行程是转向盘在空转阶段中的角行程;指在驾驶汽车过程中,向左或向右打方向,不使转向轮发生偏转而转向盘所能转过的角度,如图 8-3 所示。在实际测量中多用移动量来表示角行程以方便测量。转向盘自由行程对于缓和路面冲击,使驾驶员操纵柔和,防止驾驶员过度紧张等是有利的。但不宜过大,以免过分影响转向灵敏性和产生转向摇摆现象。转向盘从相应于汽车直线行驶的中间位置向任何一个方向的自由行程不应超过 $10° \sim 15°$,当超过 $25° \sim 30°$ 时,必须进行调整。

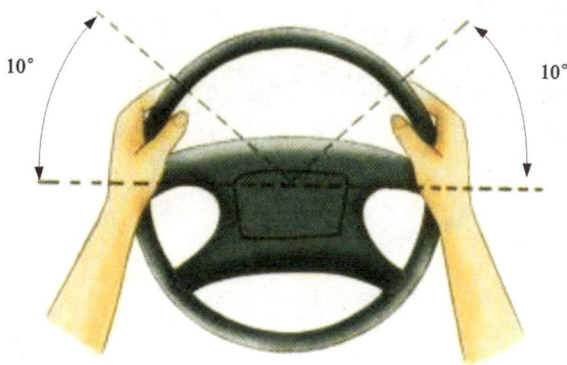

图 8-3 汽车转向盘自由行程示意图

转向盘自由行程过大是由于转向系各机件之间装配不当或机件的磨损所致,如果转向盘自由行程超过规定值时,应检查转向拉杆接头、转向节球头、转向器齿轮齿条是否磨损或损坏,零件安装或连接是否松动,如有不良,应更换相应零件。

8.3 机械转向系

机械转向系以驾驶员的体力作为转向能源,其所有的传力件都是机械的。机械转向系主要由转向操纵机构、转向器和转向传动机构三大部分组成，如图 8-1 所示。转向盘、转向轴等机件构成的转向操纵机构，用于驾驶员操纵转向器工作。转向器是一个减速增扭机构，驾驶员对转向盘施加的转向力矩经转向器放大后传递给转向传动机构。转向直拉杆、转向节臂、转向横拉杆及梯形臂等机件构成转向传动机构。在转向传动机构的作用下，当一个转向节转动时，另一个转向节使之变位，使汽车实现转向功能。

8.3.1 转向操纵机构

1. 转向操纵机构的组成和布置

汽车转向操纵机构主要由转向盘、转向管柱、转向轴及转向传动轴等零部件组成。考虑车架变形对转向系的影响，有些车型的转向操纵机构中还设计有挠性万向节。从转向盘到转向传动轴这一系列零部件都属于转向操纵机构。图 8-4 为东风汽车转向操纵机构及转向器布置示意图。该车型的转向操纵机构主要包括转向盘、转向轴、万向节、转向传动轴等零部件。

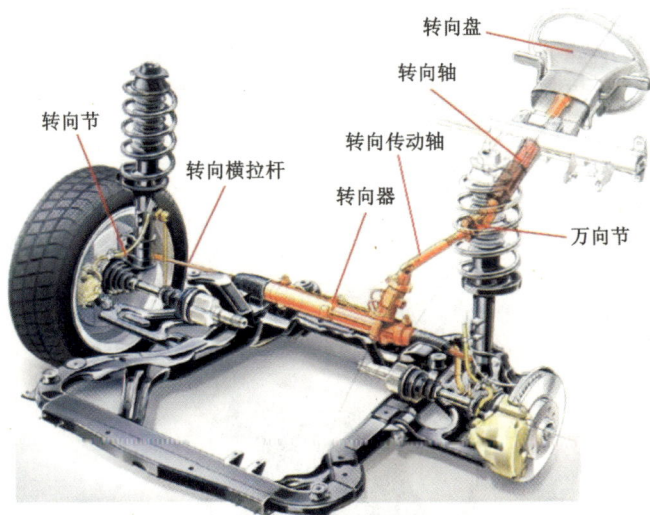

图 8-4 汽车转向操纵机构及转向器的结构

2. 转向盘

转向盘由轮缘、轮辐和轮毂组成，轮辐一般为三根辐条或四根辐条，也有用两根辐条的，如图 8-5 所示。转向盘通过轮毂孔细牙内花键与转向轴相连接。转向盘内部是由成形的金属骨架构成的。骨架外面一般包有柔软的合成橡胶或树脂，也有包皮革的，这样可获得良好的手感，而且还可防止手心出汗时握转向盘打滑。

当汽车发生碰撞时，出于安全性考虑，不仅要求转向盘应具有柔软的外表皮，起缓冲作用，而且还要求转向盘在汽车碰撞时，其骨架能产生变形，以吸收冲击能量，减轻驾驶员的受伤程度。转向盘上都装有喇叭按钮和撞车时保护驾驶员的气囊装置，随着多功能转向盘的发展，有些轿车的转向盘上还装有车速控制开关、多媒体控制开关及定速巡航开关等。

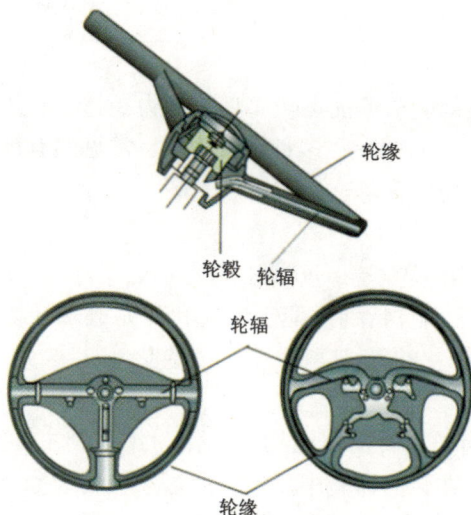

图 8-5　转向盘的构造

3. 转向轴和转向管柱的吸能装置

转向轴是连接转向盘和转向器的传动部件，用于传递它们之间的转矩。转向管柱安装在车身上，对转向盘起支承作用。转向轴穿过转向管柱，支承在管柱内的轴承和衬套上。

为了满足严格的安全法规，对于轿车除要求装有吸能式转向盘外，还要求转向管柱也必须配置缓和冲击的吸能装置。转向轴和转向管柱的吸能装置有多种形式，其基本结构原理是，当转向轴受到巨大冲击时，转向轴产生轴向位移，使支架或某些支承部件产生塑性变形，而吸收冲击能量。

图 8-6 为轿车转向轴的吸能装置示意图。转向轴包括上转向轴和下转向轴，中间用柔性联轴节连接。联轴节的上、下凸缘盘靠两个销子与销孔扣合在一起。销子通过衬套与销孔相配合。当发生猛烈撞车时，将引起车身、车架产生严重变形，导致转向轴、转向盘等部件后移。与此同时，在惯性作用下驾驶员人体前冲，致使转向轴上的上、下凸缘盘的销子与销孔脱开，从而缓和了冲击，吸收了冲击能量，有效减轻驾驶员的受伤程度。

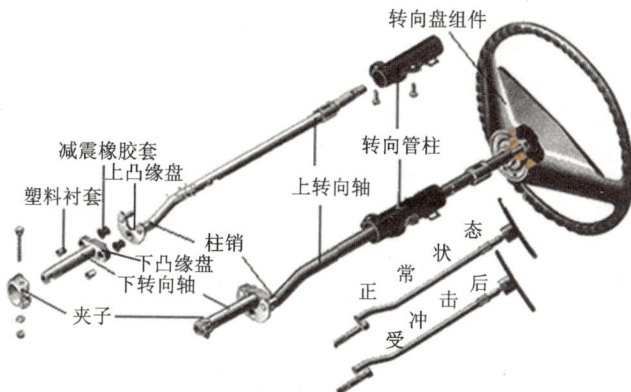

图 8-6　轿车转向轴的吸能装置

8.3.2　转向器

汽车转向器的作用是将驾驶员施加在转向盘上的力矩进行放大，同时降低速度，传递给转向传动机构。汽车采用的转向器存在多种结构形式，常见的有齿轮齿条式转向器、循环球式转向器和蜗杆曲柄指销式转向器等。

1. 齿轮齿条式转向器

齿轮齿条式转向器具有结构紧凑，重量轻，刚度大，转向灵敏，制造容易，成本低且正、逆效率高，而且特别适配于烛式和麦弗逊式悬架，便于整车布置等优点，因此，目前它在轿车和微型、轻型货车上得到了广泛的应用。

图8-7为轿车的齿轮齿条式转向器结构图。作为传动副主动部件的转向齿轮与水平布置的转向齿条相啮合，安装在转向器壳中。弹簧通过压块将齿条压靠在转向齿轮上，以保证齿轮齿条无间隙啮合。弹簧的预紧力可通过调整螺钉进行调整。

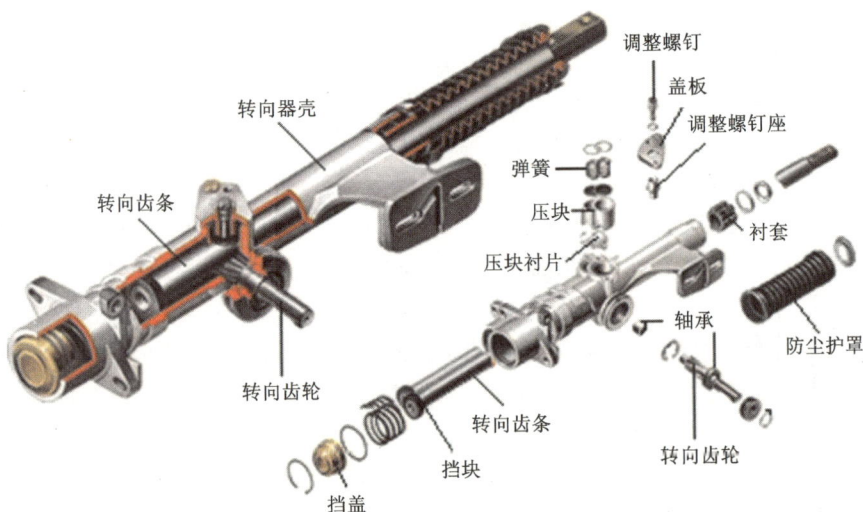

图8-7　轿车齿轮齿条式转向器的结构

此外，在齿轮齿条式转向器的基础上，通过特殊工艺加工齿距间隙不等的齿条，使齿条齿距中间密两边疏，设计出可变传动比齿轮齿条转向器。该类型转向器，在方向盘转向时，齿轮与齿距不相等的齿条啮合，转动比就会发生变化，齿条速度随之变化。

2. 循环球式转向器

循环球式转向器是目前国内外广泛应用在载货汽车上的一种转向器结构形式，一般有两级传动副，第1级为螺杆螺母副，第2级为齿条齿扇副或滑块曲柄销副。

图8-8为循环球式转向器齿轮机构示意图。当驾驶员转动转向盘时，转向轴带动转向螺杆旋转，通过滚珠将力传递给转向螺母，使得转向螺母沿轴向移动，从而通过螺母外部的齿条带动扇形齿轮轴的转动，进而带动转向摇臂转动，实现车轮的转向。

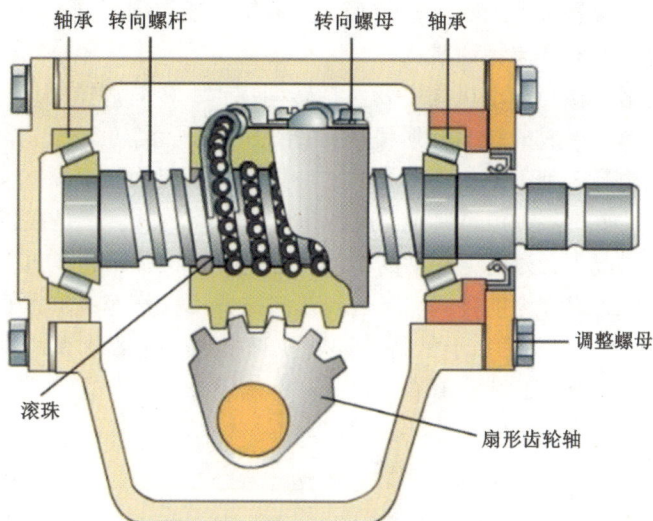

图 8-8　循环球式转向器齿轮机构示意图

3. 蜗杆曲柄指销式转向器

图 8-9 为蜗杆曲柄指销式转向器，其传动副以转向蜗杆为主动部件，其从动部件是安装在摇臂轴曲柄端部的指销。转向蜗杆转动时，与之啮合的指销即绕摇臂轴轴线沿圆弧运动，并带动转向摇臂轴转动。

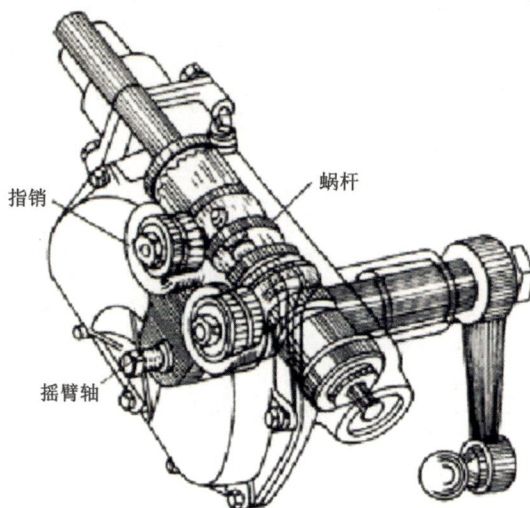

图 8-9　蜗杆曲柄指销式转向器

8.3.3　转向传动机构

汽车转向传动机构的功用是将转向器输出的力和运动传到转向桥两侧的转向节，使两侧转向轮偏转，并使两转向轮偏转角按一定关系变化，从而实现汽车的转向行驶。

转向传动机构的组成和布置因转向器位置和转向轮悬架类型而异。

1. 与非独立悬架配用的转向传动机构

与非独立悬架配用的转向传动机构主要包括转向摇臂、转向直拉杆、转向节臂和由转向横拉杆与左右两个梯形臂组成的转向梯形机构，如图 8-10 所示。

这种转向传动机构有 3 种不同的布置形式：一是在前桥仅为转向桥的情况下，转向梯形机构布置在前桥之后，如图 8-10(a)所示，这种布置称为后置式；二是在发动机位置较低或转向桥兼当驱动桥的情况下，为避免运动的干涉，往往将转向梯形机构布置在前桥之前，如图 8-10(b)所示，这种布置称为前置式；三是当转向摇臂不在汽车纵向平面内前后摆动，而在与道路平行的平面内左右摆动，于是将转向直拉杆横置，并借球头销直接带动转向横拉杆，从而使两侧梯形臂转动，如图 8-10(c)所示。

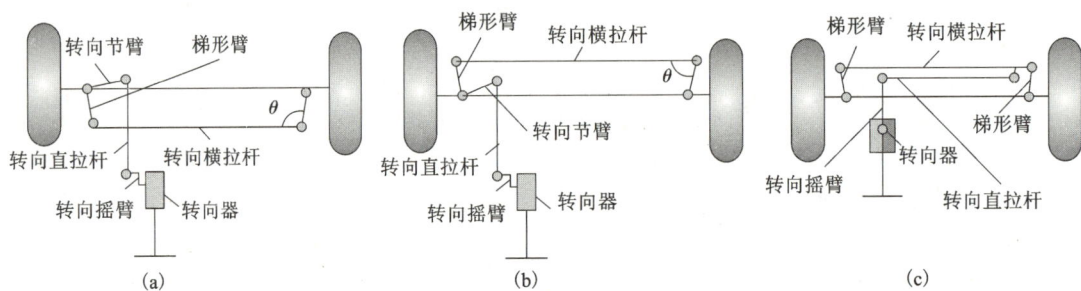

图 8-10　与非独立悬架配用的转向传动机构

2. 与独立悬架配用的转向传动机构

当转向轮采用独立悬架时，每个转向轮都可以相对于车架单独运动，因此必须采用断开式转向桥，转向传动机构中的转向梯形机构也必须分成三段[图 8-11(a)]或者两段[图 8-11(b)]，并且由在平行于路面的平面上摆动的转向摇臂直接带动或通过转向直拉杆带动。

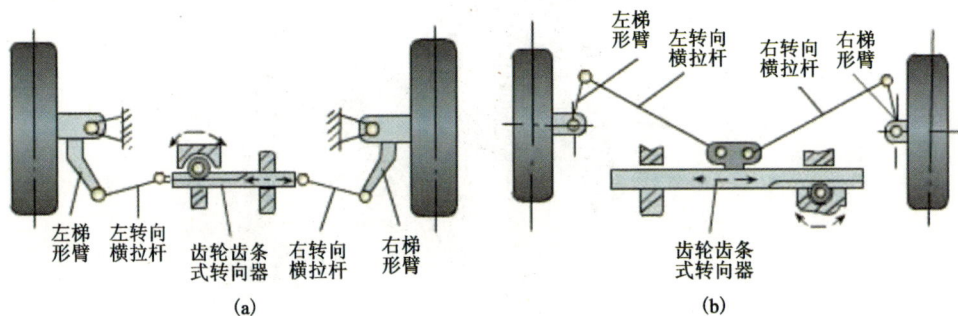

图 8-11　与独立悬架配用的转向传动机构

轿车采用的是上图(a)的方案，其具体结构如图 8-12 所示。摇杆前端固定于车架横梁中部，后端借球头销与左右转向横拉杆连接，左右转向横拉杆外端也用球头销分别与左右梯形臂铰接，能够随同侧车轮相对于车架和摇杆在横向平面内上下摆动。

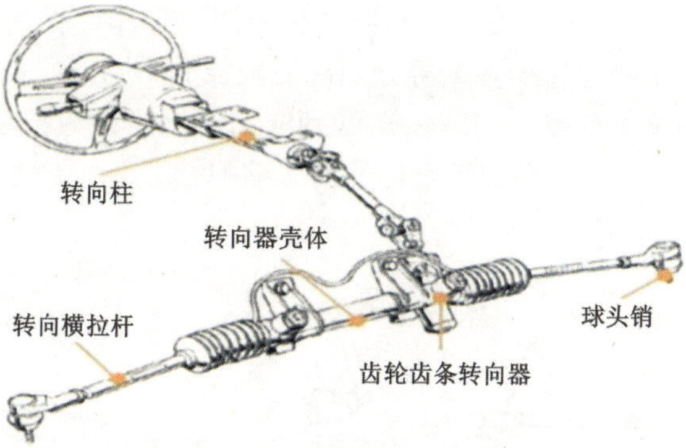

图 8-12　轿车转向传动机构

转向直拉杆仅在外端设有球头座，故有必要在二球头座背面各设一个压缩弹簧，分别吸收由左右横拉杆传来的两个方向上的路面冲击，并自动消除球头与座之间的间隙。

3. 转向传动机构的主要部件

1）转向摇臂

转向摇臂是转向器传动副与转向直拉杆间的传动件。如图 8-13 所示，在转向摇臂小端锥形孔中装有与转向直拉杆相连接的球头销，其大端具有锥形三角细花键槽孔，与转向摇臂轴外端花键相连接。

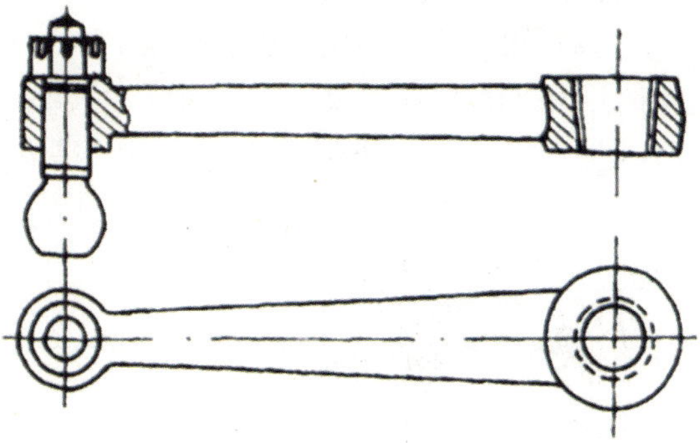

图 8-13　转向摇臂的结构

2）转向直拉杆

转向直拉杆是转向摇臂与转向节臂间的传动杆件。图 8-14 为转向直拉杆构造图。转向直拉杆为实心或空心杆件，两端较粗，内部装有球头座，将连接转向节臂与转向直拉杆的球头销球头夹持住。为保证球头销球头与球头座的润滑，可从油嘴注入润滑脂，使其充满直拉杆体端部内腔。拆装时供球头销球头出入的孔口需用耐油橡胶防尘垫。

球头座由压缩弹簧压紧，端部以螺塞紧固。压缩弹簧可以随时补偿球头销球头与球头座间的磨损，保证两者间无间隙，并可缓和经车轮和转向节传来的路面冲击。通过转动螺塞，可以调节压缩弹簧的压力。螺塞位置校准后，用开口销加以固定。当球头销作用在球头座上的冲击力超过压缩弹簧预紧力时，弹簧因变形而吸收冲击能量，起到缓冲作用。

转向直拉杆体后端(图中为右端)嵌装有转向摇臂的球头销，其压缩弹簧也装在球头座后方(图中为右方)。这样，两个压缩弹簧可分别在沿轴线的不同方向上起缓冲作用。自球头销传来的冲击力由前压缩弹簧承受。当球头销受到向前的冲击力时，冲击力依次经前球头座、前端部螺塞、转向直拉杆体和后端部螺塞传给后压缩弹簧。

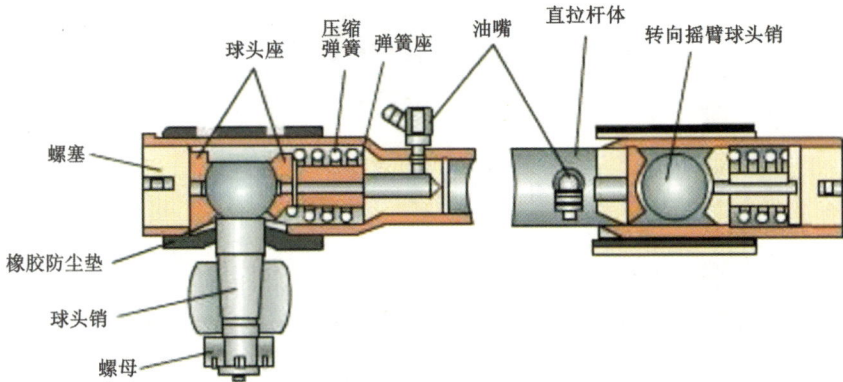

图 8-14　转向直拉杆的结构

3)转向横拉杆

转向横拉杆是转向梯形机构的底边，由横拉杆体和旋装在两端的接头组成，如图 8-15 所示。横拉杆体两端加工有螺纹，且螺纹旋向相反，一为右旋，一为左旋，转动横拉杆体，即可改变转向横拉杆的总长度，从而可调整转向轮前束。接头中球头销的尾部与梯形臂或转向节臂相连。上、下球头座用聚甲醛制成，具有很好的耐磨性。装配时两球头座的凹、凸部互相嵌合。弹簧保证球头座与球头紧密配合，并起缓冲作用，其预紧力由螺塞调整。

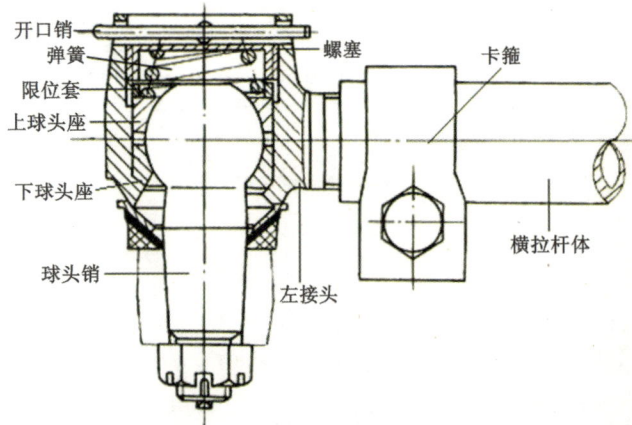

图 8-15　转向横拉杆的结构

8.4 动力转向系

动力转向系是利用一定的动力助力方式，对转向器施加一定的作用力来减轻驾驶员转动转向盘的操纵力，降低驾驶员疲劳的转向系统。汽车动力转向系由机械转向器和动力转向装置组成。

汽车动力转向系一般分为气压式动力转向系、液压式动力转向系和电控式动力转向系。气压式动力转向系因部件结构复杂、尺寸过于庞大、消耗功率多、易产生泄漏，且转向也不易有效控制，主要用于装载质量过大的货车。液压式动力转向系具有工作灵敏度高、工作滞后时间短，能吸收来自不平路面的冲击的特点，因而在各类汽车上得到了广泛的应用。电控式动力转向系是在上述两种助力机构的基础上发展起来的，它采用独立电机直接提供助力，助力的大小由电控单元根据车速快慢进行控制。它具有节能、环保(可相应降低排放)、安全性高等特点，目前正逐步取代液压式动力转向系。

8.4.1 液压式动力转向系

液压式动力转向系一般由转向盘、转向轴、转向中间轴、整体式轴向器、贮油罐、转向油管等零部件组成，如图 8-16 所示。机械式液压助力转向系统主要由液压泵、流量控制阀体、安全阀、贮油罐和油管组成，为保持压力，不论是否需要转向助力，系统总是处于工作状态，能耗较高。一般经济型轿车使用机械式液压助力系统的比较多。

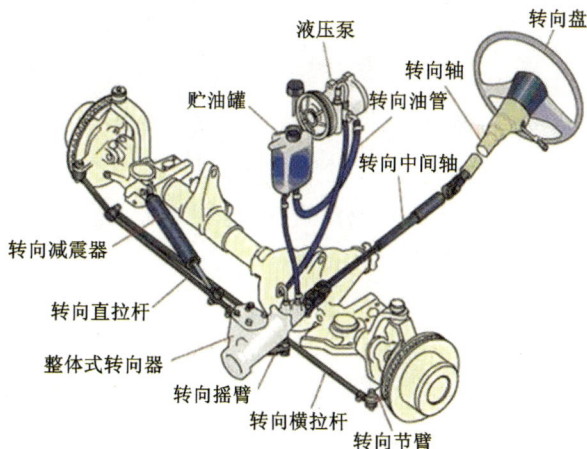

图 8-16　液压式动力转向系示意图

1. 液压泵
液压式动力转向系的液压泵为叶片转子式结构，固定在发动机缸体上，由发动机驱动产生转向动力油压，供给转向器使其正常工作。

2. 流量控制阀体
流量控制阀体限制最高油压，并能将流量控制在规定范围内，使油压满足转向动力的需要。

3. 安全阀

安全阀限制最高油压，当油泵输出油压过高时，安全阀便自动打开，使进、出油口连通，从而降低输出油压，确保转向器安全正常工作。

4. 贮油罐

贮油罐贮存定量的油液，保证供给充足的油量，同时具有散热冷却油液的作用。

8.4.2　电控式动力转向系

电控式动力转向系(Electronic Power Steering，简称 EPS)，它利用电动机产生的动力协助驾车者进行动力转向。EPS 一般由机械转向器、转矩(转向)传感器、电子控制单元(ECU)、助力电动机、车速传感器、转向横拉杆等构成，如图 8-17 所示。

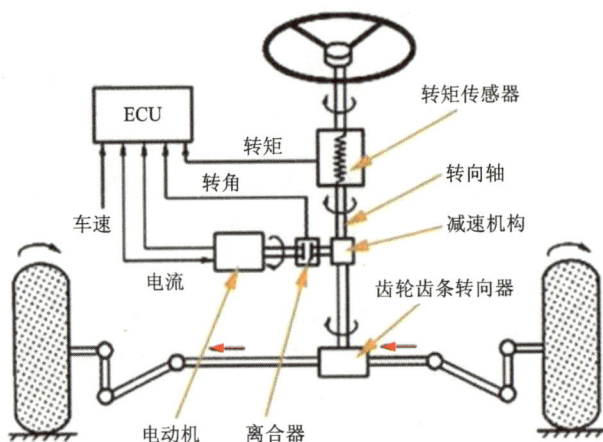

图 8-17　电控式动力转向系示意图

电控式动力转向系按照电动机布置位置的不同，可以分为转向轴助力式、齿轮助力式和齿条助力式等种类，如图 8-18 所示。

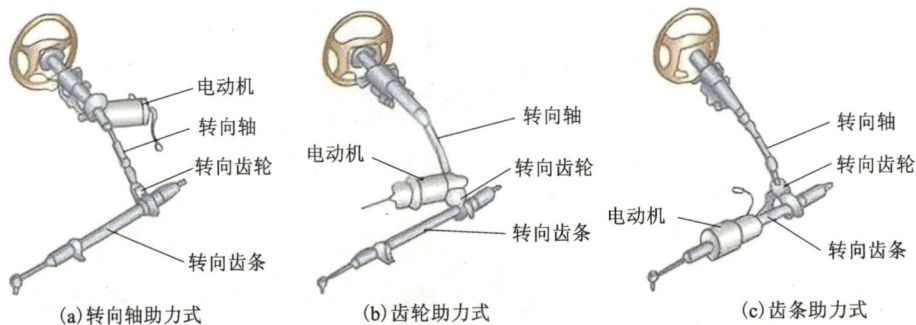

(a)转向轴助力式　　　(b)齿轮助力式　　　(c)齿条助力式

图 8-18　电控式动力转向系的种类示意图

汽车在转向时，转矩(转向)传感器会"感觉"到转向盘的力矩和拟转方向，这些信号会通过数据总线发给电子控制单元，电子控制单元会根据转动力矩、拟转的方向等数据信号，向电动机控制器发出动作指令，电动机将根据具体需求输出相应大小的转动力矩，从而实现助力转向。汽车无转向时，系统处于Standby（休眠）等待调用状态。电控式动力转向系具有方向感好、高速更稳、按需工作能够节能的工作特性，而且可以降低燃油消耗，系统结构简单，占用空间小，重量轻，易于安装与维护等优点，因此广泛应用于轿车的转向系统中。

1. 转矩传感器

转矩传感器具有检测转向盘的操纵方向和操纵力的功能。在任何情况下，利用电位表即可检测出该传感器的信号。

2. 助力电机

电控式转向系所用的助力电机是将汽车用电动机加以改进的。有的电动机转子外圆表面有斜槽，有的则改变定子磁铁的中心处或端部的厚度。助力电机工作时有一定速度范围，若超出规定速度范围，则由离合器使助力电机停转并消除电机惯性的影响。同时，当转向系发生故障时，离合器分离，即应恢复手动控制转向，保证汽车正常行驶。

3. 减速机构

减速机构是将助力电机的输出功率放大后，再传递给齿轮箱的主要部件。目前应用的有两级行星齿轮与传动齿轮驱动组合式、蜗轮蜗杆与转向轴驱动组合式等，并部分采用树脂材料齿轮和特殊齿形，以抑制噪声和提高耐磨性。

8.5　转向系统的一般操作

转向系统的一般操作主要包括转向盘自由行程的检查、液压转向助力油的更换及电动助力转向的标定。

8.5.1　转向盘自由行程的检查

（1）车辆正常停在平直路面上，使车辆笔直向前，启动发动机，将前轮旋转至正前方位置，保持前轮不动。

（2）轻轻转动转向盘，在车轮就要开始移动时，用直尺或游标卡尺测量转向盘的移动量，如图8-19所示，该移动量就是转向盘自由行程。

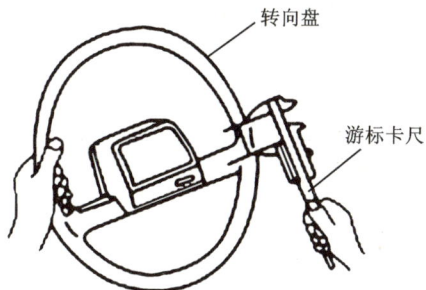

图8-19　转向盘自由行程的检查

（3）自由行程应为 0~30 mm(各车型规定不同)。如果自由行程超出极限范围，则应当调整齿条机构。如果齿条机构调整后，自由行程仍然超出极限范围，则应当检查转向连杆和转向器。

8.5.2　液压转向助力油的更换

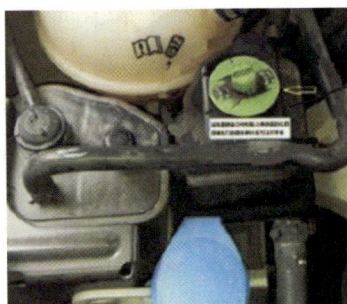

转向助力油的更换

（1）打开发动机室盖，找到转向助力泵油壶，如图 8-20 所示。

（2）拧开转向助力泵油壶盖子，使用专用真空吸油机将转向助力泵油壶内的旧油抽取干净，如图 8-21 所示。

转向助力泵油壶

图 8-20　转向助力泵油壶位置

图 8-21　转向助力泵油壶旧油抽取操作

（3）拔下转向助力泵油壶上的回油管，接上延长管，导入废油桶；同时使用专用工具堵住转向助力泵油壶上的回油口。

（4）向转向助力泵油壶内加满新的转向助力油。

（5）启动车辆，大幅度左右转动转向盘，再轻微转动转向盘。

（6）反复上一步骤，观察回油管经透明延长管流出油的颜色，直至新油从中流出。

（7）熄火装好回油管，添加新转向助力油至冷车状态的上限位置，再反复转动转向盘，确认油面不再下降为止。拧上转向助力泵油壶盖子，至此完成更换工作。

8.5.3　电动助力转向的标定

在以下几种情况下需对 EPS 系统进行标定：拆装或更换转向管柱、中间轴、加长轴及转向器；进行四轮定位；更换 EPS 控制单元或更新软件程序。若未完成 EPS 系统标定，可能会导致 EPS 系统工作异常(如左、右转向助力不一致)及显示故障(如 EPS 故障灯点亮)。

EPS 系统的标定包括扭矩信号标定和转角信号标定。以比亚迪速锐 EPS(电控式动力转向)系统标定为例，EPS 系统的标定具体步骤如下。

（1）保证轮胎压力正常，前轮朝正前方向，且转向盘居中。

（2）连接故障检测仪 ED400，接通点火开关(不启动发动机)，进入 5A 车型界面。

（3）依次选择"比亚迪 EPS"→"转角信号标定"→"当前转角设为零点"进行转角信号标定。

（4）完成转角信号标定后，按任意键返回上一菜单，依次选择"扭矩信号标定"→"当前扭矩设为零点"进行扭矩信号标定，完成扭矩信号标定后，EPS 系统标定完成。

注意：在标定过程中，需要保证转向盘不受外力作用（如不要用手扶转向盘），且不要开关车门、发动机室盖及后备厢盖，以免产生干扰。

单元练习

一、选择题

1. 当汽车转向时，内转向轮的偏转角 β 与外转向轮的偏转角 α 满足（　　　）。

A. $\beta = \alpha$ 　　　　　　　　　　　B. $\beta < \alpha$

C. $\beta > \alpha$ 　　　　　　　　　　　D. $\beta \geqslant \alpha$

2. 将驾驶员施加在转向盘上的力矩放大，并降低速度的机件是（　　　）。

A. 转向盘 　　　　　　　　　　　B. 转向轴

C. 转向管柱 　　　　　　　　　　D. 转向器

3. 循环球式转向器，一般有两级传动副，第 1 级为（　　　）。

A. 螺杆螺母副 　　　　　　　　　B. 齿条齿扇副

C. 滑块曲柄销副 　　　　　　　　D. 圆柱副

4. 与转向梯形机构采用两段或三段式结构的转向传动机构相匹配的悬架是（　　　）。

A. 非独立悬架 　　　　　　　　　B. 独立悬架

C. 扭力梁 　　　　　　　　　　　D. 钢板弹簧式非独立悬架

5. 转向传动机构的主要部件包括转向摇臂、转向直拉杆和（　　　）。

A. 转向管柱 　　　　　　　　　　B. 转向横拉杆

C. 挠性万向节 　　　　　　　　　D. 转向齿轮和齿条

二、判断题

1. 汽车机械转向系主要由转向操纵机构、转向器和转向传动机构三大部分组成。（　　　）

2. 转向中心到内转向轮与地面接触点的距离称为汽车的转弯半径。（　　　）

3. 汽车转向盘的转角增量与同侧转向节转角的相应增量之比叫作转向传动机构角传动比。（　　　）

4. 蜗杆曲柄指销式转向器传动副以转向蜗杆为主动件，从动件是安装在摇臂轴曲柄端部的指销。（　　　）

5. 汽车动力转向系一般分为气压式动力转向系、液压式动力转向系和电控式动力转向系。（　　　）

9　行车制动系统

学习目标

- 熟悉液压行车制动系统工作原理和组成。
- 熟悉气压行车制动系统工作原理和组成。
- 了解紧急制动系统 ABS 作用和组成。
- 了解电子稳定程序 ESP 主要作用。
- 能够进行行车制动系统制动盘、制动片和制动液检查与更换。

9.1　制动系统概述

9.1.1　制动系统的功用

制动系统功用

制动系统的主要功用是按照驾驶员的要求，使行驶中的汽车减速甚至停车、使下坡行驶的汽车速度保持稳定、使已停驶的汽车保持不动，如图 9-1 所示。制动系统通过制动器产生摩擦力矩，阻止车轮转动，如图 9-2 所示。制动过程就是汽车的运动动能通过摩擦转化为热能的过程。

图 9-1　制动系统的功能图

图 9-2 制动器工作示意图

为了保证汽车行驶安全，发挥高速行驶的能力，制动系必须满足下列要求：

（1）制动效能好。

（2）操纵轻便，制动时的方向稳定性好；制动时，前后车轮制动力分配合理，左右车轮上的制动力应基本相等，以免汽车制动时发生跑偏和侧滑。

（3）制动平顺性好：制动时应柔和、平稳；解除时应迅速、彻底。

（4）散热性好，调整方便。这要求制动蹄摩擦片抗高温能力强，潮湿后恢复能力快，磨损后间隙能够调整，并能够防尘、防油。

（5）带挂车时，能使挂车先于主车产生制动，后于主车解除制动；挂车自行脱挂时能自行进行制动。

随着汽车对制动系统工作性能要求的不断提高及电子控制系统的广泛应用，辅助制动装置日趋完善，如防抱死制动装置 ABS、电控机械驻车制动 EPB 及电子行车稳定系统 ESP 等已渐成为汽车制动系统的标配。

9.1.2　制动系统的术语

1. 热衰退性

制动器的热衰退性又称制动恒定性，是指汽车进行紧急制动或连续制动时，制动器温度显著升高后制动效能下降的现象。产生热衰退现象的主要原因就是制动系统的摩擦片里含有大量的有机化合物，这些有机化合物在生产过程中被固化下来。在制动过程中，只要制动器的工作温度不超过摩擦片的最高工作温度，即 300℃，制动效能就会相对稳定。一旦超过 300℃，摩擦片里的有机化合物受热分解，有气体和液体析出，起着润滑的作用，导致高温受热摩擦系数变小。即在相同踏板力的作用下，摩擦力矩会显著降低，从而产生制动热衰退现象。抗热衰退性能是指汽车高速行驶或下长坡连续制动时制动效能保持的程度。

2. 水衰退性

制动器的水衰退性是指制动器涉水引起制动效能下降的现象，如图 9-3 所示。其原因是水的润滑作用使制动摩擦片与制动鼓间摩擦系数下降。制动器浸水后，经过若干次制动，在摩擦热作用下使水分蒸发,摩擦片逐渐干燥,逐渐恢复到浸水前的制动效能,称为水恢复现象。制动器的抗水衰退性能反映了汽车涉水后制动效能保持的程度和恢复的快慢。盘式制动器的水衰退影响比鼓式制动器的要小,制动效能下降小,恢复也较快。

图9-3　制动器水衰退现象示意图

3. 制动效能

制动效能是指汽车迅速降低行驶速度直至停车的能力,是制动性能最基本的评价指标。评价汽车制动效能的指标有制动距离、制动减速度、制动时间。

制动距离是汽车在一定的初速度下,从驾驶员急踩制动踏板开始,到汽车完全停住为止所驶过的距离,包括反应距离和制动距离两个部分,如图9-4所示。制动距离越小,汽车的制动性能就越好。

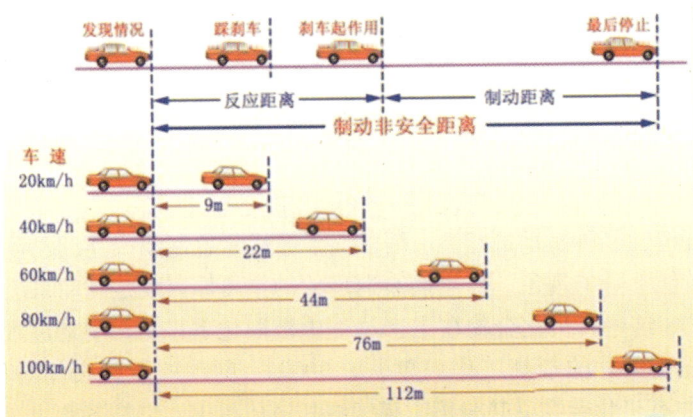

图9-4　制动距离示意图

制动减速度是汽车在制动过程中的减速度。它直接反映了使汽车减速行驶的制动力的大小。制动减速度越大,制动力就越大,制动距离也越短。

制动时间是指紧急制动时,从驾驶员脚踏制动踏板到制动器发生作用,直到达到最大强度制动(减速度达最大值)使汽车完全停止所经历的全部时间。汽车制动时间的长短,与制动系统的结构、工作介质(制动液、压缩空气)、道路附着系数及滚动阻力等因素有关。

4. 制动稳定性

制动稳定性是指制动时汽车的方向稳定性,通过制动时汽车按给定轨迹行驶的能力来评价,即汽车制动时维持直线行驶或预定弯道行驶的能力。汽车丧失制动稳定性表现为制动跑偏和车轴侧滑现象。

汽车跑偏是指汽车制动时不能按直线方向减速停车,而无法控制地向左和向右偏驶的现象。汽车制动时出现某一轴或两轴的车轮相对地面同时发生横向移动的现象称为制动侧滑(俗称甩尾),如图9-5所示。

图9-5   制动甩尾示意图

9.1.3   制动系统相关物理知识

1. 杠杆作用

如图9-6所示,杠杆是利用直杆或曲杆在外力作用下能绕杆上一固定点转动的一种简单机械。杠杆作用是指能够将输入力放大,给出较大的输出力的功能。制动系统中制动踏板利用杠杆作用放大驾驶员腿部的力量,然后把此力量传递给液压系统。

2. 帕斯卡定律

以制动液为力传递介质的液压制动系统,由于液体是不能被压缩的,从总泵输出的压力会传递至分泵并遵循密闭液体传递压强的帕斯卡定律。

如图9-7所示,帕斯卡定律是指在流体力学中,由于液体的流动性,封闭容器中的静止流体的某一部分发生的压强变化,将毫无损失地传递至流体的各个部分和容器壁。根据帕斯卡定律,在系统中的一个活塞上施加一定的压强,必将在另一个活塞上产生相同的压强增量。如果第二个活塞的面积是第一个活塞的面积的10倍,那么作用于第二个活塞上的力将增大为第一个活塞的10倍,而两个活塞上的压强仍然相等。

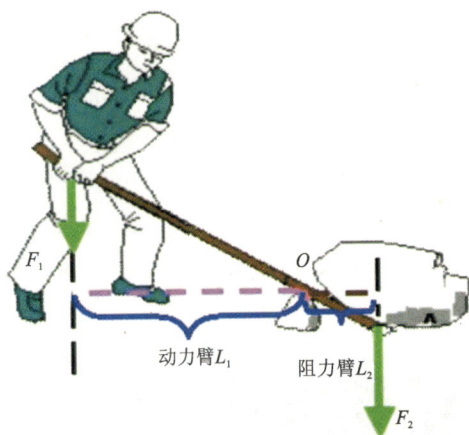

图 9-6　标杆的应用示意图

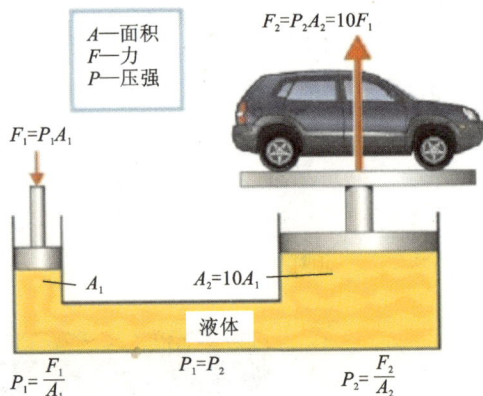

图 9-7　帕斯卡定律应用示意图

3. 摩擦力

制动系统利用制动器的摩擦力来实现能量的转换。摩擦力是一个物体在另一个物体上滑动的相互阻力。固体表面之间的摩擦力分为滑动摩擦力、滚动摩擦力、静摩擦力。滚动摩擦力远小于滑动摩擦力。滑动摩擦力与物体间的压力、接触面的粗糙程度有关。压力越大、接触面越粗糙，滑动摩擦力越大。

4. 液压制动系统模型

如图 9-8 所示，当踩下制动踏板时，在踏板处通过杠杆原理把制动力放大了 4 倍，再通过液压机构驱动活塞把制动力又放大了 3 倍，一共放大了 12 倍。放大以后的制动力推动活塞移动，活塞推动蹄片带动刹车卡钳紧紧地夹住制动碟，由蹄片与制动碟产生的强大摩擦力，让车减速。这就是简单的制动模型。通过它我们就可以理解制动系统的基本原理了。

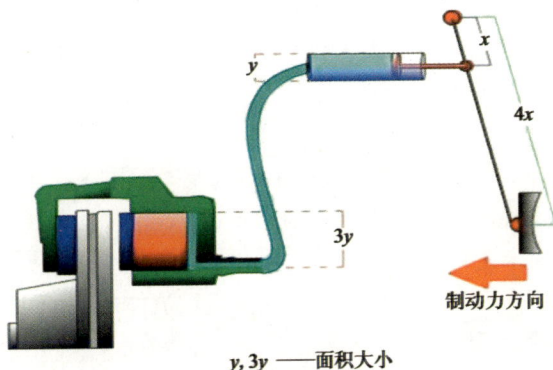

图 9-8　液压制动系统示意图

9.1.4 制动系统分类

1.制动系的功用分类

汽车制动系统按功用分为行车制动系、驻车制动系和辅助制动系。行车制动系是用以使行驶中的汽车降低速度甚至停车的制动系，如图9-9(a)所示。驻车制动系是用以使已停驶的汽车驻留原地不动的制动系，如图9-9(b)所示。辅助制动系是在行车过程中，辅助行车制动系降低车速或保持车速稳定，但不能将车辆紧急制停的制动系。上述各制动系中，行车制动系和驻车制动系是每辆汽车都必须具备的，是汽车的基本制动装置。

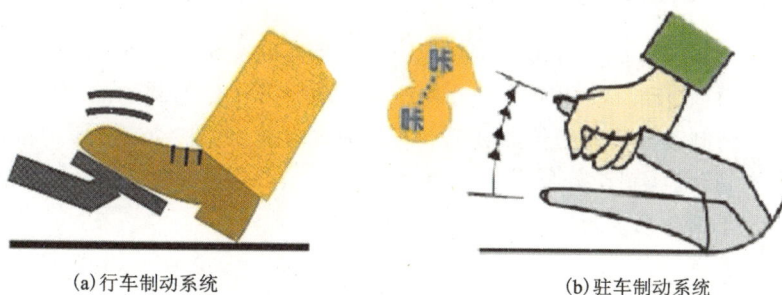

(a)行车制动系统　　　　　　　　　　　　(b)驻车制动系统

图9-9　制动系统功能示意图

2.按制动能量的传输方式分类

制动系统按制动能量的传输方式分类，制动系可分为机械式、液压式[图9-10(a)]、气压式[图9-10(b)]、电磁式等，同时采用两种以上传能方式的制动系称为组合式制动系。目前乘用车系列广泛采用液压制动系统，但部分新能源车型除外。商用车系列广泛采用气压制动，尤其是4吨以上的载货汽车和客车几乎都是采用气压制动。

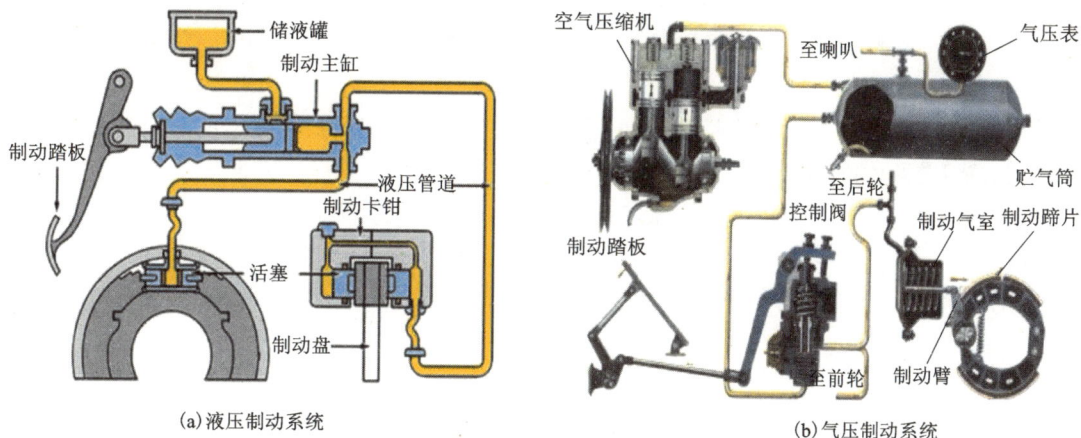

(a)液压制动系统　　　　　　　　　　　　(b)气压制动系统

图9-10　气压和液压制动系统结构图

3.按制动操纵能源分类

制动系统按制动操纵能源可分为人力制动系统、动力制动系统和伺服制动系统等。以驾驶员的肌体作为唯一制动能源的制动系统称为人力制动系统；完全靠由发动机的动力转化而成的气压或液压形式的势能进行制动的系统称为动力制动系统；兼用人力和发动机动力进行制动的制动系统称为伺服制动系统或助力制动系统。

9.2　液压行车制动系统

9.2.1　液压行车制动系统的原理

液压行车制动系统在车辆行车时需减速行驶或停车时，驾驶员通过制动操纵机构的制动踏板施加制动压力，制动总泵和制动助力装置将制动压力转化为制动油液压力，通过电磁阀和制动油液管路将制动油液压力传递到前后车轮制动器分泵，制动油液压力推动制动分泵活塞将制动片夹紧制动盘（制动分泵活塞推动制动蹄张开压紧制动鼓），从而实现行驶车辆减速和停车。液压行车制动系统布置如图 9-11 所示。

液压行车制动
系统组成

图 9-11　液压行车制动系统布置图

为保证汽车能在安全的条件下发挥出高速行驶的能力，制动系必须满足下列要求：

（1）行车制动的制动力应在各轴之间合理分配。

（2）制动器应有磨损补偿装置。制动器磨损后，制动间隙应易于通过手动或自动调节装置来补偿。

（3）采用真空助力的行车制动系，当真空助力器失效后，制动系统仍应能保持规定的应急制动性能。

（4）行车制动系制动踏板的自由行程应符合该车有关技术条件。行车制动在产生最大制动效能时的踏板力，对于乘用车不应大于 500 N；对于其他机动车不应大于 700 N。

（5）液压行车制动在达到规定的制动效能时，踏板行程不应大于踏板全行程的四分之三；制动器装有自动调整间隙装置的机动车的踏板行程不应大于踏板全行程的五分之四，且乘用车不应大于 120 mm，其他机动车不应大于 150 mm。

（6）液压行车制动系不允许因制动液对制动管路的腐蚀或由于发动机及其他热源的作用形成气阻而影响行车制动系的功能。

传统的液压行车制动系一般由制动操纵机构、制动器和制动系统显示装置三个主要部分组成。

9.2.2 制动管路

液压制动系统制动管路的布置形式有两种方式：单管路液压制动系统和双管路液压制动系统。

1.单管路液压制动系统

单管路液压制动系统是利用一个制动主缸，通过一套相互连通的管路，控制全车车轮制动器。其系统由制动踏板、推杆、制动主缸、储液制动轮缸、油管等组成，如图 9-12 所示。单管路液压制动系统的任何一处漏油，则整个系统失效。因使用可靠性差，现在汽车上已很少采用。

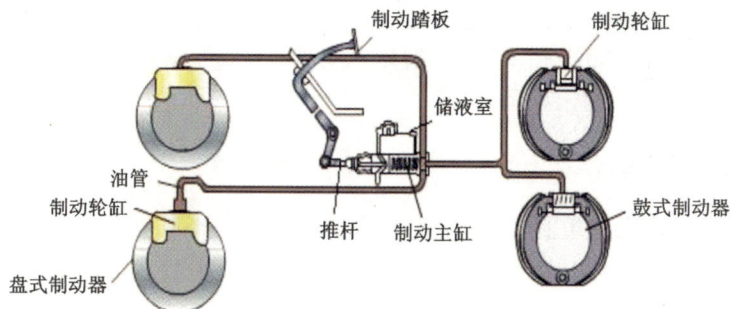

图 9-12 单管路液压制动系统示意图

2.双管路液压制动系统

双管路液压制动系统是利用两个彼此独立的液压系统，当一个液压系统发生故障时，另一个液压系统仍然照常工作。双管路的布置形式应力求当一套管路发生故障时，只能引起制动效能的降低，其前后桥制动力分配比例值最好不变，以提高附着力的利用率，保证汽车良好的操纵性和稳定性。双管路液压制动系统布置形式通常有前后独立式和对角交叉式，如图 9-13 所示。

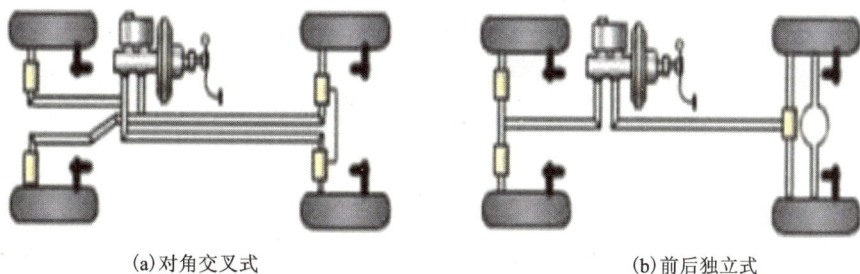

(a)对角交叉式　　　　　　　　　　(b)前后独立式

图 9-13 双管路液压制动系统示意图

1）双管路前后独立式

双管路前后独立式液压制动管路是按车桥控制的，就是两个车桥各有一套控制管路。由制动踏板、推杆、双腔制动主缸、储液室、制动轮缸、油管等组成。它主要用于对后轮制动依赖性较大的发动机后置的后轮驱动汽车。制动时，踩下制动踏板，双腔制动主缸的推杆推动主缸前后活塞使主缸前后腔油压升高，制动液分别流至前、后车轮制动轮缸，迫使轮缸的活塞在油压力作用下外移，推动制动蹄张开产生制动。当松开制动踏板时，制动蹄和轮缸活塞在回位弹簧作用下回位，使制动液回至制动主缸，使汽车解除制动。

制动缸各管路分别控制前桥和后桥上的车轮制动器。若其中的一套管路失效，另一套管路仍然有一定的制动效能，但前后桥制动力分配比例值被破坏，造成附着力利用率降低，使制动效能低于50%。

2）双管路对角交叉式

双管路对角交叉式液压制动管路就是通过两套管路分别控制前、后桥制动器中的一个制动轮缸，主要用于对前轮制动力依赖性大的发动机前置前轮驱动汽车。汽车制动时，其中一管路失效，剩余的总制动力仍能保持正常值的50%，即使正常工作管路中的车轮制动器抱死侧滑，失效管路中未被制动的车轮仍能传递侧向力，前后轮制动力分配达到3.36∶1。当汽车在高速状态下制动时，均能确保后轮不抱死，或者前轮比后轮先抱死，避免制动时后轮失去侧向附着力，导致汽车失控。

9.2.3　制动操纵机构

制动操纵机构是用来产生制动动作、控制制动效果，并将制动能量传输到制动器的各个部件。主要由制动踏板机构、真空助力器、制动主缸、制动组合阀体以及制动轮缸和制动管路等组成，如图9-14所示。

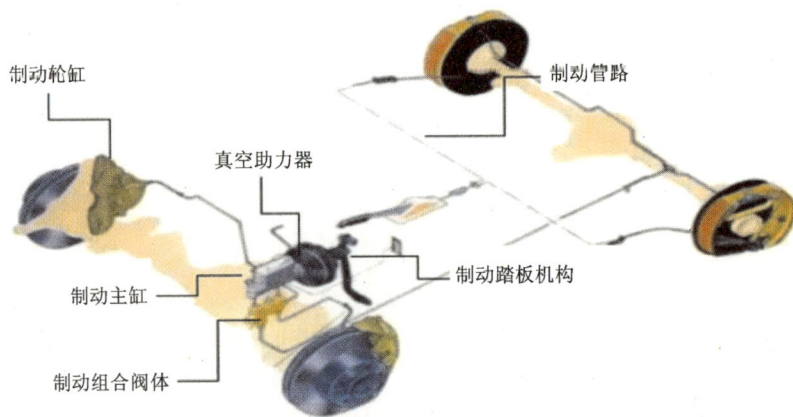

图9-14　液压行车制动操纵机构组成图

1. 制动踏板机构

制动踏板机构是将驾驶员施加在制动踏板上的力传递给制动主缸的装置，如图9-15所示。操纵机构由制动踏板、推杆或具有传力作用的联动装置等组成。当驾驶员脚踩制动踏板时，制动踏板推动推杆，将作用力传递给制动主缸的活塞，如图9-15所示。

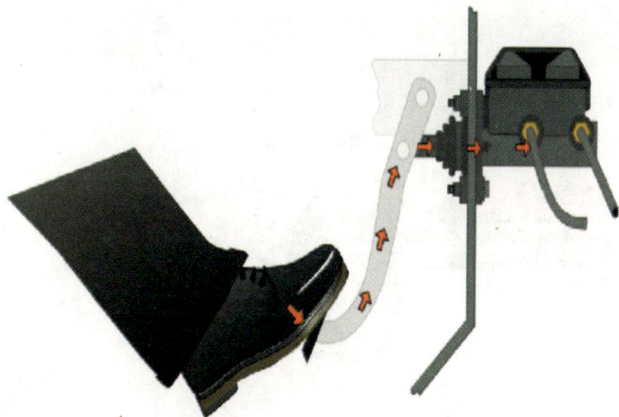

图9-15 制动踏板机构图

2. 真空助力器

真空助力器是利用真空（负压）来增加驾驶员施加于踏板上力的部件。真空助力器一般位于制动踏板与制动主缸之间，为便于安装，通常与主缸合成为一个组件，主缸的一部分深入到真空助力器壳体内。真空助力器有一个助力器腔和一个真空腔，在所有左侧驾驶型车辆上都使用10"真空助力器。在未进行制动时通过抽吸管路在两个空腔中形成真空，在真空时大气压力进入助力器腔中，制动助力装置便开始工作。由此，在助力器腔和真空腔之间形成了一个压力差，使外部的大气压力对制动动作提供助力。在真空助力器控制壳体中的机械开关组由一个弹簧卡圈、一个活塞和一个带滚珠和滚珠套的滚珠支架组成，如图9-16所示。

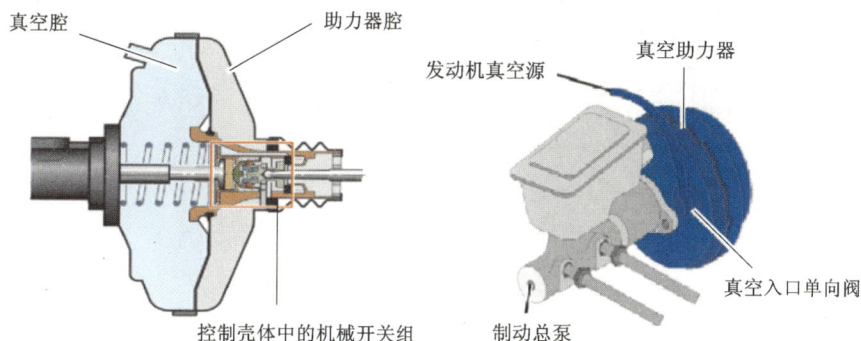

图9-16 真空助力器

真空助力器工作过程分释放、施加和保持三个模式。

释放模式是指真空助力器在制动踏板松开状态下的工作模式，如图9-17所示。此模式下，制动踏板松开，阀杆处于释放位置，控制阀柱塞被固定在后方位置，真空阀开启，空气阀关闭，真空腔和空气腔连通，且与大气隔开。真空腔和空气腔的空气经单向阀被进气歧管真空抽出，二者都处于真空状态，膜片两侧的压力相等，膜片回位弹簧将膜片保持在靠后位置，推杆对制动主缸活塞不施加作用力。

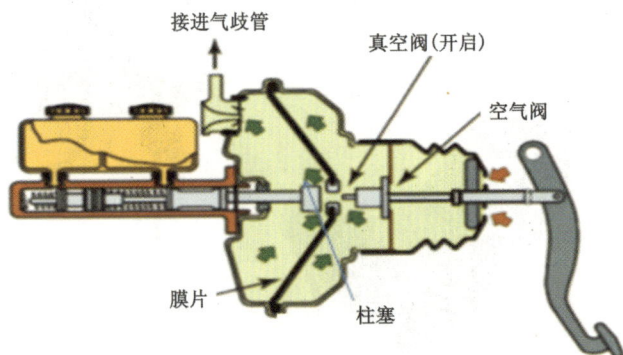

图 9-17 真空助力器释放阶段

施加模式是指真空助力器在制动踏板踩压过程中的工作模式，如图 9-18 所示。在此模式下，制动踏板被踩压，阀杆及柱塞向前移动，关闭真空阀并开启空气阀，外界大气进入空气腔，而真空腔仍保持真空。于是膜片两侧产生压力差，膜片后方的大气压力推动膜片及膜片毂、推杆向前移动，这就给制动主缸活塞施加了作用力，实现制动助力。同时阀杆也通过橡胶反作用盘对推杆施加一个作用力，阀杆及制动踏板也受到相应的反作用力，这使得驾驶员有一定的踏板感。

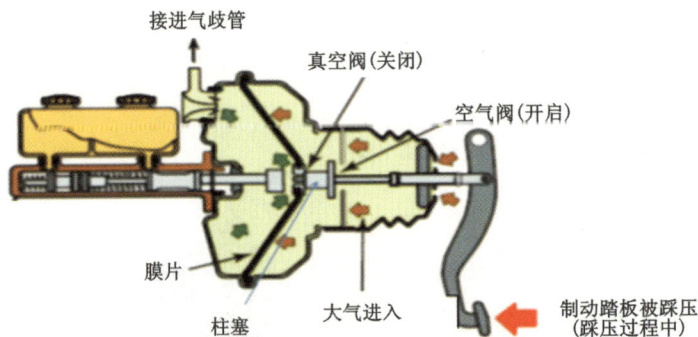

图 9-18 真空助力器施加阶段

保持模式是指真空助力器在制动踏板被踩下且保持状态下的工作模式，如图 9-19 所示。在制动踏板踩下且保持的瞬间，控制阀柱塞立即停止移动，而膜片及膜片毂、控制阀阀座仍继续前移，直到空气阀关闭、膜片及膜片毂达到平衡状态为止。控制阀的这种作用可以调节膜片前后的压力。若继续往下踩压制动踏板，空气阀将重新打开，真空阀关闭，空气腔的大气压力继续通过膜片及膜片毂、推杆对制动主缸活塞施加作用力；若松开制动踏板，空气阀将关闭，真空阀打开，膜片及膜片毂在回位弹簧的作用下回到释放位置。

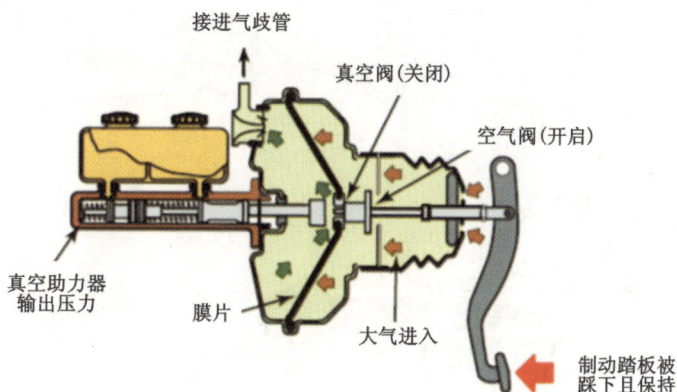

接进气歧管

真空阀(关闭)

空气阀(开启)

真空助力器
输出压力

膜片

大气进入

制动踏板被
踩下且保持

图9-19 真空助力器保持阶段

3. 制动主缸

制动主缸(Master Cylinder)也称为制动主油或制动总泵，它的主要作用是推动制动液传输至各个制动分泵之中推动活塞。制动主缸属于单向作用活塞式液压缸，它的作用是将踏板机构输入的机械能转换成液压能。制动主缸分单腔式和双腔式两种，分别用于单回路和双回路液压制动系统。为了提高汽车行驶安全性，根据交通法规的要求，现在汽车的行车制动系统都采用了双回路制动系统，也就是采用串列双腔主缸(单腔制动主缸已经被淘汰)组成的双回路液压制动系统，如图9-20所示。

制动主缸组成
和作用

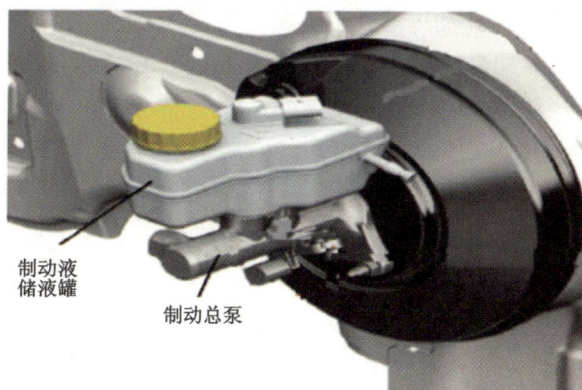

制动液
储液罐

制动总泵

图9-20 制动主缸

1)主缸的组成

串列双腔主缸有两个工作腔，它由储液罐、带密封膜片的储液罐盖、缸体、活塞及皮碗、回位弹簧等组成，如图9-21所示。

储液罐位于主缸上部，其里面装有一定量的制动液。储液罐内部用隔板隔开，以保证主缸的每一个工作腔有独立的储液腔。为了便于观察制动液液位，储液罐一般呈半透明状。储

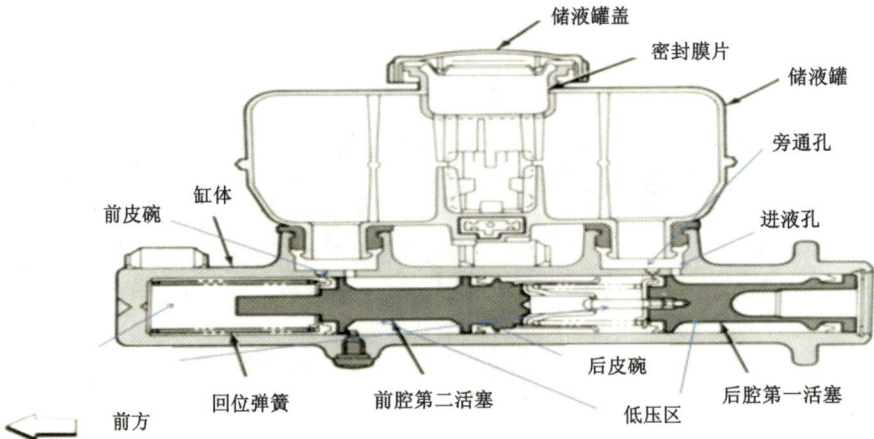

图 9-21 串列双腔制动主缸的组成

液罐顶部设计有盖子，在盖子与储液罐之间有密封膜片，以防止水分等污染物进入制动液。储液罐盖和密封膜片上设计有通气孔，以防止储液罐因液位下降造成真空，影响制动液的流动。同时密封膜片可随着储液罐中液位变化而上下移动。

主缸缸体呈筒状，它与每一个储液腔之间加工有两个孔，分别为旁通孔和进液孔。回位弹簧、活塞及皮碗等都安装在主缸缸筒内，且可以滑动。双腔主缸有两个活塞，分别叫作前腔活塞(或第二活塞)和后腔活塞(或第一活塞)，每个活塞上安装有前、后皮碗，前皮碗前方区域为高压区，前、后皮碗之间的区域为低压区。回位弹簧将两个活塞及皮碗保持在初始位置。有些主缸后工作腔的旁通孔和进液孔上方还安装快速充液阀，这种主缸叫作快速充液主缸，它与低阻力盘式制动器配合使用，以快速消除盘式制动器的间隙，提高制动响应性。

2) 主缸的工作过程

在一次完整的制动过程中，主缸的工作可分为三个阶段，即静止阶段、制动力施加阶段和释放阶段。

当制动踏板未被踩压时，主缸活塞及皮碗处于静止状态，且各个活塞的前皮碗位于旁通孔与进液孔之间，储液罐通过这两个孔与主缸连通，如图 9-22 所示，制动液可以自由地进出主缸，以满足其热胀冷缩的需要。

如图 9-23 所示，当制动踏板被踩压时，后腔活塞及皮碗向前移动，待旁通孔被关闭后，后腔高压区压力升高，且高压制动液进入轮缸，建立制动压力。但低压区的压力降低，制动液经进液孔进入该区域，防止其产生真空。与此同时，在后腔液压和弹簧的作用下，前腔活塞及皮碗也向前移动，前腔高压区的压力也随之升高。若继续踩下制动踏板，前、后腔的压力继续升高，使前、后制动器制动。

若与后腔连接的制动管路发生泄漏，后腔不能建立制动压力，后腔活塞将直接顶触在前腔活塞上，并推动前腔活塞前移，前腔依然可以建立制动压力。若与前腔连接的制动管路发生泄漏，前腔不能建立制动压力，前腔活塞直接顶触到主缸缸体上，于是后腔仍然可以建立制动压力。

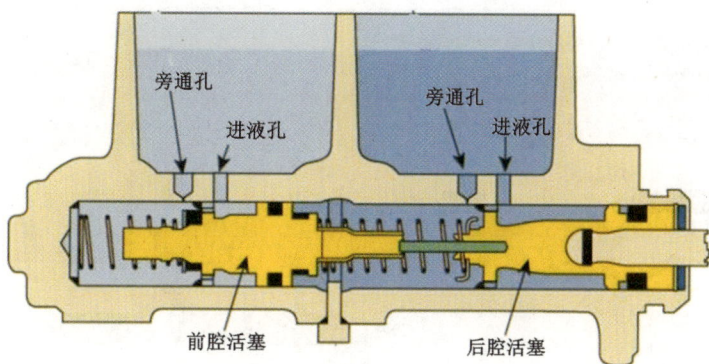

图 9-22 静止阶段的制动主缸

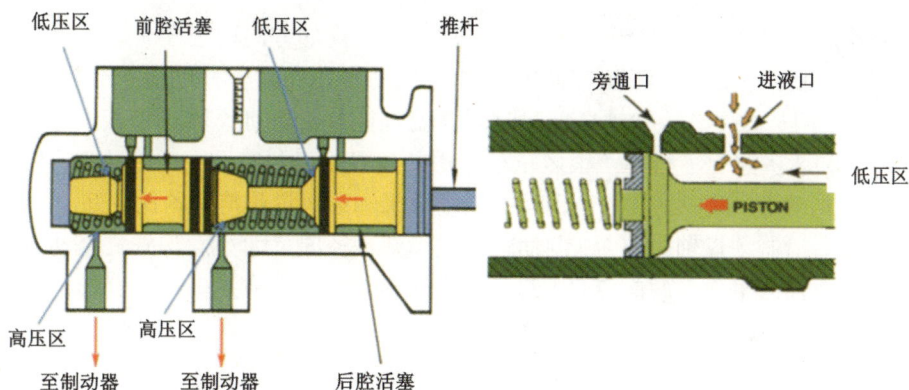

图 9-23 制动施加阶段的制动主缸

当制动踏板释放之后，主缸前、后活塞及皮碗、轮缸活塞在各自回位弹簧的作用下回位。但是，由于制动液的黏性和制动管路阻力的影响，制动液不能及时流回到主缸并填充因活塞后移而产生的空间，因此在旁通孔开启之前，主缸前、后腔高压区中都将产生一定的真空度，而此时低压区的压力大于高压区的压力。于是，低压区的制动液便从皮碗与缸壁间的间隙进入高压区以填补真空，与此同时，储液罐中的制动液经进液孔进入低压区，如图 9-24 所示。当活塞完全回位后，旁通孔已经开启，由制动管路中回流而多余的制动液便经旁通孔进入储液罐。

9.2.4 制动器

制动器是用来产生阻碍车辆运动或运动趋势的制动力的部件。汽车上常用的制动器都是由固定元件与旋转元件组成的。由固定元件和旋转元件工作表面的摩擦而产生制动力矩的制动器，称为摩擦制动器。旋转元件随车轮一同旋转，固定元件与车身（或车架）相连接。它有盘式制动器和鼓式制动器两种结构形式。

盘式制动器已广泛应用于轿车，现在大部分轿车用于全部车轮，少数轿车只用作前轮制

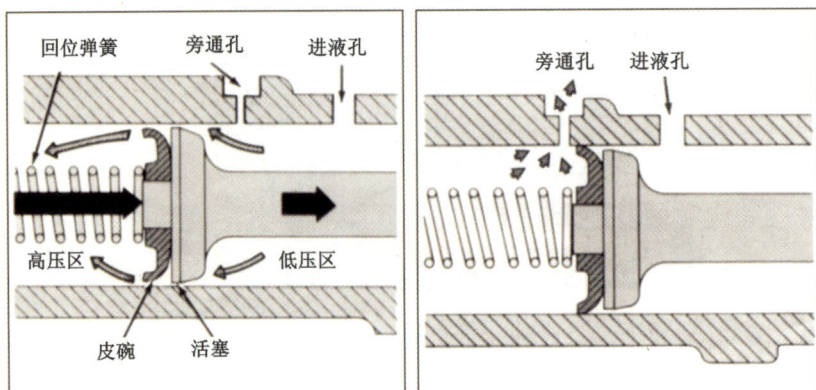

图 9-24　释放阶段的制动主缸

动器，与后轮的鼓式制动器配合，以使汽车制动时有较高的方向稳定性。盘式制动器有液压型的，由液压控制，主要零部件有制动盘、分泵、制动钳、油管等。盘式制动器散热快、重量轻、构造简单、调整方便。特别是高负载时耐高温性能好，制动效果稳定，而且不怕泥水侵袭，能在冬季和恶劣路况下行车。很多轿车采用的盘式制动器有平面式制动盘、打孔式制动盘以及划线式制动盘，其中划线式制动盘的制动效果和通风散热能力均比较好。

　　盘式制动器沿制动盘轴向施力，制动轴不受弯矩，径向尺寸小。与鼓式制动器相比，盘式制动器工作表面为平面且两面传热，圆盘旋转容易冷却，不易发生较大变形，制动效能较为稳定，长时间使用后制动盘因高温膨胀使制动作用增强；而鼓式制动器单面传热，内外两面温差较大，导致制动鼓容易变形，同时长时间制动后，制动鼓因高温而膨胀，制动效能减弱。另外，盘式制动器结构简单，维修方便，易实现制动间隙自动调整，如图 9-25 所示。

盘式制动器组成

图 9-25　盘式制动器

　　如图 9-26 所示，当施加制动时，制动踏板作用力经助力器助力放大后传递到制动主缸。

制动主缸产生高压液压力，并通过制动管和软管传递给盘式制动器中的液压活塞。在液压力的作用下，液压活塞推动制动片压紧在制动盘上，制动片与制动盘之间的摩擦阻力迫使制动盘的转速下降，从而降低车速，最终使车辆停止行驶。当解除制动时，液压力下降，活塞回位，制动片与制动盘分离，两者间的摩擦力消失。

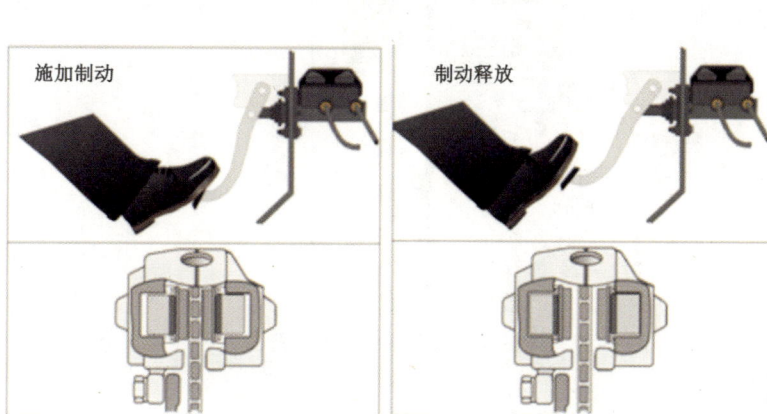

图 9-26　盘式制动器工作原理图

盘式制动器与鼓式制动器相比有较多优点：

①盘式制动器工作表面为平面且两面传热，圆盘旋转容易冷却，不易发生较大变形；

②无助势作用，制动器效能受摩擦系数影响小，制动性能较为稳定；

③制动盘沿厚度方向热膨胀量小，即使长时间使用后制动盘因高温膨胀，也会使制动作用增强；

④尺寸和质量小；

⑤容易实现自动调整间隙，维修简便；

⑥浸水后效能降低小，只需一、二次制动可恢复正常。

盘式制动器的不足之处在于摩擦片直接作用在圆盘上，无自动摩擦增力作用，制动效能较低，所以用于液压制动系统时若所需制动促动管路压力较高，须另行装设动力辅助装置；兼用于驻车制动时，加装的驻车制动传动装置比鼓式制动器要复杂，因而在后轮上的应用受到限制。

1. 浮钳盘式制动器

浮钳盘式制动器的制动钳一般设计成可以相对制动盘轴向滑动。其中只在制动盘的内侧设置液压缸，而外侧的制动块则附装在钳体上，如图 9-27 所示。

制动钳支架固定在转向节上，制动钳体与支架可沿导向销轴向滑动。制动时，活塞在液压力的作用下，将活动制动块(带摩擦块磨损报警装置)推向制动盘，与此同时，作用在制动钳体上的反作用力推动制动钳体沿导向销向右移动或向制动盘方向移动，使固定在制动钳体上的固定制动块压靠到制动盘上。于是，制动盘两侧的摩擦块在作用力和反作用力的作用下夹紧制动盘，使之在制动盘上产生于运动方向相反的制动力矩，促使汽车制动。

与定钳盘式制动器相反，浮钳盘式制动器的单侧液压缸结构不需要跨越制动盘的油道，故不仅轴向和径向尺寸较小，还可能布置得更接近车轮轮毂，而且制动液受热汽化的机会较

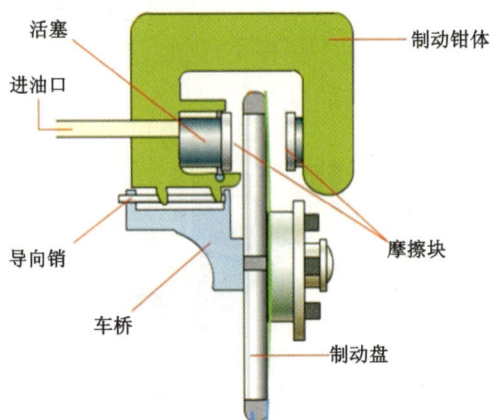

图 9-27 浮钳盘式制动器的结构示意图

少。此外，浮钳盘式制动器在兼充行车和驻车制动器的情况下，不用加设驻车制动钳，只需在行车制动钳液压缸附近加装一些用以推动液压缸活塞的驻车制动机械传动零件即可。

2. 定钳盘式制动器

定钳盘式制动器的制动钳固定安装在车桥上，既不能旋转，也不能沿制动盘轴线方向移动，因而其中必须在制动盘两侧都装设制动块促动装置(例如相当于制动轮缸的液压缸)，以便分别将两侧的制动块压向制动盘，如图 9-28 所示。

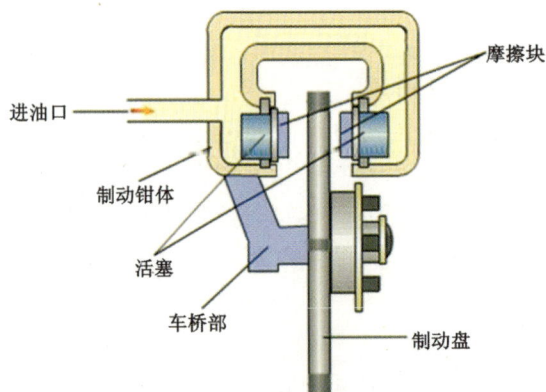

图 9-28 定钳盘式制动器的结构示意图

制动盘固定在轮毂上，制动钳固定在车桥上，既不能旋转也不能沿制动盘轴向移动。制动钳内装有两个制动轮缸活塞，分别压住制动盘两侧的制动块。当驾驶员踩下制动踏板使汽车制动时，来自制动主缸的制动液被压入制动轮缸，制动轮缸的液压上升，两轮缸活塞在液压作用下移向制动盘，将制动块压靠到制动盘上，制动块夹紧制动盘，产生阻止车轮转动的摩擦力矩，实现制动。

定钳盘式制动器中液压缸的结构和制造工艺都与一般制动轮缸相近，故在20世纪50年代中期盘式制动器问世时即采用了这种结构，直到20世纪60年代末仍然盛行。但是，这种制动器存在着以下缺点：

①液压缸较多，使制动钳结构复杂；

②液压缸分置于制动盘两侧，必须用跨越制动盘的钳内油道或外部油管来连通，这必然使得制动钳的尺寸过大，难以安装在现代化轿车的轮辋内；

③热负荷大时，液压缸(特别是外侧液压缸)和跨越制动盘的油管或油道中的制动液容易受热汽化；

④若要兼用于驻车制动，则必须加装一个机械促动的驻车制动钳。

这些缺点使得定钳盘式制动器难以适应现代汽车的使用要求，故自20世纪70年代以来，逐渐让位于浮钳盘式制动器。

9.2.5 盘式制动器的元件

1. 制动盘

制动盘是盘式制动器摩擦副中的旋转元件，其形状是以两端面工作的金属圆盘，如图9-29所示。制动盘是盘式制动器中基本功能性部件，主要安装于车轮内部，并通过轮毂及轮毂螺栓实现与车轮的连接，在使用过程中与车轮同步转动。制动时，制动钳夹紧制动盘，通过制动盘与摩擦片间的摩擦力，使制动盘转速降低或停止转动，车轮因与制动盘为同步转动部件，车轮速度同步降低或停止转动，通过车轮与地面的摩擦，使整车实现制动工作。

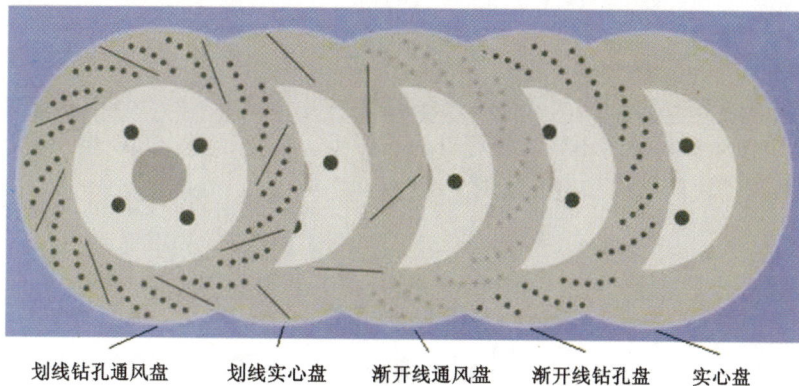

划线钻孔通风盘 　 划线实心盘 　 渐开线通风盘 　 渐开线钻孔盘 　 实心盘

图9-29　制动盘

(1)制动盘按产品结构分实心盘、划线实心盘；通风盘、钻孔通风盘、划线钻孔通风盘。通风盘是指带有通风风道的制动盘，这种风道可提升制动盘的散热性，提高制动盘的冷却性能，降低其热衰减程度，提供更好的制动能力。通风盘又分为直线通风盘和渐开线通风盘，其中渐开线通风盘的散热效果比直线通风盘好。

制动块的物质在摩擦时会分解产生气体，形成气垫隔在制动盘和制动块之间，使得制动块无法贴紧制动盘，从而严重影响制动效果。钻孔制动盘上的孔会把形成的气体排出去，也会把制动块碎屑排出去，必要时还能把产生的水分也排出去，能够有效改善摩擦效果。划线制动盘通过划线的线槽刮下并排出制动块磨下的制动粉末，使其尽可能小地影响制动摩擦力。划线钻孔型制动盘同时起到冷却和排除水分、灰尘等杂质作用。

（2）制动盘按材质上的不同分为金属制动盘和非金属制动盘。金属制动盘采用铸铁制动盘，非金属制动盘采用陶瓷复合制动盘。陶瓷复合制动盘是将碳纤维、石墨和硅等混合后，放置在1700℃高温下经过高真空处理后得到的硅酸盐制动盘，具有制动响应更迅速、保持摩擦系数较高、抗热衰退稳定性高等特点，还有重量轻、使用寿命长、抗腐蚀等优点，如图9-30所示。但由于制造过程复杂，造成成本较高，一般只用于保时捷、奥迪等高档轿车和高档跑车上。

图9-30　陶瓷复合制动盘

2. 制动块

制动块又称为制动片或刹车片。在汽车的制动系统中，制动块是最关键的安全零件，所有制动效果的好坏都是制动块起决定性作用。制动块一般由钢板、黏接隔热层和摩擦部分构成，钢板经过涂装来防锈。隔热层是由不传热的材料组成的。摩擦部分由摩擦材料、黏合剂等组成。制动块按摩擦材料的不同一般可分为石棉型、半金属型、NAO型（即无石棉有机物型）等三种。某制动块的结构和组成如图9-31所示。

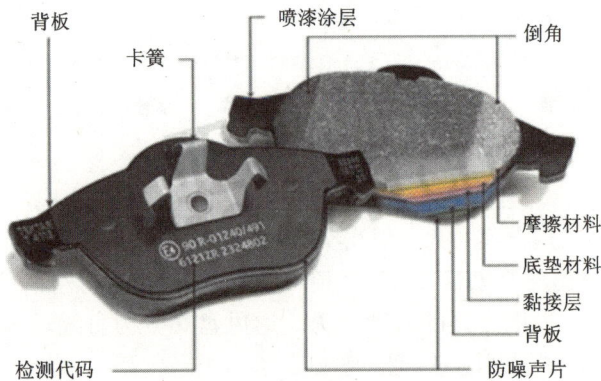

图9-31　某制动块的结构和组成

（1）石棉型制动块（图9-32）是石棉用作加固材料的制动块，由于石棉纤维具有高强度和耐高温的特性，可以承受316℃的高温，因此可以满足制动块的工作要求。但是石棉是致癌物质，其针状的纤维很容易进入肺部并停留，造成刺激，最终可导致肺癌的发生。除了危害健康方面的因素外，由于石棉是绝热的，其导热能力特别差，反复使用制动器会使热量在制动块中堆积起来，制动块变热后，制动性能就要发生改变，要产生同样的摩擦和制动力会需要更多的制动次数，这种现象被称为"制动萎缩"。因此，如果制动块达到一定的热度，将导致制动失灵。

图9-32　石棉型制动块

（2）半金属型制动块（图9-33）主要是采用粗糙的钢丝绒作为加固纤维和重要的混合物。钢丝绒具有较高的强度和导热性，因此半金属制动块需要更高的制动压力来实现相同的制动效果。特别是在低温环境中高金属含量意味着会引起制动块较大的表面磨损，同时会产生更大的噪声。半金属型制动块的优点在于它的温控能力及较高的制动温度，缺点是制动时热量容易被传递到制动钳及其组件上，造成制动液温度上升，将导致制动萎缩和制动液沸腾。这种热量同时加快制动钳、活塞密封圈及回位弹簧等组件的老化。

图9-33　半金属型制动块

（3）NAO型制动块（图9-34）的摩擦材料主要使用玻璃纤维、芳香族聚酯纤维或其他纤维(碳、陶瓷等)来作为加固材料,其性能主要取决于纤维的类型及其添加的混合物。NAO 型制动块在性能上更接近石棉制动块,经历了几次变革,现在的 NAO 材料在诸多方面已经有效地超过了石棉制动块的性能,主要是摩擦性能、抗疲劳能力、温度适应性、抗磨损能力以及噪声等方面得到了提高。

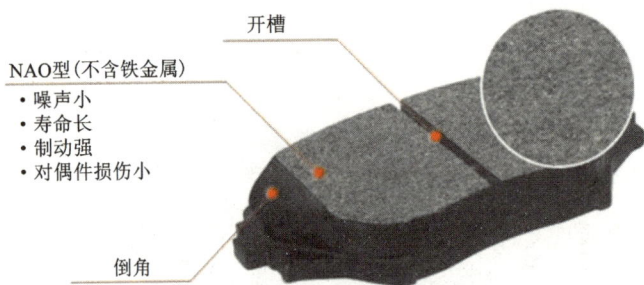

图 9-34　NAO 型制动块

制动块磨损后将影响制动效果,因此汽车上都安装了制动块磨损指示器,当制动块磨损超过极限位置时,磨损指示器发出警报以提醒车主进行更换。制动块磨损指示器分为机械式和电子式两种。机械式制动块磨损指示器中有一个警示铁片(图 9-35),当制动块摩擦材料磨损到极限位置时,铁片与制动盘接触,发出尖锐的啸叫声,以告知驾驶员需要更换制动块。电子式制动块磨损指示器有一根报警线,当制动块摩擦材料磨损到极限位置时,报警线磨断或与制动盘接触搭铁,点亮仪表盘中的制动块警报灯,以提醒驾驶员需要更换制动块。

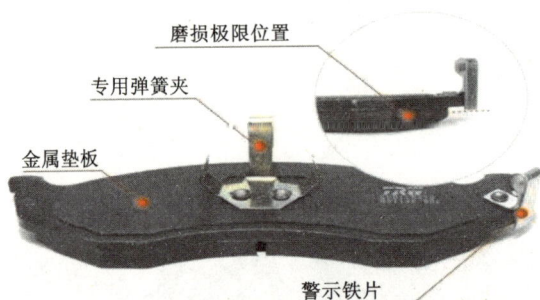

图 9-35　制动块磨损警示装置

3. 制动轮缸

制动轮缸又称为制动分泵,作用是将从制动主缸输入的液压能转变为机械能,以使制动器进入工作状态。制动轮缸由缸体、活塞、密封圈和放气螺栓组成,如图 9-36 所示。浮钳式制动器的制动轮缸为单活塞式,定钳式的制动轮缸为 2 活塞式、3 活塞式和多活塞式等。

当汽车制动时,活塞在液压力的作用下将制动块压紧到制动盘上,产生摩擦力矩,此时矩形密封圈的刃口在活塞摩擦力的作用下会产生微小的弹性变形;当解除制动时,作用在活塞背面的压力消失,矩形密封圈在弹力作用下恢复原始状态,同时带动活塞回位。同时矩形

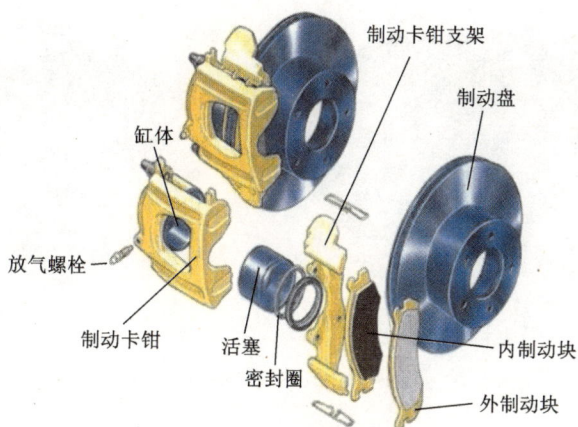

图 9-36   制动轮缸的组成

密封圈还有自动调整制动间隙的作用。汽车在使用中，制动块和制动盘之间的间隙由于磨损而逐渐加大，当制动时活塞密封圈变形达到极限后，活塞仍然可以在液压力的作用下继续向前移动，直到压紧制动盘为止；但是当解除制动时，矩形密封圈能使活塞回位的距离是相同的，即制动块与制动盘之间的间隙仍然保持标准值，如图 9-37 所示。

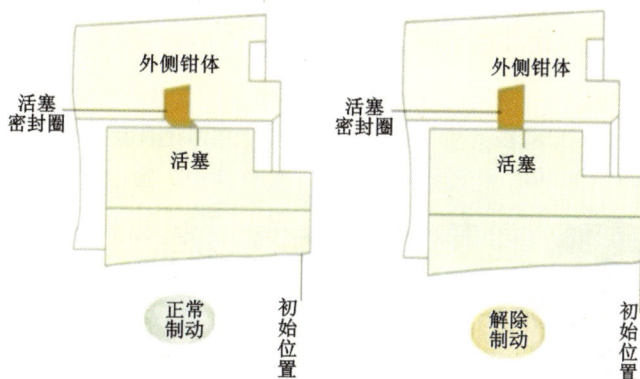

图 9-37   轮缸工作示意图

4. 制动卡钳和导向销

制动卡钳(图 9-38)是具有使运动的车轮减速、停止或保持停止状态等功能的钳类装置，一般只用于盘式制动器上。浮钳式的制动卡钳由制动卡钳、卡钳支架和导向销组成，卡钳支架固定在车轮支架上，制动卡钳通过导向销与卡钳支架连接。制动时，活塞推动内制动块靠近制动盘，内制动块接触制动盘后，制动液推动制动卡钳带动外制动块靠近制动盘。定钳式的制动卡钳是一个整体，固定在车轮支架上。

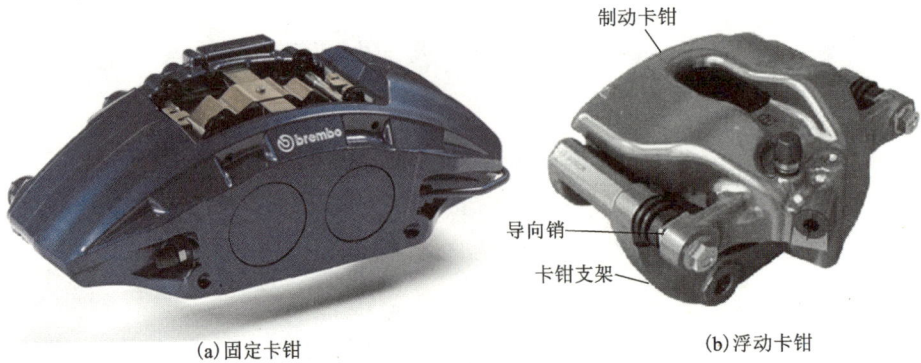

(a)固定卡钳　　　　　　(b)浮动卡钳

图9-38　制动卡钳组成图

9.2.6　鼓式制动器的形式

鼓式制动器也叫块式制动器，是靠制动块在制动轮上压紧来实现刹车的。鼓式制动器是早期设计的制动系统，其在轿车领域上已经逐步退出让位给盘式制动器。但由于成本比较低，仍然在一些经济类轿车中使用，主要用于制动负荷比较小的后轮和驻车制动。鼓式制动器是利用制动蹄片挤压制动鼓而获得制动力的，可分为内张式和外束式两种。内张式鼓式制动器是以制动鼓的内圆柱面为工作表面，在现代汽车上广泛使用；外束鼓式制动器则是以制动鼓的外圆柱面为工作表面，目前只用作极少数汽车的驻车制动器。图9-39是典型的内张式鼓式制动器。内张式鼓式制动器主要有领从蹄式、双领蹄式和自增力式。

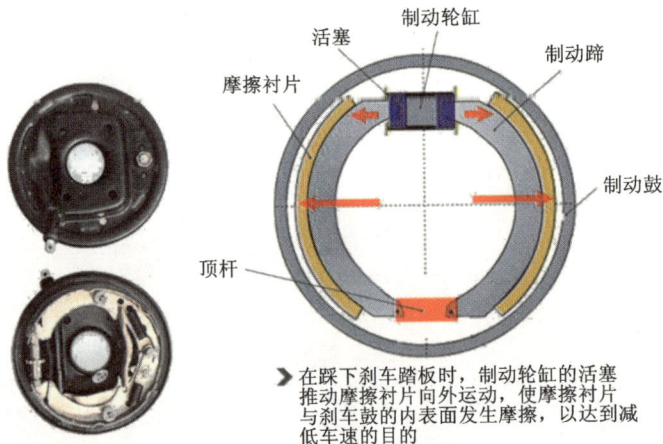

> 在踩下刹车踏板时，制动轮缸的活塞推动摩擦衬片向外运动，使摩擦衬片与刹车鼓的内表面发生摩擦，以达到减低车速的目的

图9-39　鼓式制动器

1. 领从蹄式鼓式制动器

领从蹄式制动器的结构如图9-40所示。制动底板固定在后桥壳或前桥转向节凸缘上，在制动底板的下部装有两个偏心的调整螺钉，两个制动蹄领蹄和从蹄的下端有孔，套装在偏

心调整螺钉上，并用锁止螺母锁止。制动底板的中部装有两制动蹄托架，以限制制动蹄的轴向位置。制动蹄上端用回位弹簧拉靠在制动轮缸的顶块上。制动蹄的外圆面上，用埋头螺钉铆接着摩擦衬片。作为制动蹄促动装置的制动轮缸也用螺钉固装在制动底板上。制动鼓固装在车轮轮毂的凸缘上，随车轮一起转动。

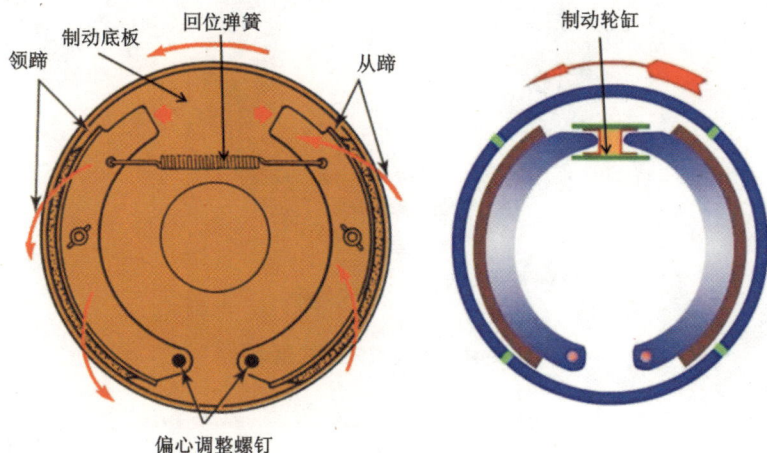

图 9-40 领从蹄式鼓式制动器

领从蹄式特点：领从蹄式制动器制动效能比较稳定，结构简单可靠，便于安装，广泛用作货车的前、后轮制动器和轿车的后轮制动器。

2. 双领蹄式鼓式制动器

当制动鼓正向旋转时，两制动蹄张开方向与制动鼓旋转方向一致的制动器称为双领蹄式制动器，双领蹄式制动器的两制动蹄均为领蹄。

两制动蹄各用一个单活塞式制动轮缸促动，且两套制动蹄、制动轮缸、支承销和调整凸轮等在制动底板上的布置是中心对称的，以代替领从蹄式制动器中的轴对称布置。等直径的两个制动轮缸可借油管连通，使其中油压相等。这样，在汽车前进时，两制动蹄均为领蹄；但在倒车时，两制动蹄均变为从蹄。由此可见，这种双领蹄式制动器具有单向作用，在前进时制动效能好，倒车时制动效能大大下降，且不便安装驻车制动器，故一般不用作后轮制动器；但两制动蹄片受力相同，磨损均匀，且制动蹄片作用于制动鼓的力量是平衡的，即单向双领蹄式制动器属于平衡式制动器，如图 9-41 所示。

如果能使单向双领蹄式制动器的两制动蹄的支承销和促动力作用点位置互换，那么在倒车制动时就可以得到与前进制动时相同的制动效果。双向双领蹄式制动器的设计就是基于此设想，该类制动器的制动蹄在制动鼓正、反向旋转时均为领蹄，如图 9-42 所示。

若将装有单向双领蹄式制动器的汽车左、右两侧车轮制动器对调安装，便成为在制动鼓正向旋转时两制动蹄均为从蹄的双从蹄式制动器。显然，双从蹄式制动器前进时制动效能低于领从蹄式制动器和双领蹄式制动器，但其制动效能对摩擦因数变化的敏感程度较小，即具有良好的制动效能稳定性，只在少数保证制动可靠性的高级轿车上采用。

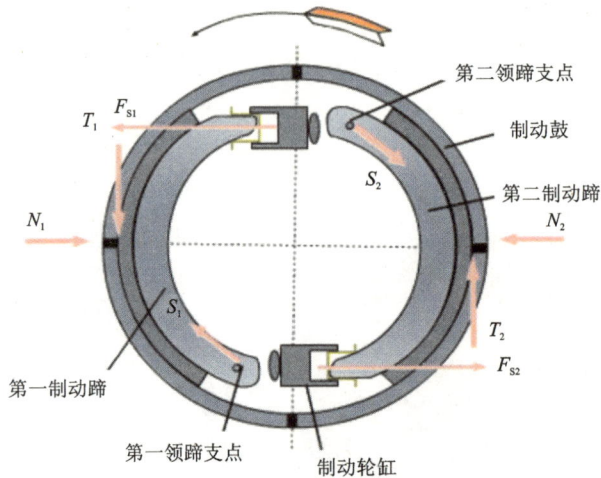

图 9-41　单向双领蹄式制动器

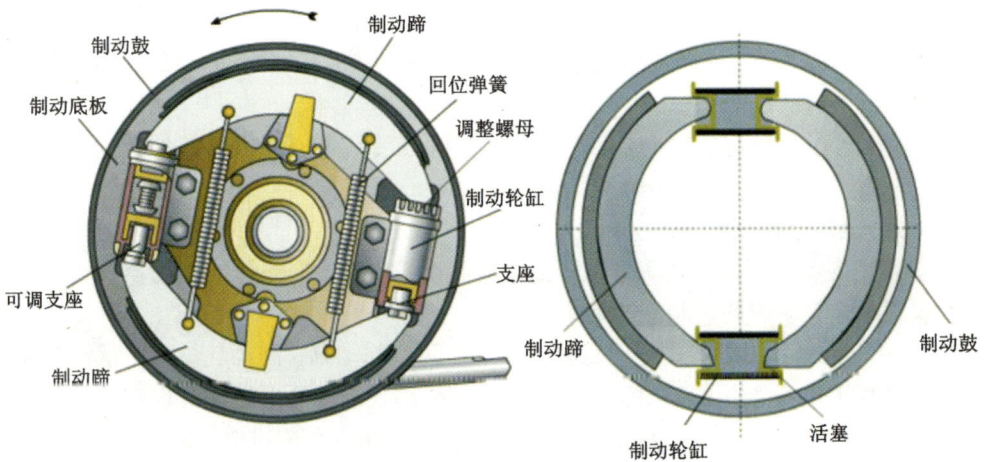

图 9-42　双向双领蹄式制动器

3. 自增力式鼓式制动器

自增力式制动器可分为单向自增力式和双向自增力式两种，在结构上只是制动轮缸中的活塞数目不同而已。单向自增力式制动器只在汽车前进时起自增力作用，使用单活塞制动轮缸；双向自增力式制动器在汽车前进或倒车制动时都能起自增力作用，使用双活塞制动轮缸。

自增力式制动器的增力原理是，利用可调顶杆体浮动铰接的制动蹄来代替固定的偏心销式制动蹄，利用前蹄的助势推动后蹄，使总的摩擦力矩得以增大，起到自动增力的作用。图 9-43 为单向自增力式制动器。第一制动蹄和第二制动蹄的上端被各自的制动蹄回位弹簧拉拢，并以铆于腹板上端两侧的夹板的内凹弧面支靠着支承销。两制动蹄下端以凹入的平面分别浮动支承在可调顶杆体两端的直槽底面上，并用拉紧弹簧拉紧。

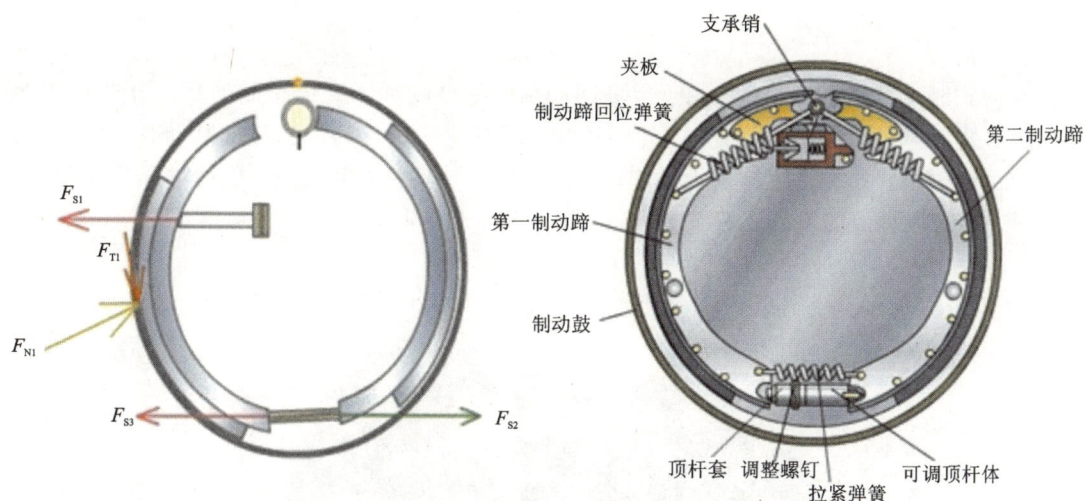

图 9-43　单向自增力式制动器

图 9-44 为双向自增力式制动器。制动蹄的上端两侧铆有夹板，用前后蹄回位弹簧将夹板拉靠在支承销上，两制动蹄的下端由拉紧弹簧拉靠在可调顶杆体两端直槽的底平面上。可调顶杆体是浮动的。制动轮缸处于支承销稍下的位置。

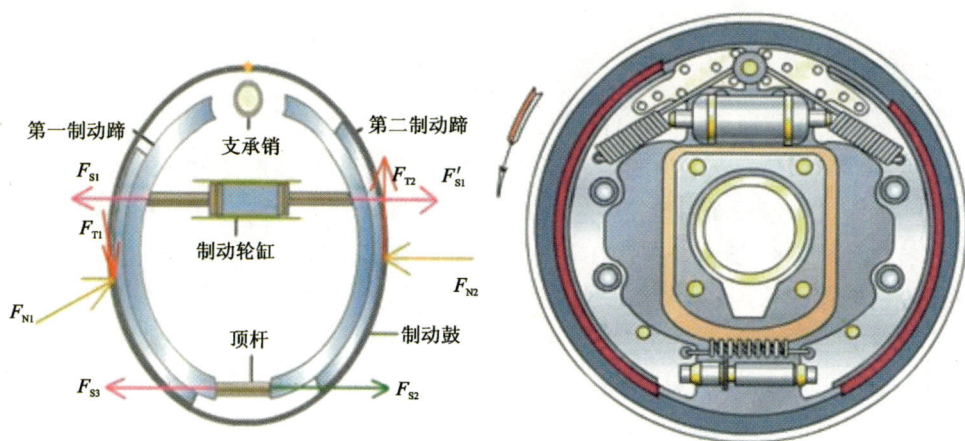

图 9-44　双向自增力式制动器

在基本结构参数和制动轮缸工作压力相同的条件下，自增力式制动器由于对摩擦助势作用的利用，制动效能最好，但其制动效能对摩擦因数的依赖性最大，因而其稳定性最差；此外，在制动过程中自增力式制动器制动力矩的增长在某些情况下显得过于急速。因此，单向自增力式制动器只用于中、轻型汽车的前轮，而双向自增力式制动器由于可兼作驻车制动器而广泛用于轿车后轮。

9.2.7   鼓式制动器的元件

1. 制动鼓

在鼓式制动器中，最外端的用于包裹制动蹄等零件的圆形壳体是制动鼓，如图9-45所示，制动鼓不与底板相连接，而是与轮毂连接，同车轮一起旋转。当施加制动时，制动蹄与制动鼓的内表面摩擦，产生制动力。制动鼓为铸铁件或铸铁与钢复合件，通过螺栓孔套在车轮螺栓上，在制动鼓的中心还有一个大孔，用来与轮毂中心定位。

图9-45   制动鼓

2. 制动蹄

制动蹄是制动器相对固定的部件。鼓式制动器由制动轮缸活塞推动制动蹄压紧旋转的制动鼓产生摩擦形成制动力。常见的制动蹄由钢制蹄片铆接或黏接摩擦材料组成，多数制动蹄都是由内块钢板呈T形断面焊接在一起制成的，制动蹄外部的弯曲金属板称为基板，其上铆接摩擦材料，如图9-46所示。焊接在基板下的金属板称为腹板，腹板上通常加工有许多各种形状和规格的孔，用于安装制动蹄回位弹簧、限位弹簧组和调节器等。

通常腹板的一端直接或通过推杆与制动轮缸活塞接触，而另一端与制动蹄支座或调节器的平面或曲面接触。当施加制动时，作用在制动蹄上的力都会通过腹板转移到基板上，然后制动蹄的外缘的摩擦材料与制动鼓的内表面相接触，从而产生制动力。制动蹄上摩擦材料的末端制成楔形，这可以防止振动和降低噪声。

3. 制动轮缸

制动轮缸(简称"轮缸")固定在底板上，当驾驶员踩下制动踏板时，制动力迫使轮缸内的活塞向外移动，通过推杆或活塞将运动作用于制动蹄腹板，迫使制动蹄向外压紧制动鼓。轮缸主要包括缸体、密封皮碗、活塞、弹簧、排气阀等，如图9-47所示。

(1)缸体：用于封装轮缸总成其他零件，有一个精密的缸筒，里面装着活塞、密封皮碗和弹簧等。

(2)防尘套：防止水和尘土进入轮缸缸筒内部。

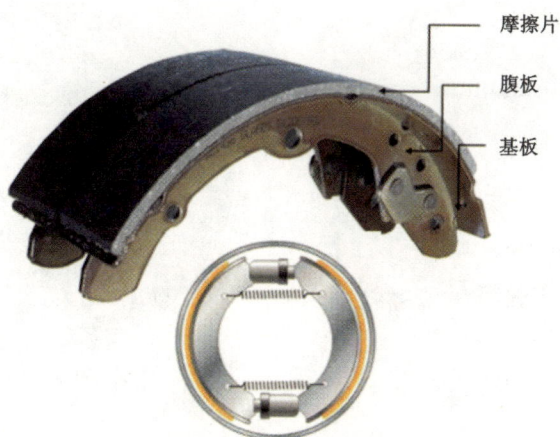

图 9-46　制动蹄的组成

（3）密封皮碗：采用特殊材料制造的橡胶密封件，负责密封液压并防止制动液从活塞泄漏。

（4）活塞：将轮缸的液压力传递给制动蹄，直接或通过推杆推压制动蹄。

（5）弹簧：当活塞未受压时，使密封皮碗顶在活塞上。

（6）排气阀：安装在轮缸背面的孔内。当排气时，液压力将系统中的空气通过排气阀排出。

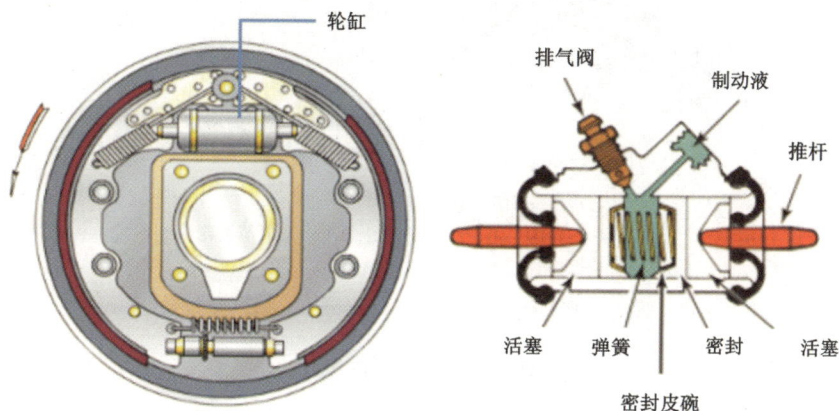

图 9-47　制动轮缸的组成

4. 回位弹簧

回位弹簧的作用是将制动蹄与制动鼓分离，并迫使轮缸活塞回到缸筒的中心。当释放制动时，制动蹄回位弹簧回缩，迫使制动蹄退回到初始位置，可避免制动蹄不回位产生制动拖滞，同时迫使轮缸中的制动液回到主缸及储液罐中。回位弹簧的类型、位置和数量在各种鼓式制动器的设计上都有所区别，但所有的回位弹簧都按照两种方法中的一种安装：一种是直接在两制动蹄之间连接；另一种则是从制动蹄连接到固定支座上，如图 9-48 所示。

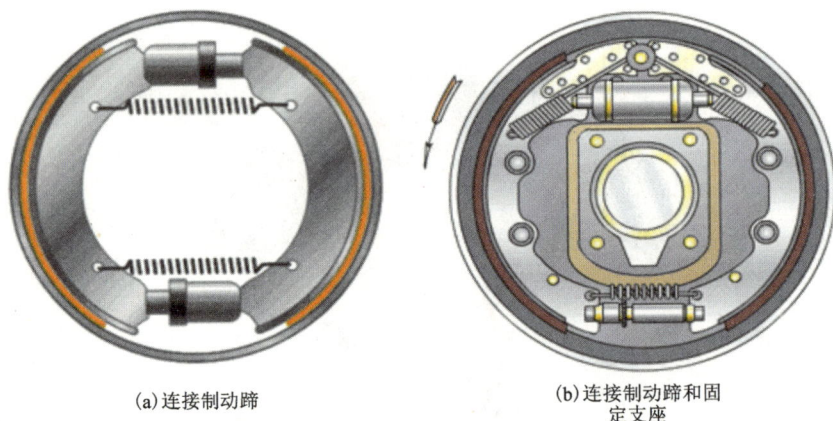

(a)连接制动蹄　　　　　(b)连接制动蹄和固
　　　　　　　　　　　　　定支座

图 9-48　回位弹簧的作用

5. 调节器

随着制动蹄摩擦片和制动鼓内表面接触面的磨损，制动蹄与制动鼓的间隙会增大，为了保证有效地制动性能，必须要调整制动蹄与制动鼓的间隙(通常称为"制动器间隙")，使其更小一些，这就需要在制动蹄之间装设一个调节装置，在制动蹄磨损时，通过星轮调节螺栓的转动可以使制动蹄张开一些。早期的调节器需要定期进行人工调整，而现代车辆都普遍采用自动调节器，如图 9-49 所示。

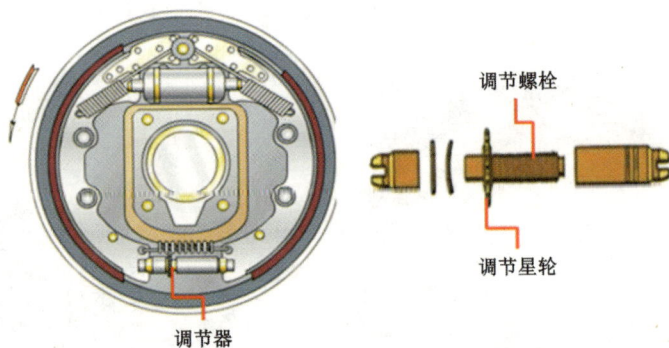

调节螺栓

调节星轮

调节器

图 9-49　调节器的组成

9.2.8　鼓式制动器的调整

1. 手动调整

当制动蹄和制动鼓之间的间隙过大，制动踏板的位置会很低，导致轮缸行程不足以使制动摩擦材料和制动鼓接触。驾驶员必须多次踩压制动踏板迫使更多的制动液进入轮缸，使其充分移动以产生制动力。早期的鼓式制动器当制动蹄与制动鼓磨损间隙过大时，一般都是采用手动调整，手动调整制动蹄和制动鼓之间的间隙，按照调整方式可分为制动鼓安装前调整和制动鼓安装后调整。

1）制动鼓安装前调整

在制动鼓安装前，使用制动鼓至制动蹄间隙规（简称"量规"）对制动鼓内径最宽点处进行测量，然后手动牢牢紧固量规上的固定螺栓，保持在当前位置，接下来在量规的一侧与相应的制动蹄之间插入适当规格的塞尺，转动制动蹄调节器星轮，直到制动蹄接触到量规和塞尺，调整结束后，安装制动鼓，如图9-50所示。

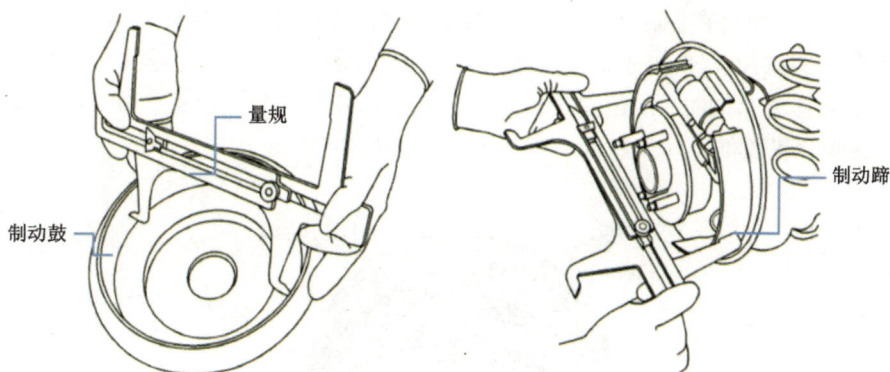

图9-50 制动器间隙测量

2）制动鼓安装后调整

大多数鼓式制动器可以在制动鼓安装后通过旋转星轮或旋转调节器进行调节，如图9-51所示。调节时，使用一字螺丝刀推开棘片，然后使用调整工具对星轮进行转动（转动方向请参考维修手册要求），同时请助手转动制动鼓，如果感觉到制动鼓受到阻力，应停止调整。反复操作行车制动和驻车制动，直到调节器总成不发出咔塔声，然后进行驻车制动器拉索的调整。

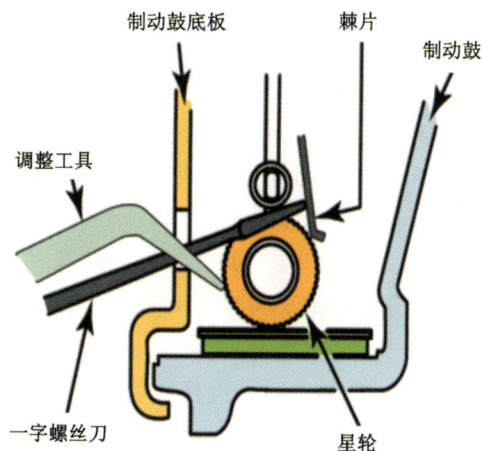

图9-51 制动鼓与制动蹄间隙调整

2. 自动调整

随着鼓式制动器技术的升级，当前鼓式制动器磨损间隙调整不再采用手动调整，而是采用自动调节器进行磨损间隙调整，提高了鼓式制动器的应用效果。一般在鼓式领从蹄式制动器中，其自动调节器可以安装在领蹄上，也可以安装在从蹄上，当前行或倒车制动时，这类调节器都可调节制动器间隙。领从蹄式制动器的常见类型有星轮式和棘齿棘爪式。

1) 星轮式自动调节器

星轮式自动调节器常见有领蹄设计和从蹄设计两种。图 9-52 所示的调节器是领蹄设计，当不使用制动时，棘片保持在原位置上。当施加制动时，领蹄向外朝制动鼓移动，调节弹簧使安装在制动蹄上的棘片绕转动轴向下摆动，带动星轮转动，调节制动器推杆长度，从而调节制动器间隙。当释放制动时，回位弹簧拉回制动蹄，棘片回到静止位置。如果制动蹄磨损严重，棘片就会咬合星轮的下一个轮齿，在下一次施加制动时，再作进一步的调节。

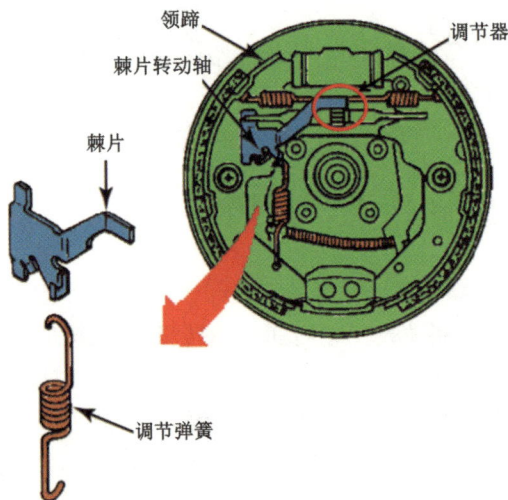

图 9-52　领蹄式自动调节器

图 9-53 所示的调节器是从蹄设计，与领蹄设计结构相似，但是从蹄的设计是在释放制动时进行调节而不是在施加制动时。当未施加制动时，调节弹簧张力使从蹄和棘片保持在原位置上。当施加制动时，从蹄向外朝制动鼓移动，调节弹簧拉动棘片在与制动蹄连接凹槽的地方转动，使棘片绕转动轴向上摆动，但不转动行星轮。当释放制动时，回位弹簧将制动蹄拉回，棘片也将回位。如果制动蹄磨损严重，棘片将咬合星轮的上一个轮齿，并将棘片向下推，使星轮旋转，从而对制动器进行调节。

2) 棘齿棘爪式自动调节器

棘齿棘爪式自动调节器包括有互锁齿的棘齿和棘爪两个部件。在进行调节时，棘齿和棘爪互锁齿相对移动进行调整，调节完成后，棘齿和棘爪互锁齿咬合，将制动蹄锁定在新的位置，实现制动鼓和制动蹄之间的间隙调整。

图 9-54 为棘齿棘爪式自动调节器，其部件主要包括棘齿杠杆和棘爪，并安装在领蹄上。棘爪上的调节弹簧使棘爪与棘齿杠杆保持接触，以便保持互锁位置。当施加制动时，制动蹄

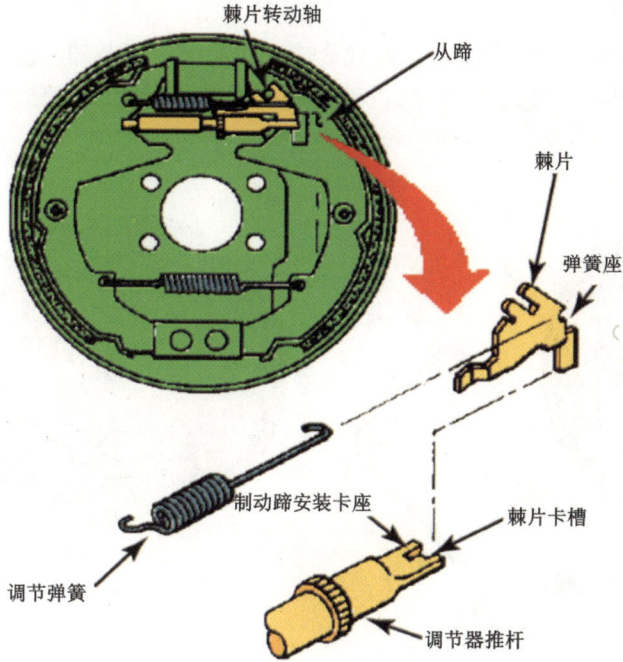

图 9-53 从蹄式自动调节器

向外张开，调节器推杆拉动棘齿杠杆，迫使其绕与领蹄顶部相连的地方向里移动。如果制动蹄磨损严重，棘齿杠杆的底部将跳过一个或更多的齿咬合在棘爪上。当释放制动时，棘齿杠杆推动调节器推杆，将把制动蹄分得更开，以减少制动鼓与制动蹄之间的间隙。

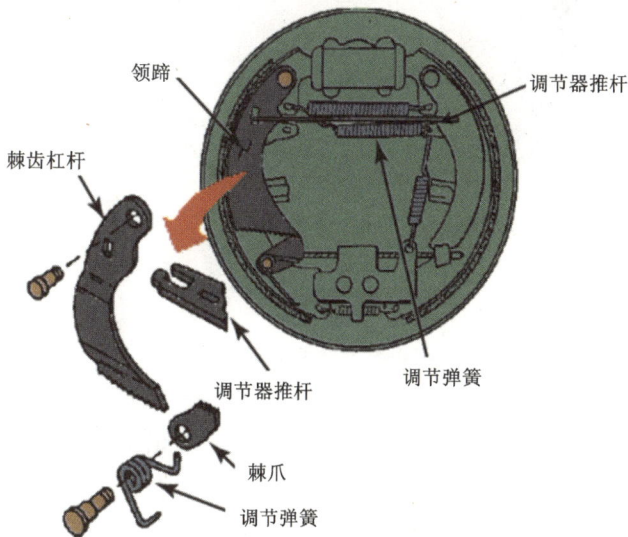

图 9-54 棘齿棘爪式自动调节器

3）伺服式制动器自动调节

伺服式制动器通常使用拉线式、拉杆式或连杆式的星轮调节器，它们都装在第二制动蹄上，并且只有汽车倒退行驶过程中才进行磨损间隙调节，如图 9-55、图 9-56 和图 9-57 所示。

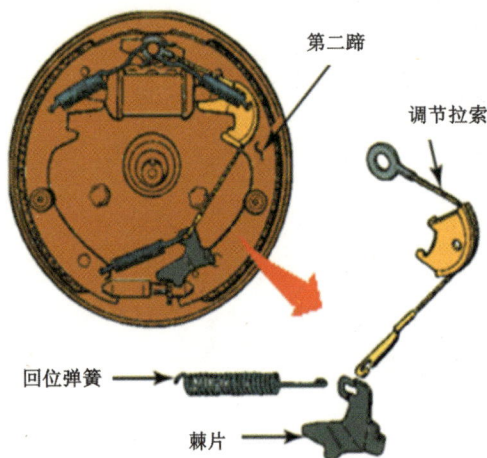

图 9-55　拉线式调节器

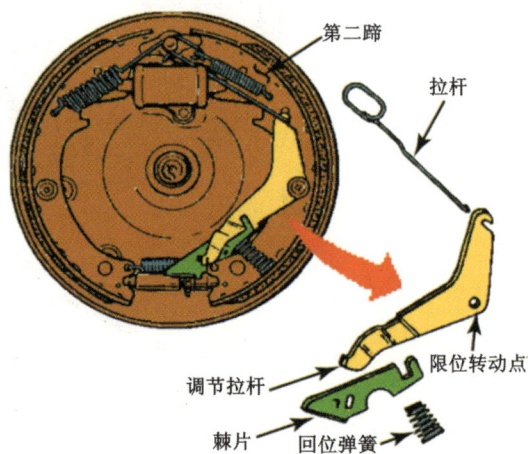

图 9-56　拉杆式调节器

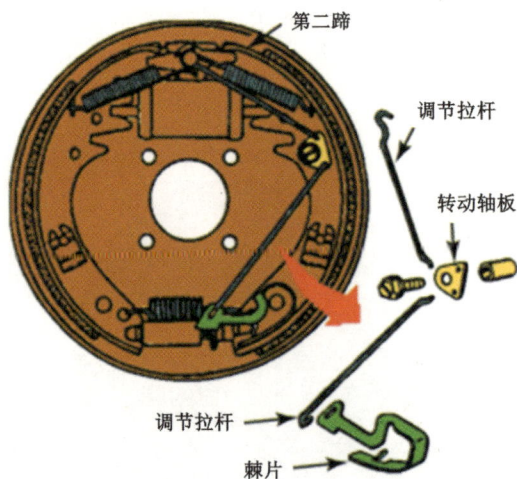

图 9-57　连杆式调节器

自动调节原理：在使用带拉线式或连杆式自动调节器的制动器中，当车辆进行倒车制动时，由于制动鼓的旋转，使第二蹄离开原位置。制动蹄的移动造成棘片上的拉线和连杆向上拉，如图 9-58 所示。如果制动蹄磨损严重时，棘片就会和星轮的下一个齿啮合。当制动释放时，棘片回位弹簧将棘片向下拉，旋转星轮，使得两制动蹄张开，以减少制动蹄和制动鼓之间的间隙。

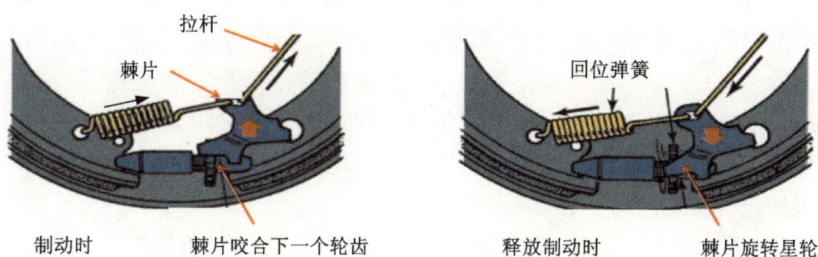

图 9-58 自动调节工作原理

9.3 气压行车制动系统

9.3.1 气压行车制动系统工作原理

由发动机驱动的空气压缩机将压缩空气输送到干燥器，经干燥后的压缩空气经单向阀首先输入湿储气罐，压缩空气在湿储气罐内冷却并进行油水分离之后，分成两个回路：一个回路经储气筒、双腔制动阀的中腔通向后制动气室；另一个回路经储气筒、双腔制动阀的下腔通往前制动气室。当其中一个回路发生故障失效时，另一个回路仍能继续工作，以保证汽车具有一定的制动能力，从而提高了汽车行驶的安全性，也称双回路气压制动系统，如图 9-59 所示。

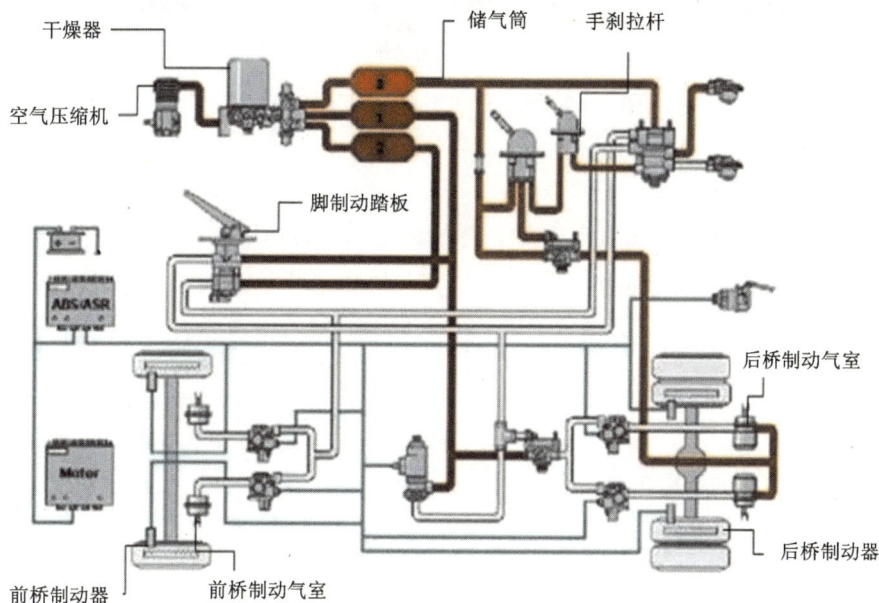

图 9-59 气压行车制动系统布置图

气压制动车辆制动器大多数采用鼓式制动器,以单管路气压制动为例,如图 9-60 所示。

(1)车辆不制动时:制动蹄与制动鼓之间保持一定的间隙,制动鼓随车轮自由转动而不受阻碍。

(2)车辆制动时:踩下制动踏板,压缩空气经制动管路、控制阀、制动气室进气口充入工作腔,膜片被气压推动向右移动将推杆推出,使制动调整臂带动制动凸轮转动,从而推动制动蹄张开压向制动鼓,实现制动。

(3)车辆制动解除:松开制动踏板,工作腔中的压缩空气经制动控制阀(或快放阀)排入大气,膜片和推杆在弹簧作用下回位,从而解除制动。

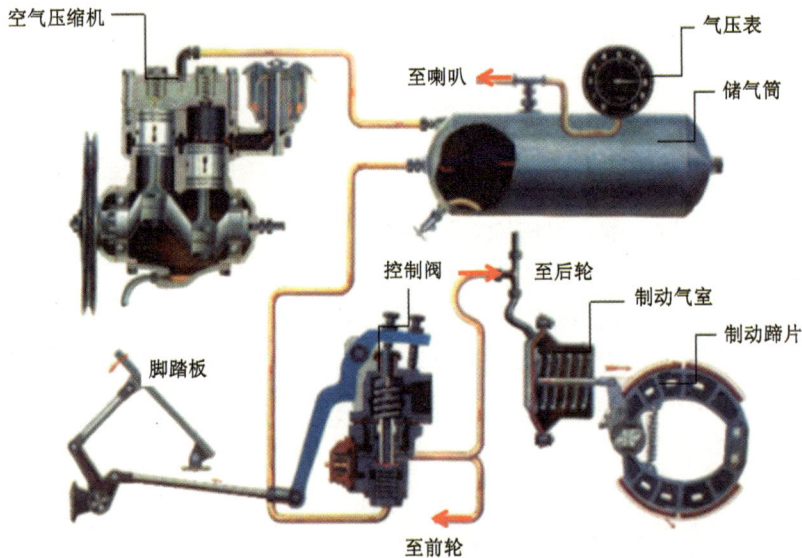

图 9-60   气压行车制动系统工作过程

气压制动使用注意事项:

(1)采用气压制动的机动车发动机在 75% 的标定功率转速下,4 min(汽车列车为 6 min,铰接公共汽车和无轨电车为 8 min)内气压表的指示气压应从零开始升至起步气压(未标起步气压者,按 400 kPa 计)。储气筒的容量应保证在不继续充气的情况下,车辆在连续 5 次全制动后,气压不低于起步气压。

(2)当气压升至 600 kPa 且在不使用制动的情况下,停止空气压缩机 3 min 后,其气压的降低值应不大于 10 kPa。在气压为 600 kPa 的情况下,将制动踏板踩到底,待气压稳定后观察 3 min,单车气压降低值不得超过 20 kPa,列车气压降低值不得超过 30 kPa。

(3)气压制动系统必须装有限压装置,确保储气筒内气压不超过允许的最高气压。

9.3.2   气压行车制动系统组成

气压行车制动系统主要由供能装置、控制装置和制动器三个部分组成,如图 9-61 所示。

气喇叭　气喇叭开关　调压阀　前制动气室　双针气压表　干储气筒(供后制动气室)　放水阀　气压过低报警装置　储气筒止回阀　取气阀　气压过低报警装置　储气筒止回阀　干储气筒(供前制动气室)　快放阀　后制动气室

空气压缩机　前制动气室　双腔制动控制阀　储气筒止回阀　放水阀　湿储气筒　安全阀　放水阀　梭阀　挂车制动阀　后制动气室　挂车分离开关　接头

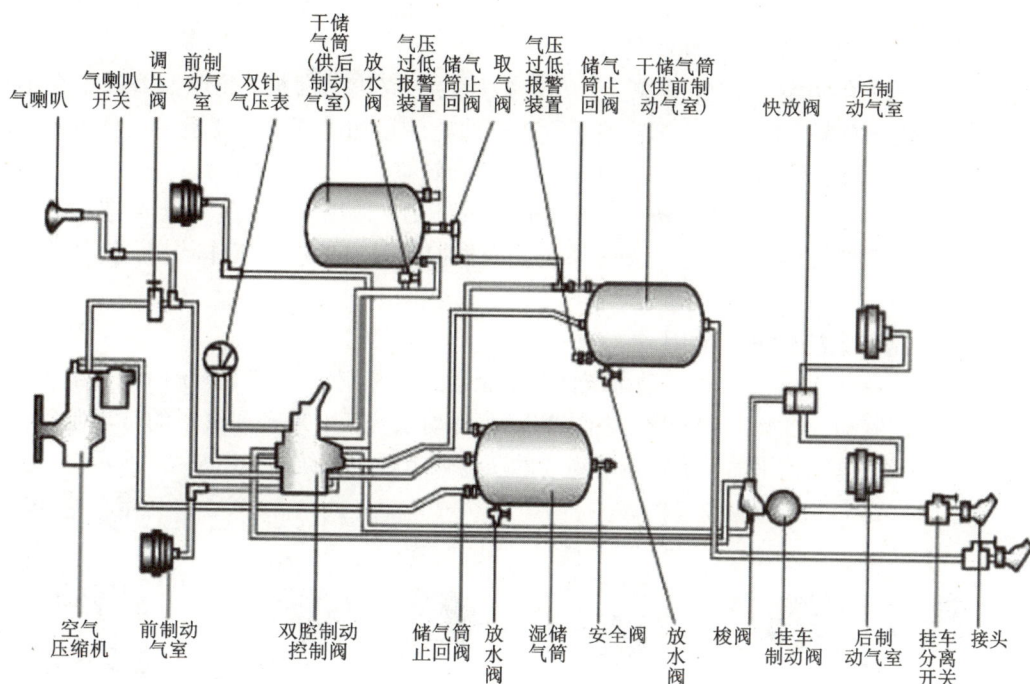

图 9-61　气压行车制动系统组成

　　(1)供能装置：空气压缩机、前后桥储气筒、双针气压表、气压过低报警装置、调压阀、放水阀、安全阀等回路阀体组成。
　　(2)控制装置：制动踏板、制动操作拉杆、双腔制动控制阀、快放阀等组成。
　　(3)制动器：气压制动器主要分盘式制动器和鼓式制动器。

9.4　制动辅助系统

9.4.1　制动防抱死系统(ABS)

　　汽车制动防抱死系统是在常规制动系统的基础上形成的，它是利用电子电路自动控制车轮制动力，将汽车车轮的制动滑移率控制在20%左右，从而充分发挥制动器的效能，提高制动减速度和缩短制动距离，并能有效地提高制动时车辆的稳定性，防止车辆因车轮抱死造成侧滑和甩尾，减少交通事故的发生。因此被认为是当前提高汽车行驶安全性的有效措施之一。

1. 制动防抱死系统(ABS)的作用

　　(1)能缩短制动距离：在同样紧急制动的情况下，ABS系统可以将滑移率控制在20%左右，即可获得最大的纵向制动力的效果(除在沙石、雪地路面上)。
　　(2)增加了汽车制动时的稳定性：汽车在制动时，四个轮子上的制动力是不一样的，如果汽车的前轮抱死，驾驶员就无法控制汽车的行驶方向；倘若汽车的后轮先抱死，则会出现侧滑、甩尾，甚至使汽车整个调头等严重事故。资料表明，装有 ABS 系统的车辆，可使因车轮侧滑引起的交通事故比例下降 8% 左右。

（3）改善了轮胎的磨损状况：事实上，车轮抱死会造成轮胎磨损，轮胎面磨耗也会不均匀。经测定，汽车在紧急制动时，车轮抱死所造成的轮胎累加磨损费，已超过一套防抱死制动系统的造价。因此，装用 ABS 系统具有一定的经济效益。

（4）使汽车在制动的过程中具备了制动加转向的能力：适用于在大弯道上高速行驶。而且制动时只要把脚踏在制动踏板上，ABS 系统就会根据情况自动进入工作状态，使制动状态保持在最佳点。

2. 制动防抱死系统（ABS）的组成

一般来说，带有 ABS 的汽车制动系统由基本制动系统和制动力调节系统两部分组成，前者是制动主缸、制动轮缸和制动管路等构成的普通制动系统，用来实现汽车的常规制动，而后者是由传感器、电子控制器、执行器等组成的压力调节控制系统，如图 9-62 所示。

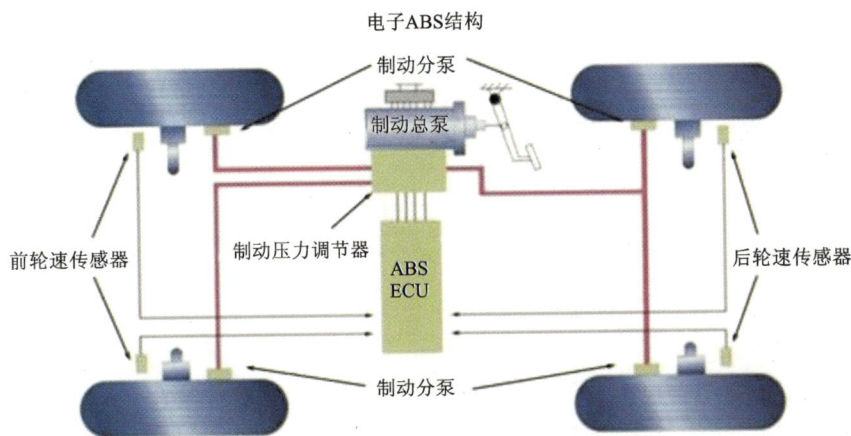

图 9-62 制动防抱死系统组成

3. 制动防抱死系统（ABS）的控制过程

由装在车轮上的转速传感器采集四个车轮的转速信号，送到电子控制单元，由电子控制单元计算出每个车轮的转速，进而推算出车辆的减速度及车轮的滑移率。ABS 电子控制单元根据计算出的参数，通过液压控制单元调节制动过程的制动压力，使制动时的滑移率保持在 20% 左右，即达到防止车轮抱死的目的，将制动效能提升至最高状态，如图 9-63 所示。

9.4.2 电子稳定程序 ESP 介绍

车辆电子稳定程序（ESP）有时也叫作 ESC（Electronic Stability Control，电子稳定控制），是汽车上的主动安全装置之一，人们也称之为行驶动力学系统，包含 ABS 及 ASR，是这两种或多种系统功能的延伸。简单地说，它就是一个防滑程序。

它可以识别车的运动状态，如果车要发生侧滑，控制系统在即将发生侧滑的同时，采取补救措施，以防车辆滑出跑道，如图 9-64 所示。因此，ESP 称得上是当前汽车防滑装置的最高级形式。

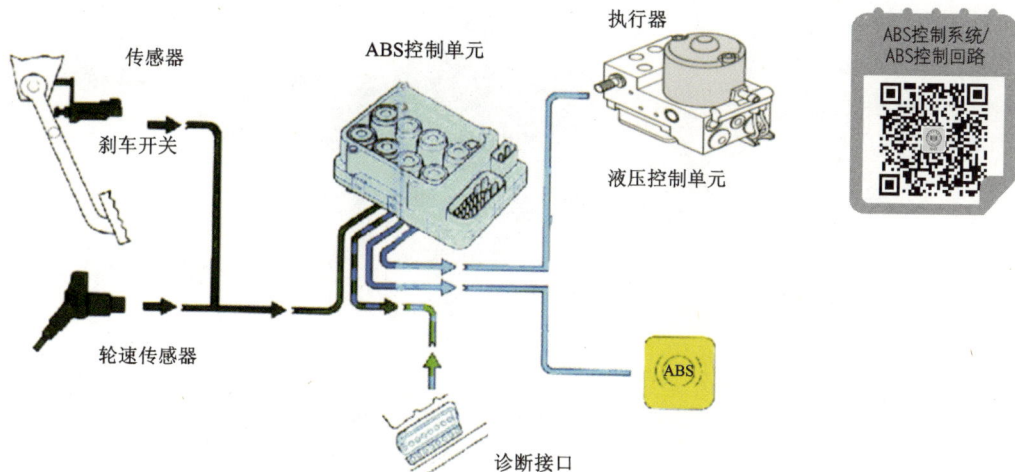

图 9-63 制动防抱死系统工作过程

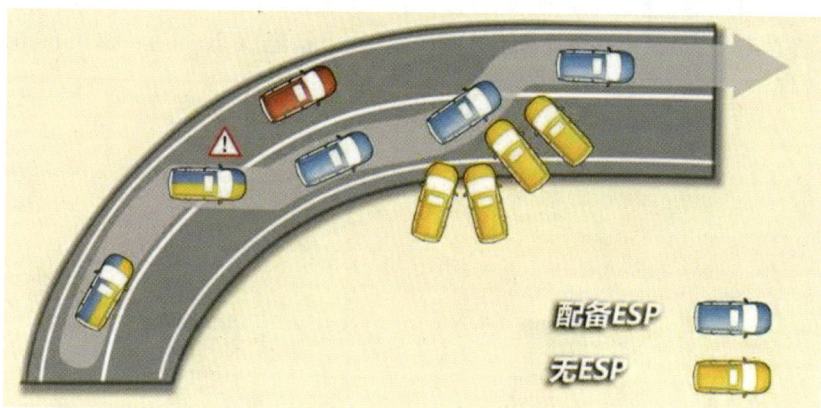

图 9-64 电子稳定程序 ESP

ESP 系统由控制单元及转向传感器(监测方向盘的转向角度)、车轮传感器(监测各个车轮的转动速度)、侧滑传感器(监测车体绕垂直轴线转动的状态)、横向加速度传感器(监测汽车转弯时的离心力)等组成。控制单元通过这些传感器的信号对车辆的运行状态进行判断,进而发出控制指令。有 ESP 与只有 ABS 及 ASR 的汽车,它们之间的差别在于 ABS 及 ASR 只能被动地做出反应,而 ESP 则能够探测和分析车况并纠正驾驶的错误,防患于未然。ESP 对过度转向或不足转向特别敏感,例如汽车在路滑时左拐过度转向(转弯太急)时会产生向右侧甩尾,传感器感觉到滑动就会迅速制动右前轮使其恢复附着力,产生一种相反的转矩而使汽车保持在原来的车道上。

1. 车轮受力分析

物体上作用着各种力和力矩,当这些力和力矩的总和为零时,物体就处于静止状态;如果不为零,那么物体就沿合力方向运动。除重力外,作用在车上的力还有驱动力、克服驱动力的制动力、保持车辆转向性能的侧导向力、由摩擦力和重力产生的附着力,如图 9-65 所示。

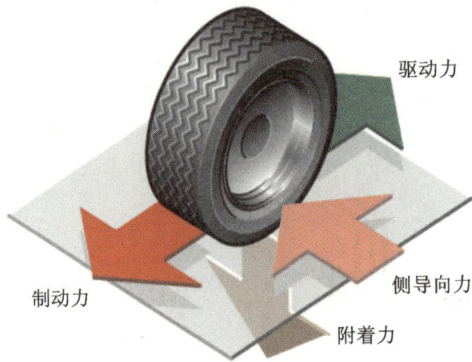

驱动力

侧导向力

附着力

制动力

图 9-65   车轮受力分析

用卡姆摩擦圆能更清楚地说明这几个力共同作用的情况。这个摩擦圆的半径大小由路面与轮胎之间的附着力决定，也就是说附着力小，那么这个半径就小(a)；附着力大，这个半径就大(b)。摩擦圆的基本原理就是力的平行四边形法则，这些力有侧导向力(S)、制动及驱动力(B)及合力(G)。只要总力在这个圆内，车辆就处于稳定状态(I)；如果总力超出此圆的范围，车辆就处于不可控状态(II)，如图 9-66 所示。

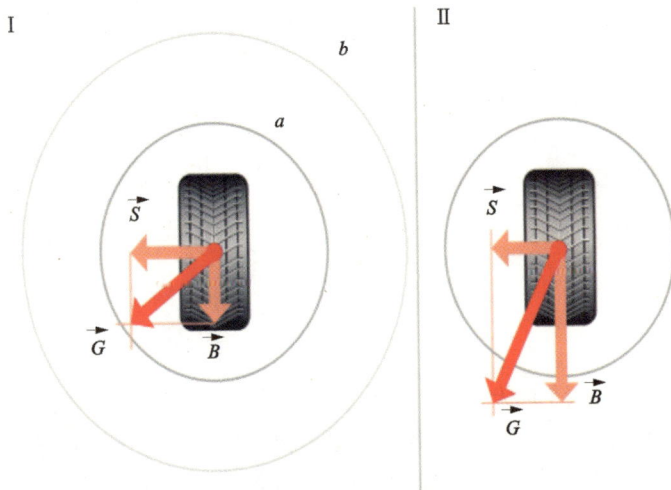

图 9-66   车轮受力分析

2. 电子稳定程序 ESP 作用

电子稳定程序 ESP 装配在车辆上，主要作用是当车辆行驶出现紧急情况时，即当车辆处于控制不足状态（即转向不足）时，或者当车辆处于控制过度状态（即过度转向）时，及时通过相应制动系统调整车辆状态，保证车辆行驶稳定，如图 9-67 所示。

当电子稳定控制程序 ESP 系统工作时，车辆 ESP 控制电脑会接收到方向盘转角传感器和转向力矩传感器信号判断驾驶员行驶意图 a，同时接收车速传感器、加速度传感器和偏转率传感器判断车辆实际行驶状态 b，此时 ESP 控制电脑进行计算分析，判断车辆行驶状态是否与驾驶员驾驶状态一致，结果会出现 $a=b$（一致）或 $a \neq b$（不一致），当车辆实际行驶状态与驾驶员驾驶意图不一致时，车辆行驶就会出现不稳定状态，导致行车危险，此时 ESP 控制电脑会及时发出车辆行驶调整指令，通过制动系统执行部件进行行车控制，及时修正车辆行驶状态，保证车辆行驶安全。

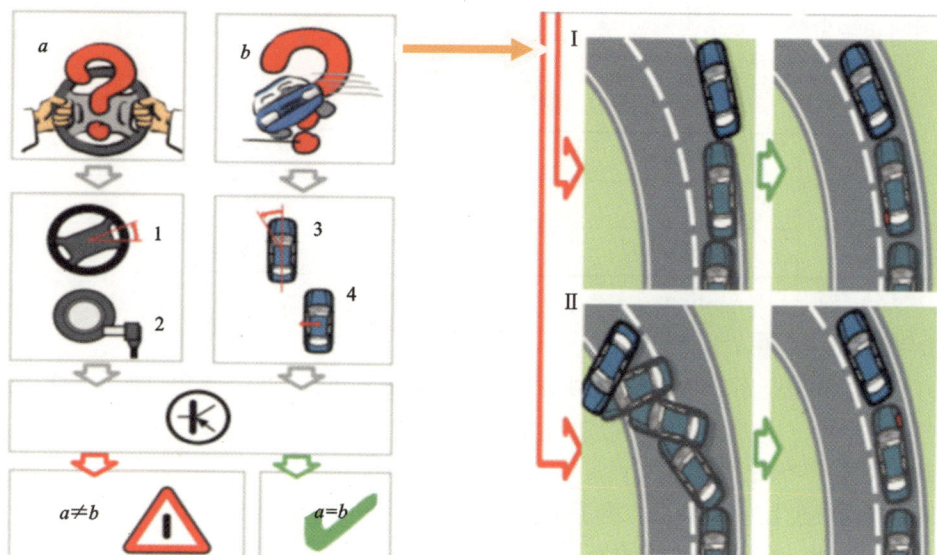

图 9-67　电子稳定程序 ESP 控制示意图

9.5　制动液

9.5.1　制动液的概述

制动液又称刹车油，制动液填充在整个制动液压系统中，担负着液压系统传力和润滑的重任，要求在各种气候条件下都能保持良好的性能，其质量优劣直接关系到汽车行驶安全和可靠性。因此，制动液必须满足以下要求：

（1）低温流动性良好，保证液压系统在严寒季节正常工作；

（2）高温下不易汽化，防止因制动器的高温使液压管路中产生气阻而导致制动系统失效；

（3）不会使液压系统的金属件腐蚀，不会使橡胶件老化、硬化或膨胀；

（4）能够良好润滑液压系统中运动部件；

（5）吸湿性差而溶水性良好。

目前，汽车液压制动系统大多数使用合成制动液，它由基础油和添加剂组成。合成制动液能在一个宽的温度范围内保持稳定，具有较高的沸点（通常在 204℃ 以上）和较低的凝固点（通常达到 -45.56℃），且品质变化小，不会引起金属件和橡胶件损坏。

9.5.2　制动液的种类

制动液的型号通常按照美国联邦机动车安全标准（FMVSS 116）命名，目前使用的制动液有 DOT3、DOT4、DOT5.1、DOT5，它们的干沸点和湿沸点见表 9-1。DOT 编号越大，制动液沸点越高；在理想条件下，DOT 编号越小，制动液寿命越长。

制动液的沸点包括干沸点和湿沸点，干沸点也叫"平衡回流沸点"，指制动液未吸收湿气的沸点；湿沸点也叫"湿平衡回流沸点"，指制动液吸收了湿气后的沸点。

进行制动液选择时，应选择湿沸点越接近干沸点的，这说明制动液在潮湿条件下使用的可靠性越高，越不易产生气阻。

表 9-1　制动液的干沸点和湿沸点

制动液型号	DOT3	DOT4	DOT5.1	DOT5
干沸点/℃	205	230	260	260
湿沸点/℃	140	155	180	180

1. DOT3

DOT3 制动液是应用非常广泛的制动液，其基础油是聚乙二醇，颜色一般呈琥珀色，能够吸收空气中的湿气，且会损坏油漆，如图 9-68 所示。

2. DOT4

DOT4 制动液也是一种聚乙二醇基制动液，其特点与 DOT3 相似，但它的沸点更高，低温流动性更好。使用 DOT3 制动液的液压系统可以使用 DOT4 制动液，但是它们不能混合使用。更换不同型号制动液时，需要用新型号制动液彻底冲洗液压系统，以将原型号制动液彻底排放，如图 9-69 所示。

图 9-68　制动液 DOT3

图 9-69　制动液 DOT4

3. DOT5.1

DOT5.1 制动液是非硅酮基、聚乙二醇基制动液，它也呈琥珀色，能够吸收空气中的湿气，会损坏油漆，沸点比 DOT4 制动液更高。但是，DOT5.1 制动液价格昂贵，一般用于重负载和高性能汽车，如图 9-70 所示。

4. DOT5

DOT5 制动液是一种硅酮基制动液，其颜色一般为紫色，沸点与 DOT5.1 制动液相当，它不吸收空气中的湿气，不损伤汽车油漆，对液压系统部件无腐蚀作用。由 DOT5 制动液完全不吸收水，进入液压系统中的水分独立以水的形式存在，极易影响制动效果，制动液更换周期较短，因此该制动液一般用在赛车上，如图 9-71 所示。

图 9-70　制动液 DOT5.1

图 9-71　制动液 DOT5

9.6　行车制动系统一般操作

9.6.1　制动片检查与更换

1. 工具耗材准备和车辆准备

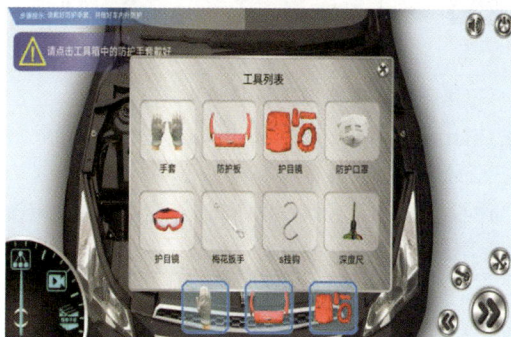

工具耗材准备	车辆准备
手套、车外三件套（车外防护）、护目镜、防护口罩、车内三件套（车内防护）、S 挂钩、深度尺、维修手册（根据维修车辆选择）	（1）装好车内防护，降下左侧车窗，拉起手刹； （2）装好车外防护，预松制动液储液罐盖； （3）预松轮胎螺栓，举升车辆至合适位置，拆卸轮胎

制动片检查与更换

2. 个人防护准备和制动卡钳拆卸

个人防护准备	制动卡钳拆卸
	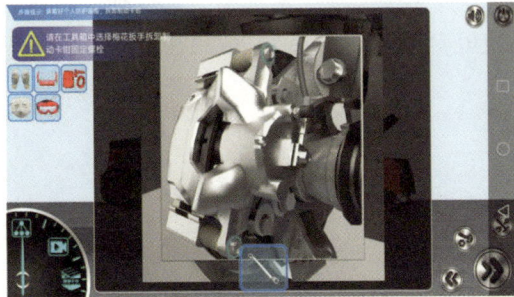
戴好防护口罩和防护眼镜	(1)根据制动卡钳固定螺栓型号,正确选择拆卸扳手,拆卸卡钳固定螺栓; (2)选择S挂钩挂至合适位置,取下制动卡钳,悬挂于挂钩

3. 制动片拆卸和检查更换

制动片拆卸	制动片检查更换

(1)拆卸制动片与制动片固定弹簧; (2)清洁制动片与制动盘表面; (3)检查轮缸防尘套和导向螺栓护套有无破损	(1)根据维修手册标准进行制动片厚度测量; (2)对比测量数据,低于标准值(最大磨损极限),需进行制动片更换; (3)检查或更换后安装制动卡钳等(注意:制动卡钳需专用复位工具进行复位)

4. 车辆制动系统复位

制动液储液罐检查复位	制动踏板复位

制动液位检查和储液罐盖复位	制动踏板复位，保证制动系统功能

9.6.2 制动盘检查与更换

1. 制动盘的检查

在对制动盘表面和磨损检查时，先用工业酒精或经许可的同等制动器清洗剂清洁制动盘的摩擦面，然后检查制动盘摩擦面是否存在锈蚀、点蚀、开裂、灼斑和变形等状况。如果制动盘的摩擦表面出现上述状况，则制动盘需要表面修整或更换。制动盘磨损会导致其发生形变，这可通过制动盘厚度偏差测量和制动盘端面跳动量测量进行判断。

2. 制动盘厚度偏差的测量

(1)拆卸制动钳及制动片，并清洁制动盘的摩擦面，以便于千分尺能接触到清洁的制动盘内摩擦面。

(2)使用千分尺测量并记录制动盘圆周上均匀分布的4个点或更多点的厚度。操作时，务必确保在制动盘摩擦面内进行测量，且每次测量时千分尺与制动盘外边缘的距离相等，约10 mm左右，如图9-72所示。

(3)计算所记录的最大和最小厚度测量值之差，得出厚度偏差值，并根据维修手册判断该差值是否合符规格。如果制动盘厚度偏差超出规格，则制动盘需要进行表面修整或更换。

对制动盘进行表面修整或更换后，必须测量制动盘端面跳动量，以确保盘式制动器的最佳制动性能。

3. 制动盘端面跳动量的测量

在测量制动盘端面跳动量前，需要拆卸制动盘，检查轮毂和制动盘的接合面，确保没有异物、锈蚀或碎屑等。拆下制动盘前，必须标记制动盘与车轮双头螺栓的相对位置，保证装配的唯一性。

(1)对准拆卸前所作的装配标记，将制动盘安装至轮毂，并在车轮双头螺栓上安装垫圈，再将车轮螺栓按照合理顺序紧固至规定值，以正确固定制动盘，如图9-73所示。

(2)将百分表组件或同等工具安装至支柱，使百分表测量头与制动盘摩擦面以90°接触，且距离制动盘外边缘约10 mm，如图9-74所示。转动制动盘，直到百分表读数达到最小，然

10 mm(0.4in)

图 9-72　制动盘厚度偏差的测量

后将百分表归零。然后再次转动制动盘，直到百分表读数达到最大值，并标记最值对应的测量点相对于最接近的车轮螺栓的位置，该最大值就是制动盘端面跳动量。

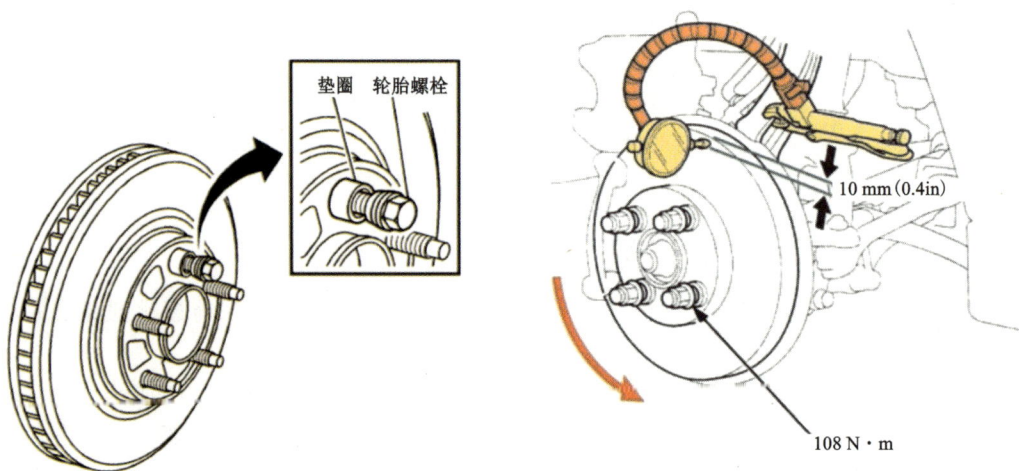

垫圈　轮胎螺栓

图 9-73　固定制动盘

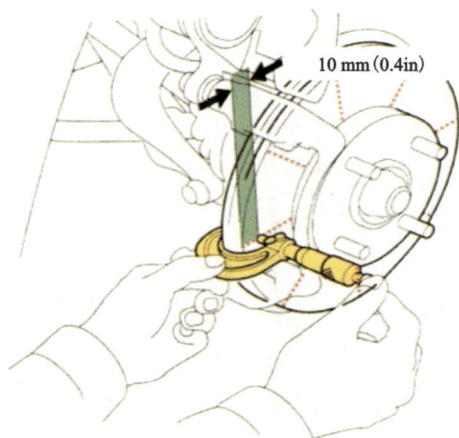

10 mm(0.4in)

108 N·m

图 9-74　制动盘端面跳动量的测量

（3）根据维修手册判断制动盘的端面跳动量是否合符规格。如果制动盘端面跳动量符合规格，则安装制动钳并踩几下制动踏板，以便使制动盘固定到位，然后再拆下垫圈。如果制动盘端面跳动量超出规格，则对制动盘进行表面修整，并再次测量制动盘端面跳动量，以确保盘式制动器的最佳制动性能。

维修制动器时，必须遵循一般注意事项，以确保维修质量。其注意事项主要包括：

①一定要戴上经批准使用的高效且带滤芯或空气管的防尘面具，以防吸入有害粉尘。

②制动蹄、制动鼓、制动片和制动盘等摩擦表面不得沾有油脂或任何其他异物，并且这些表面不得刻划、切削和碰撞。

③维修盘式制动器时，应小心保护制动钳活塞，使其不要接触金属或尖锐物体，以免损坏。

④ 不得试图清洗或维修被润滑油（脂）浸泡过的制动蹄或制动片，一旦发现被污染的制

动蹄或制动片，必须进行更换。更换制动蹄或制动片时，必须整桥成套更换。

⑤ 不得将制动盘朝向防溅板的一面朝下放置在地板或台架上，应将其朝向车轮的一面朝下放置，以防止其摩擦表面受损或污染。安装制动盘之前，一定要用厂商推荐的制动器清洗剂或酒精清洗制动盘表面。

⑥ 一定要遵循维修手册说明的车轮紧固程序操作，且不得用冲击式气动扳手紧固车轮螺栓或螺母，否则可能会引起车辆噪声或振动故障。

⑦ 一定确保轮毂或车桥法兰清洁无锈蚀，在安装制动盘前，去除任何锈蚀。

⑧ 使用厂商推荐的润滑剂或等效润滑剂润滑制动钳导向销及衬套接触面。

9.6.3 制动液检查与更换

1. 制动液的检查

制动液是液压系统传递力的媒介，其数量和品质直接影响制动系统的功能，因此制动液的检查包括液位检查和品质检查。

2. 制动液的液位检查

如果制动报警灯点亮了，就需要检查制动液液位，具体检查步骤如下：

(1)观察制动液液面高度是否在最高刻线和最低刻线之间。

(2)如果制动液液面低于最低刻线，添加制动液使液面高度正常。

(3)踩压制动踏板5~10次。

(4)检查主缸缸体是否存在渗漏或表面潮湿。

(5)如果主缸缸体没有损坏，那么在10 min后再检查制动液的液面高度。

(6)如果液面高度已经降得很低了，检查液压系统是否存在外部泄漏。

3. 制动液的品质检查

如果制动液的水分含量超标，其沸点会降低；如果制动液中铜含量超标、混有矿物油或石油基液体(如机油、汽油、自动变速器油等)，那么液压系统中的橡胶件将会膨胀，从而导致液压系统工作异常。因此，制动液品质主要从颜色、沸点、含铜量、是否含矿物油或石油基液体等方面进行检查或检测。

1)颜色检查

正常的制动液颜色为琥珀色(DOT5为紫色)，且呈半透明状。如果制动液的颜色为黑色或咖啡色，如图9-75所示，则制动液需要更换。

图9-75 制动液颜色

2）沸点检测

制动液的沸点用制动液沸点测试仪检测。操作时，将测试仪的探头插入制动液中，启动测试仪，测试仪将显示制动液的沸点。详细操作参见测试仪使用说明书。

3）含铜量检测

制动液中的含铜量通常采用铜试纸检测。操作时，将铜试纸浸入制动液中 1~2 s，甩掉试纸上多余的水分；等待 30 s 左右，将试纸的颜色与比色卡对比，判断制动液的含铜量及是否需要更换，如图 9-76 所示。

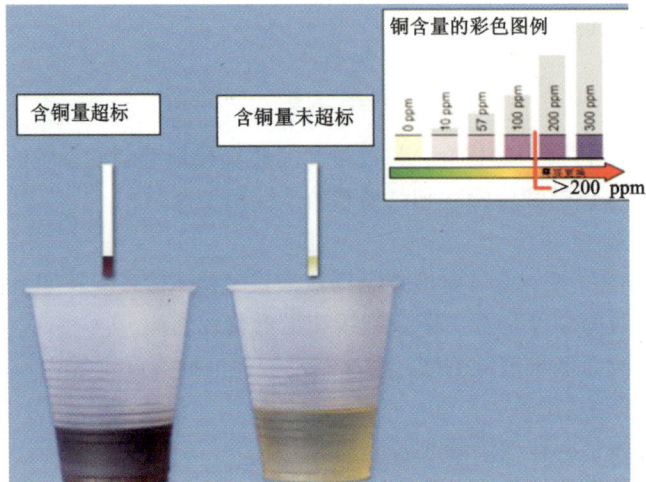

图 9-76　制动液含铜量测试

4）矿物油及石油基液体检测

制动液（除 DOT5 外）溶于水，而矿物油和石油基液体不溶于水。这个特性可以帮助检测制动液中是否含有矿物油或石油基液体。操作时，从储液罐中取少量（约 1mL）制动液添加到装有水的泡沫聚丙乙烯杯子中，若制动液完全溶于水，则制动液未被矿物油或石油基液体污染；若水中出现油花，则制动液中含有矿物油或石油基液体，同时可以看到液面附近的泡沫聚芮乙烯被石油基液体分解。

如果制动液被矿物油或石油基液体污染、含铜量超标，就需要将制动液排放干净，彻底冲洗液压系统，并更换液压系统中所有的橡胶件或相关总成。

4.制动液的排气

1）制动液混有空气检查

如果液压系统存在外部泄漏，空气可能混入制动液；另外，进行液压系统维修时，空气也可能混入制动液。混有空气的制动液会导致制动力变小，制动距离变长，并且制动踏板感觉很软。制动液混有空气测试的步骤如下：

（1）给储液罐加满制动液，轻轻拧上储液罐盖子（不要拧紧）。

（2）另外一位技师踩压制动踏板约 20 次，最后一次踩住踏板保持不动。

（3）取下储液罐盖子。

（4）快速地释放制动踏板。

（5）观察储液罐中的制动液是否出现喷涌现象。若出现喷涌现象，则制动液中混有空气，这就需要对液压系统进行排气操作。

戴上安全防护眼镜，防止制动液伤害眼睛；给车辆盖上防护罩，防止损伤车辆油漆。

2）制动液排空气

如果液压系统中混有空气，制动系统就不能正常工作，典型的症状就是感觉制动踏板很软、制动距离变长。对液压系统进行维修之后，必须按照厂商的要求在车轮制动器排气螺栓口处位置进行排气。目前乘用车基本上装配 ABS 系统，除执行常规人工排空气之外，还需要对 ABS 电磁阀采用诊断仪进行排空气。

（1）人工排气：人工排气不需要使用专用工具，但需要两位维修技师共同操作。操作时，一位维修技师踩压制动踏板若干次，然后踩住不放；此时，另一位维修技师拧开相应的排气螺栓（或制动管接头螺栓），让系统中混有的空气排出，然后再拧紧排气螺栓，如图 9-77 所示；不断重复这个操作，直到排气口中不再有气泡冒出，排气按右后轮、左后轮、右前轮到左前轮顺序进行。

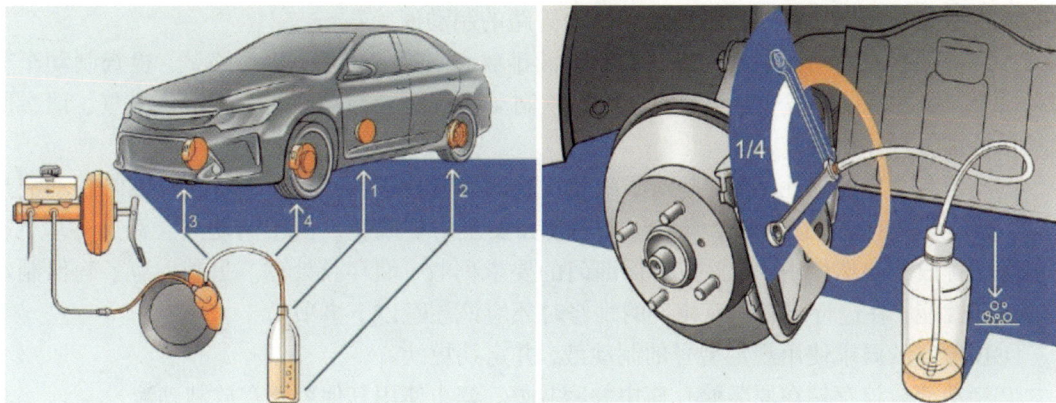

图 9-77 制动管路排气

（2）ABS 电磁阀排气：首先按人工排气法安装制动液收集器，然后连接诊断仪（专用和通用诊断仪），起动诊断仪检测到制动系统控制电脑，再通过制动系统控制电脑中 ABS 排气程序进行排气驱动。根据诊断仪程序运行提示进行排气操作，同时反复几次脚踩制动踏板，踩住不动时松开放气螺栓，观察制动液收集器里面的制动液有无气泡排出，直到 ABS 电磁阀排气完成。

如果踩压制动踏板用力过大，可能导致主缸损坏，因此，踩压制动踏板时不要总是踩到底。

制动系统控制电脑驱动 ABS 电机转动时间不能超过 60 s，以保护电机不被损坏。

3）制动液更换

（1）工具耗材准备：制动液收集装置（制动器排放口相应规格的透明软管和有容量标记的透明塑料瓶）、开口扳手（制动器排放口固定螺栓相应规格的）、新的制动液（与维修手册规定相符的）、护目镜、橡胶手套。

（2）操作流程：（至少两人操作：技师 A、B）

更换制动液前，查阅维修手册，找到制动尾灯及高位刹车灯控制电路保险，拔出控制电路保险，保证制动灯不会反复点亮，延长使用寿命。

①将车辆置于举升工位，安装并检查举升位置，符合安全操作规范后，举升车辆。

②技师 A 到车下，摘掉制动器放油口上的橡胶防尘帽，安装透明软管分别连接放油口和制动液收集装置，之后用开口扳手松开放油口螺栓；同时技师 B 反复踩压制动踏板至行程最高点，制动液会从放油口流出，随时注意机舱内部制动液储液罐的液面高度，及时添加新的制动液；待制动器放油口流出清亮、洁净的制动液后，技师 B 保持制动踏板在最高行程位置，技师 A 紧固放油口螺栓。

注意：制动液排放时，随时注意制动液储液罐内液面高度并及时添加新的制动液，避免因未添加制动液使制动系统管路进入空气。

③更换制动液顺序应该先远后近。先从制动管路的远端开始，先后轮再前轮，例如右后轮—左后轮—右前轮—左前轮是比较常见的顺序。重复上一步骤，进行其他制动器和制动管路的制动液排放。

查阅维修手册，如车辆制动系统管路呈"X"状态布局，为了避免新旧制动液混合，在更换时应遵循先排出同一管路上制动器和制动管路的制动液。

④待全部车轮制动器和制动管路的制动液排放和更换完毕后，进行路试，检查制动车辆制动效果，如发现制动发软，不灵敏，请检查制动系统更换制动液时是否混入空气，请参照制动系统排气操作执行。

制动液有一定的毒性，特别是对眼睛和皮肤的刺激比较大，更换制动液或维修制动液系统时，操作人员应该穿防护服、佩戴防护手套和安全防护眼镜。由于制动液会污染环境，它不能随意排放到自然界中，应该按环保部门的要求回收、储存及处理。另外，为了确保制动液的工作性能，在进行与制动液相关的维修时还应该注意以下事项：

①按厂商的要求使用规定型号的制动液，并定期更换。

②制动液应该存储在原装储存瓶中并密封好，禁止使用其他容器存放制动液。

③开启制动液储存瓶瓶盖或土缸储液罐前，应该清埋其周围的灰尘、水等污染物。

④如果制动液储液罐干涸了，就需要清洗或更换储液罐。

⑤禁止使制动液储液罐存放制动液以外的任何物品。

⑥禁止使用回收的制动液（包括液压系统排空气时回收的制动液）或从其他车辆储液罐中吸取的制动液。

单元练习

一、选择题

1. 不属于制动系统结构的是（   ）。

A. 制动踏板   B. 制动器

C. 转向器   D. 助力器

2. 下列不属于电子制动控制系统的是（   ）。

A. ABS   B. ESP

C. EBD、AFS

3.真空助力器的动力来源包括(　　)。

A.发动机和电动真空泵　　　　　　　B.动力转向系统

C.空调压缩机　　　　　　　　　　　D.油泵

4.液压行车制动系统操作机构不包括(　　)。

A.制动压力调节器　　　　　　　　　B.制动主缸

C.制动轮缸　　　　　　　　　　　　D.制动器

5.气压制动,当气压升至600 kPa且在不使用制动的情况下,停止空气压缩机3 min后,其气压的降低值应不大于(　　)。

A.10 kPa　　　　　　　　　　　　　B.20 kPa

C.50 kPa　　　　　　　　　　　　　D.5 kPa

二、判断题

1.辅助制动装置主要有防抱死制动装置ABS、电子驻车制动系统EPB及电子行车稳定系统ESP等,它们已逐渐成为汽车制动系统的标配。(　　)

2.制动主缸分单腔式和双腔式两种,分别用于单回路和双回路液压制动系统。(　　)

3.按制动能量的传输方式分类,制动系可分为机械式、液压式、气压式、电磁式等,同时采用两种以上传能方式的制动系称为组合式制动系。(　　)

4.制动盘磨损会导致其发生形变,这可通过制动盘厚度偏差测量和制动盘端面跳动量测量进行判断。(　　)

5.制动液没有毒性,只是对眼睛和皮肤的刺激比较大,更换制动液或维修制动液系统时,操作人员不需要穿防护服、佩戴防护手套和安全防护眼镜。(　　)

10 驻车制动系统

10.1 驻车制动系统概述

　　驻车制动系统习惯上称为手刹，用于保持停驶后的车辆在原地不动，并且能够避免车辆在斜坡路面起步时发生溜车。另外，在车辆行驶中遇到紧急情况时，还可配合行车制动系统紧急制动。早期的驻车制动系统是机械式的，靠驾驶员拉动驻车制动手柄来实施驻车制动。随着汽车电子技术的发展，现在越来越多的车辆采用了电子驻车制动（EPB）系统。电子驻车制动系统采用一个按键开关取代手柄，简化了操纵机构，而且采用电机驱动制动拉索、可控性好，响应速度快，大大提高了汽车的制动安全性能。

　　机械式驻车制动系统由操纵机构、驻车制动器以及驻车制动警告灯等组成。制动器安装在变速器或分动器之后，制动力矩作用在传动轴上的驻车制动系统称为中央驻车制动系统，这种形式的驻车制动系统一般应用在大型客车和货车上。轿车上通常采用车轮驻车制动系统，即驻车制动器与行车制动器共用，但有独立的操纵机构，如图 10-1 所示。

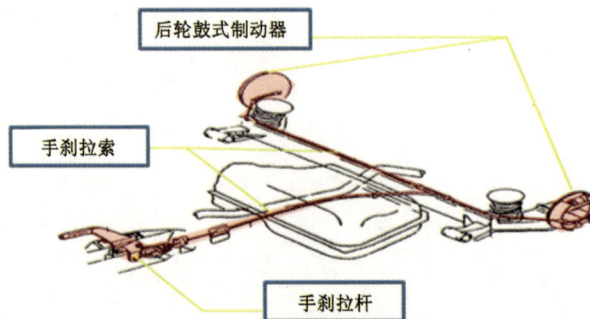

后轮鼓式制动器

手刹拉索

手刹拉杆

图 10-1　机械式车轮驻车制动系统

　　车轮驻车制动系统结构紧凑，性能可靠，维修成本较低，因此在轿车上得到广泛应用。本单元以车轮驻车制动系统为例进行讲解。

1. 机械式驻车制动操纵机构

　　机械式驻车制动系统的操纵机构主要由驻车制动手柄、驻车制动拉索、平衡器、拉索调整器等部件组成，如图 10-2 所示。

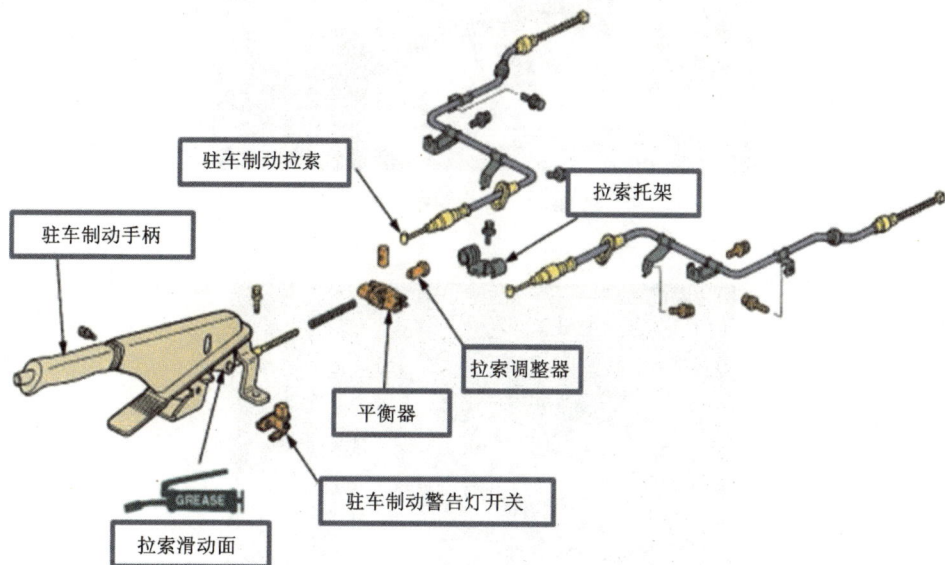

图 10-2　手动操纵机构组成

1）驻车制动手柄

　　驻车制动手柄是驾驶员进行手动操纵驻车制动的部件，如图 10-3 所示。如果要实施驻车制动，只需要用手拉起驻车制动手柄即可。拉起驻车制动手柄时，锁止棘爪随之向上移动，棘爪下端的齿与棘轮接触，并与棘轮的齿开始啮合，此时应听到"咔咔"的啮合声，棘爪上的齿与棘轮的齿每啮合一次就发出一次响声。向上拉起驻车制动手柄实施驻车制动时，一般拉至听到 6~7 次响声时为止。此时，锁止棘爪的齿与棘轮的齿啮合，拉索被拉紧并被锁止，车辆两个后轮制动器处于制动状态。

　　释放按钮用来释放锁紧的制动拉索。当按下释放按钮时，与按钮相连接的分离推杆向下推动锁止棘爪。锁止棘爪是一个杠杆机构，在分离推杆的推动下，棘爪下端顺时针转动，棘爪下端的齿与棘轮的齿脱离，此时驾驶员就可以向前下方推动驻车制动手柄。推下驻车制动手柄后，棘爪与棘轮分离，拉索处于释放状态，此时驻车制动解除。

　　在有些车辆上，采用踏板形式的驻车制动操纵装置，如图 10-4 所示。当踩下驻车制动踏板时，棘轮机构拉紧驻车制动拉索并锁止拉索，驻车制动器处于制动状态。如果要解除驻车制动，则需要用手拉动释放手柄，释放手柄可以分离棘轮机构内相互啮合的齿，拉索因此得到释放。

图 10-3　驻车制动手柄

图 10-4　驻车制动踏板

2）拉索调整器

拉索调整器用来调节驻车制动拉索的松紧度，以适应驻车制动器间隙的变化。如果拉索过紧，就不能保证彻底解除驻车制动；如果拉索过松，将会导致驻车制动手柄行程太长，致使驾驶员操作不方便，同时也会推迟制动器工作。拉索调整器一般安装在驻车制动拉索与棘轮机构连接处。目前，大多数轿车都装有驻车制动拉索自调装置，也有一些轿车仍采用手工调节。调节驻车制动器间隙时，应严格按照维修手册的标准执行。

3）平衡器

平衡器安装在拉索调整器和后轮驻车制动拉索之间，用来平衡两个后轮的驻车制动拉索拉力，并且在驻车制动时，平衡器能够将驾驶员施加的力放大。左右两侧的驻车制动拉索分别连接到各自一侧的制动器上，如果一侧拉索的拉力大于另一侧的，拉索可以通过类似滑轮机构的平衡器滑动，平衡两侧拉索的拉力，如图 10-5 所示。

2.机械式驻车制动器

车轮驻车制动系统与行车制动系统共用一个制动器，不同之处在于：行车制动器依靠液压传动实现制动，驻车制动器依靠机械传动实现制动。盘式制动器和鼓式制动器都可以用作驻车制动器。

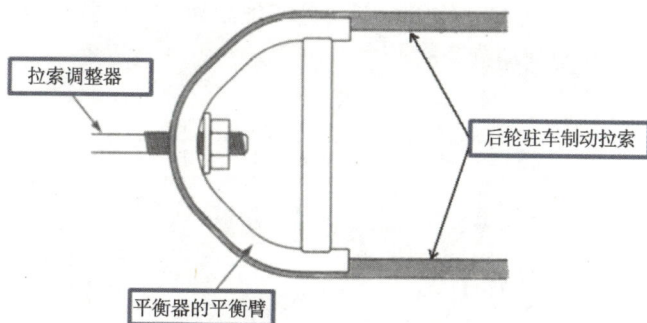

图 10-5　平衡器结构

1）盘式驻车制动器

盘式驻车制动器具有安全可靠、使用寿命长等优点，因此被广泛应用在轿车上。它在行车制动器的内部增加了一套驻车执行装置。驻车执行装置一般有两种形式：螺杆式和凸轮式。

螺杆式装置结构如图 10-6 所示。驻车制动时，驻车制动拉索拉动控制杆顺时针转动，与控制杆紧固在一起的螺杆也随之顺时针转动，螺杆上的螺纹与活塞内部锥形螺纹相啮合，因此活塞在螺杆螺纹上旋转并向左移动，将制动片压在制动盘上，实现制动。当不需要驻车制动时，驻车制动拉索得到释放，回位弹簧带动控制杆逆时针转动，活塞向右侧移动，制动片与制动盘分离，制动解除。

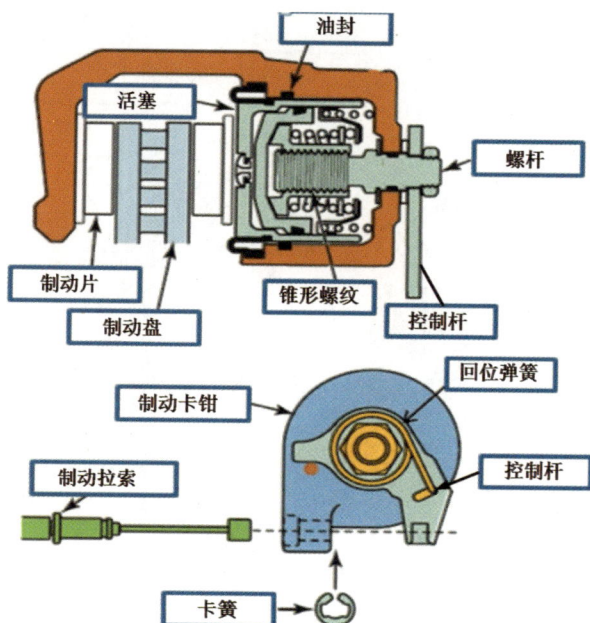

图 10-6　螺杆式驻车制动器操纵装置

凸轮式执行装置如图10-7所示。驻车制动时,驻车制动拉索拉动推杆逆时针转动,推杆通过凸轮推动活塞,从而将制动片压紧制动盘实施制动。解除驻车制动时,释放驻车制动拉索,活塞回位,制动片与制动盘分离。

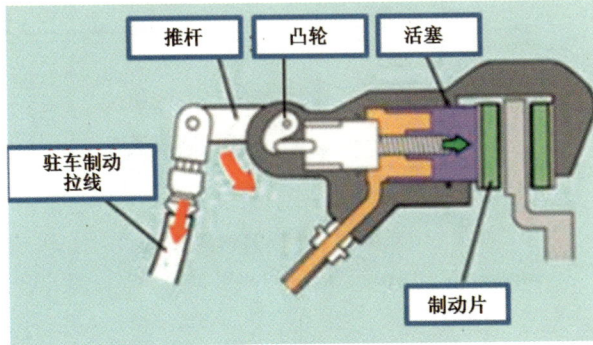

图 10-7 凸轮式驻车制动器操纵装置

2)鼓式驻车制动器

鼓式驻车制动器操纵装置结构如图10-8所示。驻车制动拉索穿过制动底板上的拉索孔连接到制动杠杆的下端,而制动杠杆固定在后制动蹄的顶端。当进行驻车制动时,驻车制动拉索拉动制动杠杆,制动杠杆将前、后制动蹄压紧在制动鼓上。当释放驻车制动拉索时,制动蹄在回位弹簧的作用下回到初始位置。

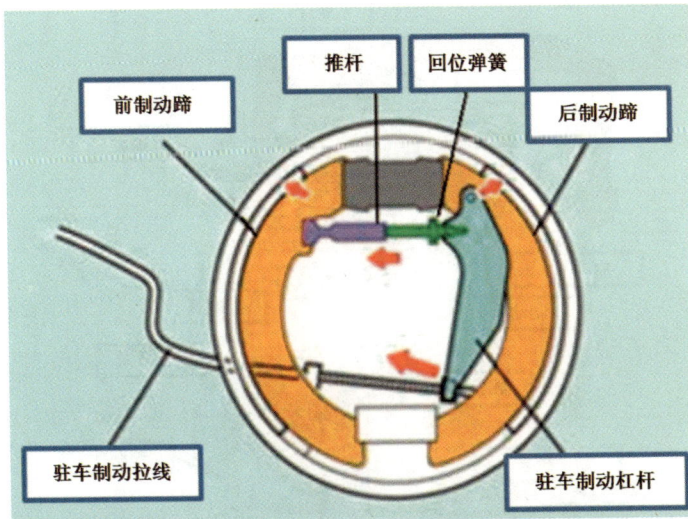

图 10-8 鼓式驻车制动器操纵装置

目前有些轿车采用盘中鼓式驻车制动器,即在盘式行车制动器的基础上集成了鼓式驻车制动器。

3）驻车制动警告灯

驻车制动警告灯安装在组合仪表内。当驾驶员打开点火开关后，此时如果驻车制动手柄处于制动位置，组合仪表内将会点亮驻车制动警告灯，提示驾驶员释放驻车制动。驻车制动警告灯如图 10-9 所示。

图 10-9 驻车制动警告灯

驻车制动警告灯开关通常安装在驻车制动手柄总成上，如图 10-10 所示。当拉起驻车制动手柄后，驻车制动警告灯开关闭合。在大众某些车型上，如 2011 款帕萨特，驻车制动警告灯开关信号输送给车身控制模块（BCM/J519），BCM/J519 再将此信号通过车载网络 CAN 传送给组合仪表控制模块，组合仪表控制模块点亮其内部的驻车制动警告灯以提示驾驶员。

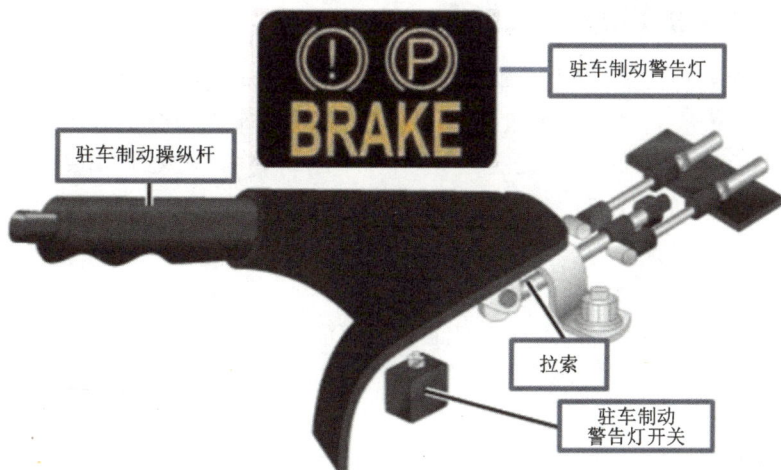

图 10-10 驻车制动警告灯标志与警告灯开关

10.2　电控机械(电子式)驻车制动系统

10.2.1　电控机械驻车制动系统概述

电控机械驻车制动系统也称为电子停车辅助系统(EPB),相比传统的手制动器,电控机械驻车制动系统具有很多优点(表10-1),内部空间设计具有更大的自由性。不再使用手制动杆,并用一个按钮来代替,这使得车内布局更合理,中央通道和脚部空间的设计更加自由。

- 为客户提供更佳的功能性:借助电子控制系统和CAN网络通信系统,电控机械驻车制动系统为客户提供了附加的辅助功能(例如自动驻车或动态起步辅助)和更高的舒适性。
- 制造过程的优势:由于不再需要手制动杆和手制动器拉索,这就简化了产品以及车辆的装配。
- 自诊断功能:电控机械驻车制动系统是一个机电系统,该系统功能被持续不断地监控。

表 10-1　电控机械驻车制动与传统手刹或脚刹驻车制动比较

操作	传统手刹或脚刹驻车制动	电控机械驻车制动
驻车制动	拉起手刹制动杆或踩下驻车制动踏板	提起电控机械驻车制动按钮
解除制动	放下手刹制动杆或再次踩下驻车制动踏板	按下电控机械驻车制动按钮
坡道起步	配合操作手刹制动器、油门踏板和离合器踏板(配置手动变速器车型)	当车辆起步时,电控机械驻车制动自动解除制动(配置手动或自动变速器车型均可)

10.2.2　电控机械驻车制动系统组成

电控机械驻车制动系统(以大众车型为例)主要由离合器位置传感器(G476)、电控机械驻车制动按钮(E538)、自动驻车按钮(E540)、电控机械驻车制动控制单元(J540)、ABS控制单元(J104)、左后驻车制动电机(V282)、右后驻车制动电机(V283)、电控机械驻车制动指示灯(K213)、制动系统指示灯(K118)、电控机械驻车制动故障信号灯(K214)和自动驻车指示灯(K237)等组成,如图10-11所示。

1. 离合器位置传感器

离合器位置传感器用卡箍固定在主缸上。该传感器监测离合器踏板的动作。离合器位置传感器的信号可用于:

(1)启动发动机;

(2)关闭巡航控制系统;

(3)短暂地减少燃油喷射量,并在换挡过程中防止发动机震动;

(4)电控机械驻车制动的"动态起步辅助"功能。

离合器主缸通过一个卡扣,安装在轴承支撑架上。当踩下离合器踏板时,推杆推动主缸的活塞,推杆头和推杆一起沿离合器位置传感器方向被推动。在活塞的最前端是一块永久磁

离合器位置传感器G476

左后驻车制动电机V282

电控机械驻车制动按钮E538

电控机械驻车制动控制单元J540

右后驻车制动电机V283

自动驻车按钮E540

ABS控制单元J104

电控机械驻车制动指示灯K213

制动系统指示灯K118

电控机械驻车制动故障信号灯K214

自动驻车指示灯K237

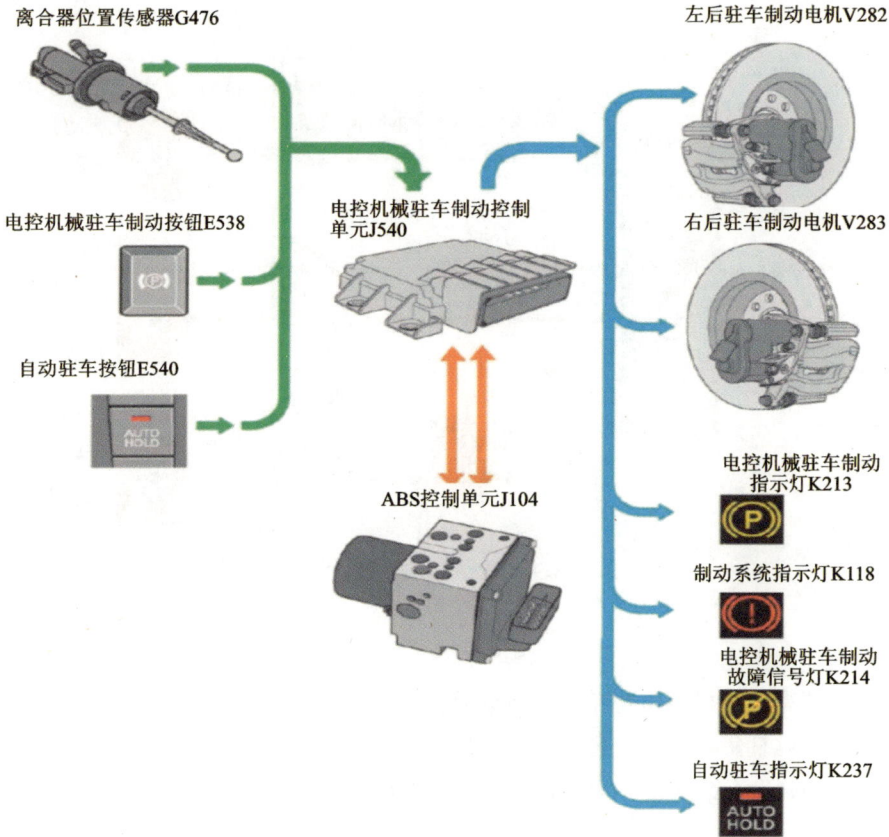

图10-11　电控机械驻车制动系统

铁。集成在离合器位置传感器极板中的是一排(3个)霍尔传感器。永久磁铁一经过霍尔传感器，电子机构就会向相应的控制单元发送霍尔信号，如图10-12、图10-13、图10-14所示。

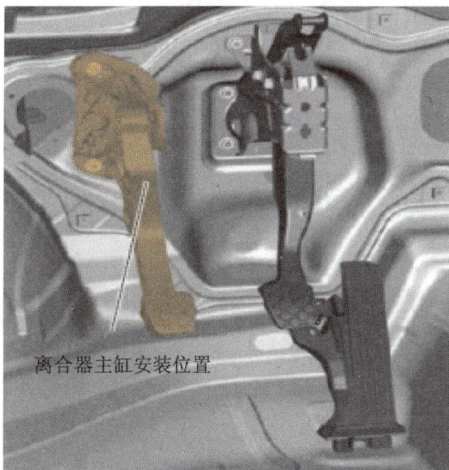

离合器主缸安装位置

图10-12　离合器主缸位置

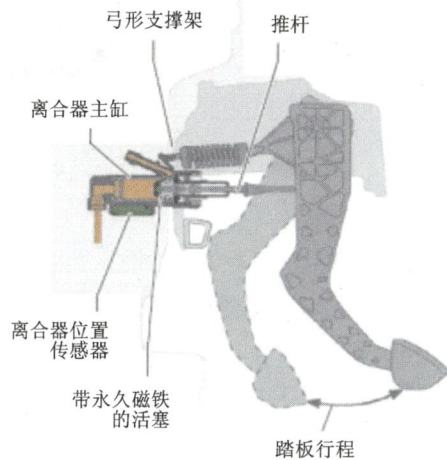

弓形支撑架　推杆
离合器主缸
离合器位置传感器
带永久磁铁的活塞
踏板行程

图10-13　离合器主缸组成

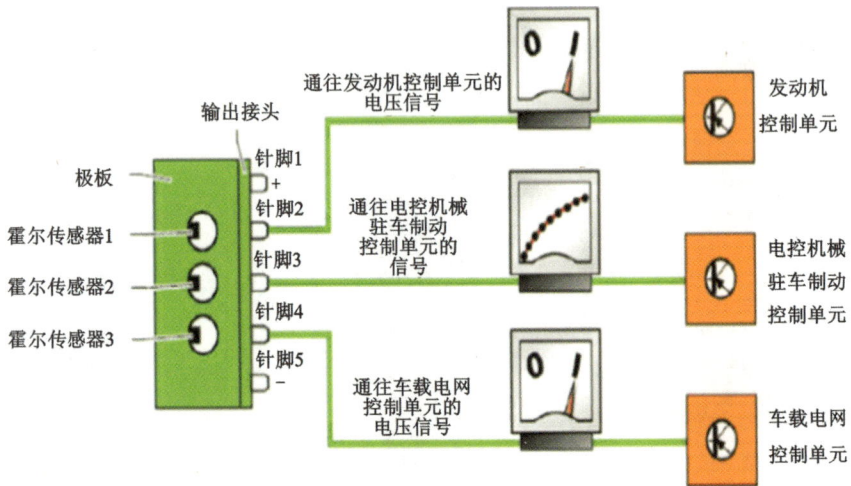

图 10-14　离合器位置传感器信号

2. 后轮制动执行器

制动执行器是电控机械定位单元，并集成在后轮的制动钳上。借助一个电机、一套多级齿轮机构和一个丝杆传动装置，它们将"启动驻车制动"的指令转化为所需的力，从而使制动摩擦片与制动盘接触，实现驻车功能，如图 10-15 所示。

图 10-15　电控机械驻车制动器示意图

3. 减速机构

制动器活塞只需要移动很小的冲程，即可启动电控机械式制动。减速机构将电机的旋转运动以总减速比 150:1 分三级转化为直线运动，即电机旋转 150 圈，丝杆传动装置转动 1 圈。如图 10-16、图 10-17 所示。

第 1 级：齿轮机构。从电机到斜盘式齿轮输入的减速比为 3:1。

第 2 级：斜盘式齿轮。第 2 级齿轮减速比（50:1）是由斜盘式齿轮实现的。

第 3 级：丝杆传动装置。第 3 级丝杆传动装置将马达的旋转运动转化为直线运动。

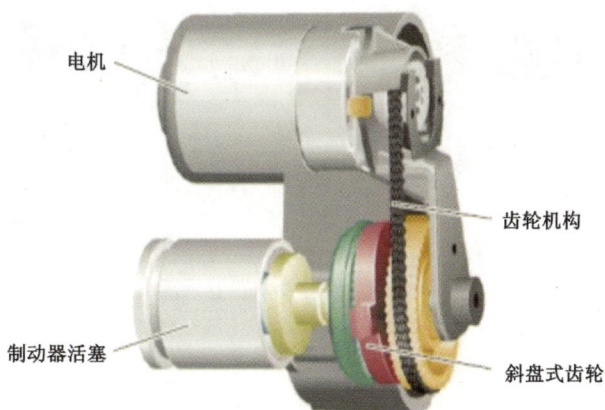

图 10-16　驻车制动电机及减速机构

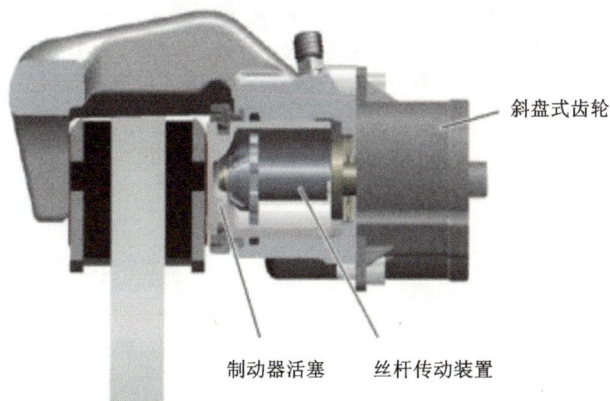

图 10-17　驻车制动结构示意图

4. 丝杆传动装置

丝杆传动装置将旋转运动转化为左右往复运动(冲程)。斜盘式齿轮直接驱动丝杆。丝杆旋转的方向决定丝杆上的止推螺母向前或向后移动,如图 10-18 所示。

丝杆机构是一个自锁结构。一旦启动电控机械驻车制动,即使没有供给电流,系统也会保持锁止。

5. 齿轮机构

该齿轮机构的作用在于将电机的输出转速,按照第 1 级齿轮减速比(3∶1)传输到斜盘式齿轮。该齿轮机构由一个小齿轮(电机输出)和一个大齿轮(斜盘式齿轮输入)组成。两个齿轮通过齿形皮带连接。齿轮的尺寸决定了变速比。齿轮机构示意图如图 10-19 所示。

6. 电控机械驻车制动按钮

通过使用电控机械驻车制动按钮来启动和关闭电控机械驻车制动,该按钮位于换挡杆后中央通道的左侧。

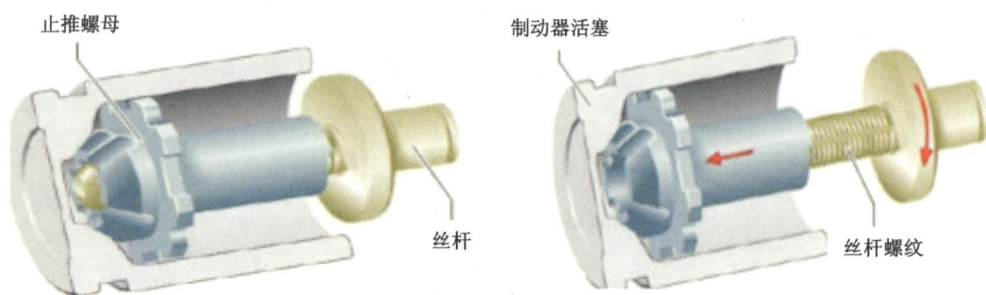

图 10-18　丝杆传动装置示意图

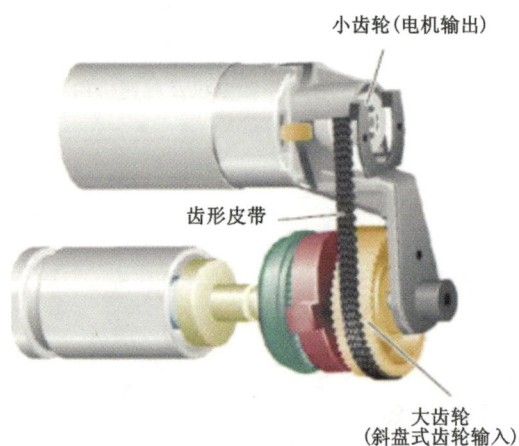

图 10-19　齿轮机构示意图

7. 自动驻车按钮

可使用自动驻车按钮来启动和关闭自动驻车功能，该按钮位于换挡杆后中央通道左侧电控机械驻车按钮后。

8. 指示灯

组合仪表和相应按钮上的指示灯显示电控机械驻车制动的状态，见表 10-2。

表 10-2　电控机械驻车制动系统指示灯

电控机械驻车制动指示灯	制动系统指示灯	电控机械驻车制动故障信号灯	自动驻车指示灯
a	b	c	d

电控机械驻车制动指示灯位于电控机械驻车制动按钮上，当提起该按钮时，指示灯亮起，并启动驻车制动(a)；制动系统指示灯位于组合仪表上，当启动驻车制动时，该指示灯亮起(b)；电控机械驻车制动故障信号灯位于组合仪表上，如果制动系统发生故障，该信号灯亮起，并建议立即前往专业的维修站排除故障(c)；自动驻车指示灯位于自动驻车按钮上，当按下按钮时，指示灯亮起，并启动自动驻车功能(d)。

9. 电控机械驻车制动控制单元

电控机械驻车制动控制单元位于车内的中央通道上。电控机械驻车制动系统的所有控制和诊断任务都在此处进行。电控机械驻车制动系统控制单元有两个处理器，并通过一条专用的 CAN 数据总线与 ABS 控制单元相连接，如图10-20 所示。在电控机械驻车制动控制单元中集成了一个传感器单元。它由横

图 10-20　电控机械驻车制动系统控制单元

向加速度传感器、纵向加速度传感器以及偏转率传感器组成。来自传感器单元的信号被应用于电控机械驻车制动和 ESP 控制功能。利用纵向加速度传感器信号来计算出倾斜角度。

10.2.3　电控机械驻车制动系统的功能

通常车速决定车辆在静止模式(或车速低于 7 km/h)和动态紧急制动模式之间切换制动功能。当车辆在静止模式状态下，电控机械驻车制动可启动和解除；当车辆车速低于 7 km/h 也可执行电控机械驻车制动；一旦动态紧急制动(车辆车速高于 7 km/h)，车辆必须通过 ABS/ESP 系统控制进行车辆减速，电控机械驻车制动转换为液压制动，如图 10-21 所示。

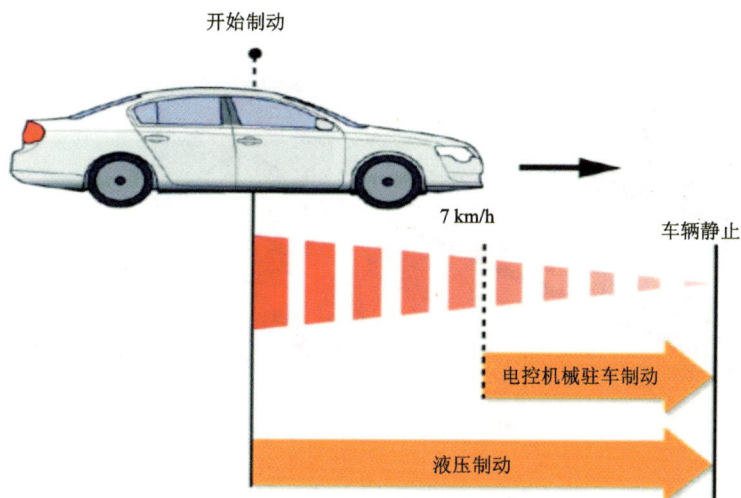

图 10-21　电控机械驻车制动系统功能

电控机械驻车制动系统可为驾驶员提供下述功能：

1. 驻车制动功能

当车辆在小于 30% 坡度的坡道上驻车时，电控机械驻车制动可确保车辆制动住。通过提起电控机械驻车制动按钮来启动电控机械驻车制动，按下按钮来解除电控机械驻车制动。

电控机械驻车制动可在任何时候启动，即使关闭了点火开关。当点火开关关闭时，如果要启动驻车制动，那么电控机械驻车制动按钮上的指示灯和组合仪表上的制动系统指示灯会一起亮起。提起电控机械驻车制动按钮，两个指示灯仅亮起约 30 s，然后熄灭，如图 10-22 所示。

只有在点火开关打开时才可解除电控机械驻车制动。同时踩下制动踏板和按下电控机械驻车制动按钮，就可解除电控机械驻车制动。当驾驶员佩戴好安全带，关闭车门，启动发动机并踩下油门踏板准备起步时，电控机械驻车制动就会自动解除。根据倾斜角度和发动机扭矩计算出解除时间点。按钮上和组合仪表上的指示灯熄灭。

图 10-22　电控机械驻车制动系统指示灯

2. 动态起步辅助功能

当按下电控机械驻车制动按钮时，动态起步辅助功能可以使车辆起步时不会震动或溜车，即使在坡道上，如图 10-23 所示。

图 10-23　动态起步辅助功能

（1）在下述情况中才可启动该功能：

① 驾驶员侧车门关闭；

② 佩戴安全带；

③启动发动机。

（2）解除电控机械驻车制动的时间点取决于下述因素：

①倾斜角度：利用纵向加速度传感器信号，由电控机械驻车制动控制单元计算得出。

②发动机扭矩。

③油门踏板位置。

④离合器作用：装备手动变速箱的车辆，评估离合器位置传感器的信号。

⑤预期行驶方向：装备自动变速箱的车辆，通过选择行驶方向来判断；装备手动变速箱的车辆，通过倒车灯开关来判断。

所有动态起步辅助的重要参数都不断地与驾驶员和驾驶工况相匹配。

3. 动态紧急制动

如果制动踏板功能发生故障或制动踏板被卡住了，可通过动态紧急制动功能强力制动住车辆。

（1）启动：当提起电控机械驻车制动按钮并保持住，就可以约 6 m/s² 的加速度对行驶中的车辆进行制动。此时会伴随警告声响起，且制动灯亮起。如果车速高于 7 km/h，通过在 4 个车轮上产生液压制动压力，执行动态紧急制动功能。ABS/ESP 功能根据驾驶工况控制制动过程。如此，即可确保车辆平稳制动。如果在车速低于 7 km/h 时提起电控机械驻车制动按钮，可以自动启动驻车制动（参见驻车制动功能）。

（2）解除：如果在动态紧急制动后，车速仍高于 7 km/h，松开电控机械驻车制动按钮或踩下油门踏板，就可解除制动。一旦车辆要加速，就如驻车制动功能所述，驻车制动就不得不被解除。

4. 自动驻车功能

当车辆静止和车辆起步（前行或倒车）时，自动驻车功能可以用来辅助驾驶员。

通过按下中央通道的自动驻车按钮，驾驶员就可以利用自动驻车功能。

通过按钮上亮起的指示灯来显示该功能启动。重新按下自动驻车按钮来关闭自动驻车功能，按钮上的指示灯熄灭，如图 10-24 所示。

图 10-24　自动驻车功能

10.3 驻车制动系统一般操作

10.3.1 机械式驻车制动行程检查与调整

1.机械式驻车制动行程检查

如图 10-25 所示，当车辆需要驻车时，驾驶员拉起手刹（或踩驻车踏板）进行驻车，手刹（或驻车踏板）行程过大，超过有效行程标准声响 6~7 次，才能驻车。说明驻车行程过大，影响车辆安全驻车，需要调整行程使有效行程声响低于 6~7 次。

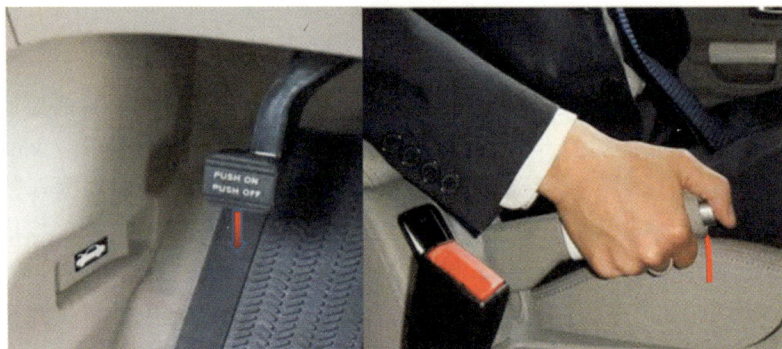

图 10-25　驻车制动行程检查

2.机械式驻车制动行程调整

（1）因刚性拉索变松、拉索长度变长，导致手刹手柄（或驻车踏板）行程变大，在正常标准范围内，不能对后轮进行锁死驻车，可调整调整螺母在拉索上的位置，将拉索长度变短，并通过锁止螺母锁紧，如图 10-26 所示，可将行程调整到有效范围（可根据具体车型维修手册进行调整）。

图 10-26　驻车制动行程调整

（2）因刚性拉索发生塑性变形，无法通过调整螺母和锁止螺母进行拉索行程调整，可直接更换拉索。

10.3.2 电控机械驻车制动系统(EPB)复位

在车辆配置电子式驻车制动系统的制动片或制动盘更换时,一定要注意用专用诊断设备先将电控机械驻车制动系统控制电机进行复位(也就是让电机恢复到初始位置),否则会遇到制动卡钳无法正常拆除、无法正常安装或出现仪表报警灯无法熄灭等现象。具体操作步骤如下:

(1)连接专用诊断设备,点火开关置于 ON 挡位,找到电控机械驻车制动系统控制电脑;

(2)通过诊断设备驱动电机,使其恢复到初始位置;

(3)拆卸制动卡钳更换制动片或制动盘,安装制动卡钳;

(4)通过诊断设备进入电控机械驻车制动系统控制电脑,进行复位,同时清除故障码。

(5)断开诊断设备,进行电控机械驻车制动系统功能路试。

单元练习

一、选择题

1.机械式驻车制动系统不包括的部件是(　　)。

A.制动分泵　　　　　　　　　　B.制动器

C.驻车制动警告灯　　　　　　　D.制动拉索

2.电子式驻车制动系统部件不包括(　　)。

A.EPB 控制模块　　　　　　　　B.平衡器

C.制动液位开关　　　　　　　　D.驻车制动警告灯

3.技师甲说:"当驻车制动警告灯亮起时,配置有 EPB 系统的车辆不能起步。"技师乙说:"电子式驻车制动系统紧急情况下可以手动释放拉索。"以下说法正确的是(　　)。

A.技师甲正确　　　　　　　　　B.技师乙正确

C.两个都正确　　　　　　　　　D.两个都不正确

4.电控机械驻车制动不可为驾驶员提供(　　)。

A.驻车制动功能　　　　　　　　B.动态起步辅助

C.动态紧急制动和自动驻车功能　D.修复制动系统故障

5.带有 EPB 系统的车辆制动时,EPB 系统实施 100%制动时的车速范围是(　　)。

A.≥10 km/h　　　　　　　　　　B.≤7 km/h

C.≤10 km/h　　　　　　　　　　D.≥7 km/h

二、判断题

1.离合器位置传感器的信号可用于电控机械驻车制动的"动态起步辅助"功能。(　　)

2.电控机械驻车制动指示灯位于仪表盘上,当提起该按钮时,指示灯即熄灭,并启动驻车制动。(　　)

3.大众车辆只有在点火开关打开时才可解除电控机械驻车制动。(　　)

4.如果制动踏板功能发生故障或制动踏板被卡住了,可通过动态紧急制动功能强力制动住车辆。(　　)

5.目前有些轿车采用盘中鼓式驻车制动器,即在盘式行车制动器的基础上集成了鼓式驻车制动器。(　　)

参考文献

[1] 王书贤，向立明.汽车底盘构造[M].北京：机械工业出版社，2019.

[2] 刘建华.汽车底盘构造与维修[M].第3版.北京：机械工业出版社，2017.

[3] 曹乃悦.汽车底盘构造与维修[M].第2版.北京：机械工业出版社，2017.

[4] 曹玉兰.汽车底盘维修理实一体化教材[M].北京：机械工业出版社，2016.

[5] 郑燕萍.汽车底盘拆装与创新思维训练[M].北京：机械工业出版社，2015.

[6] 谭维奇，余永虎.汽车底盘构造与维修[M].北京：中国科学技术大学出版社，2014.

[7] 周林福.汽车底盘构造与维修[M].第三版.北京：人民交通出版社，2014.

[8] 赵金祥.汽车底盘检修[M].北京：电子工业出版社，2011.

[9] 柏令勇，李江生.汽车底盘构造与拆装[M].北京：人民交通出版社，2011.

[10] 李效春.汽车底盘机械系统检修[M].北京：北京大学出版社，2011.

[11] 宋延东，屠卫星.汽车底盘构造、性能与维修[M].北京：北京航空航天大学出版社，2010.

[12] 蔡兴旺.汽车构造与原理(底盘)[M].北京：机械工业出版社，2010.

汽车底盘构造与一般操作

QICHE DIPAN GOUZAO YU YIBAN CAOZUO

中南大学出版社
天猫旗舰店

中南大学出版社
微信平台

ISBN 978-7-5487-4316-3

9 787548 743163 >

责任编辑：胡小锋

定价：45.00元